Werner Rügemer
Rating-Agenturen

XTEXTE

Werner Rügemer (Dr. phil.), interventionistischer Philosoph, ist tätig als Publizist, Berater und Lehrbeauftragter an der Universität zu Köln. Er ist Mitglied im deutschen PEN-Club, im wissenschaftlichen Beirat von attac und bei Business Crime Control. 2002 erhielt er den Journalistenpreis des Bundes der Steuerzahler NRW, 2008 den Kölner Karlspreis für kritische Publizistik. Bei transcript ist von ihm u.a. erschienen: »›Heuschrecken‹ im öffentlichen Raum« (2. Aufl. 2011) sowie »Die Berater« (2004).

Werner Rügemer

Rating-Agenturen

Einblicke in die Kapitalmacht der Gegenwart

[transcript]

Bibliografische Information der Deutschen Nationalbibliothek

Die Deutsche Nationalbibliothek verzeichnet diese Publikation in der Deutschen Nationalbibliografie; detaillierte bibliografische Daten sind im Internet über http://dnb.d-nb.de abrufbar.

© 2012 transcript Verlag, Bielefeld

Umschlaggestaltung: Kordula Röckenhaus, Bielefeld
Korrektorat: Anna Tabea Koepp, Bielefeld; Annemarie Voss, Bielefeld
Satz: Jörg Burkhard, Bielefeld
Druck: Aalexx Buchproduktion GmbH, Großburgwedel
ISBN 978-3-8376-1977-5

Gedruckt auf alterungsbeständigem Papier mit chlorfrei gebleichtem Zellstoff.
Besuchen Sie uns im Internet: *http://www.transcript-verlag.de*
Bitte fordern Sie unser Gesamtverzeichnis und andere Broschüren an unter:
info@transcript-verlag.de

Inhalt

Verzeichnis der Institutionen-Porträts

I. Einleitung

Die Rating-Agenturen sind seit der letzten Finanz- und Wirtschaftskrise 2007 ständiges Thema der medialen und politischen Aufmerksamkeit. Genauer gesagt: Die Aufmerksamkeit gilt drei Rating-Agenturen, den »Big Three« Standard & Poor's, Moody's und Fitch. Sie sind seit einem Jahrhundert Akteure der Finanzindustrie, zunächst vor allem in den USA und im Finanzzentrum des Kapitalismus, in der New Yorker Wall Street. Und schon seit über drei Jahrzehnten sind sie integrierte Akteure der globalisierten Wirtschaft, in den sogenannten Entwicklungsländern ebenso wie in den sogenannten entwickelten Staaten. Heute erscheinen sie mächtig, können (scheinbar) über Staaten und ganze Staatengruppen entscheiden – wie kann es sein, dass sie die längste Zeit im Verborgenen wirkten?

Schauen wir uns zunächst folgenden Fall an: Es scheint so, als fordere in Deutschland gegenwärtig ein einziger Bürger konkret die Verantwortung einer Rating-Agentur ein. Der Rentner Jürgen Hillebrand klagt gegen die deutsche Niederlassung von Standard & Poor's (S&P) auf Schadenersatz. Sein Vorwurf: Er sei durch die Falschbewertung von Wertpapieren der dann bankrottgegangenen Bank Lehman Brothers um 30.000 Euro geschädigt worden. Er habe 2008 Lehman-Zertifikate gekauft, da die Citibank Wilhelmshaven in ihrem Verkaufsprospekt dafür mit der guten Note A+ von S&P geworben habe. S&P habe im Auftrag von Lehman diese Bewertung erstellt und sei von Lehman dafür auch bezahlt worden. Die Agentur hafte also. Hillebrand klagt vor dem Landgericht Frankfurt a.M., weil hier die Agentur ihren deutschen Sitz hat.[1]

Anwalt Jens-Peter Gieschen, der mit Professor Kai-Oliver Knops zusammenarbeitet, will das Musterverfahren im Interesse tausender geschä-

---

1 | Erster Anleger klagt in Deutschland gegen Ratingagentur, in: Frankfurter Allgemeine Zeitung 8.6.2010.

digter Anleger notfalls durch alle Instanzen ziehen. Der Gesetzgeber sei bisher untätig. Eine Klage in Deutschland gegen eine Rating-Agentur sei deshalb juristisches Neuland, aber notwendig. Natürlich hätten die Agenturen Angst davor, denn »eine einmal festgestellte Schadenersatzpflicht wegen falscher Ratings bedeutet ein Milliardenrisiko für die Agenturen«.[2]

Rating-Agenturen sind für ihre zahl- und folgenreichen falschen Ratings auf der ganzen Welt noch nie zur Rechenschaft gezogen worden. Ein dreiviertel Jahr nach Hillebrands Klageeinreichung fand vor dem Landgericht Frankfurt die erste Verhandlung statt. Der Anwalt von S&P argumentierte, die Klage sei unzulässig: Die Agentur unterhalte zwar in Frankfurt ein Büro, doch der Sitz von Standard & Poor's Financial Services LLC, dem für Ratings zuständigen Tochterunternehmen, sei in New York, es habe in dem Frankfurter Büro weder Sitz noch Personal. Geklagt werden könne folglich nur in den USA. Das Landgericht Frankfurt schloss sich dieser Argumentation an, erklärte sich als unzuständig und ließ die Klage nicht zu.

Dieser Argumentation widerspricht allerdings, dass auf der Website der Agentur das Büro in Frankfurt unter dem zusammenfassenden Namen Standard & Poor's aufgeführt wird und dass Deutschlandchef Torsten Hinrichs in wiederkehrenden Interviews und Talkshows nicht als Vertreter irgendeiner Tochterfirma, sondern allgemein als Vertreter der Agentur auftritt und deren Ratings rechtfertigt. Die Niederlassung in Frankfurt firmiert zudem als Standard & Poor's Credit Market Services Europe, zuständig für die Niederlassungen in ganz Europa. Wie es sich genau verhält, lässt S&P im Dunkeln, im Handelsregister fehlt die vorgeschriebene Liste der Gesellschafter ebenso wie der Gesellschaftervertrag.[3]

Hillebrands Anwalt Gieschen will notfalls eine Strafanzeige gegen die Agentur wegen Prozessbetrugs erstatten.[4] Gieschen holte zudem eine kaum angewandte Vorschrift der Zivilprozessordnung hervor: Es gibt einen »besonderen Gerichtsstand des Vermögens«, wenn ein Beklagter keinen Wohn- oder Geschäftssitz im Inland hat, aber ein gewisses Vermögen vorhanden ist. Gieschen konnte belegen, dass die Agentur in Frankfurt

---

2 | Kanzlei KWAG: Ratingagentur Standard & Poor's im Zusammenhang mit Lehman-Rating verklagt, in: Pressemitteilung 7.6.2010.

3 | www.unternehmensregister.de, Eintragung Standard & Poor's Credit Market Services Europe Limited, gelesen 25.11.2011.

4 | Kanzlei KWAG: Prozessbetrug? Strafanzeige gegen Standard & Poor's, in: Pressemitteilung 23.2.2011.

Guthaben bei der Deutschen Bank und auch Forderungen gegen sie hat. Er legte Widerspruch ein, das Oberlandesgericht bejahte die Zuständigkeit des Frankfurter Gerichts und ließ die Klage zu. Jetzt muss das Landgericht den Fall erneut prüfen.[5]

Wir erkennen hier einige Aspekte des Verhaltens von Rating-Agenturen: Erstens streiten sie jede Haftung für die eigenen Handlungen prinzipiell ab. Zweitens sind sie global tätig, entziehen sich aber mit juristischen Winkelzügen der rechtlichen Greifbarkeit. Sie verweisen auf die Möglichkeit, Klage in den USA zu erheben, dort aber stellen bisher alle Regierungen, Behörden und Gerichte die Agenturen haftungsfrei. Drittens arbeitet S&P mit einem verschachtelten Unternehmensaufbau und verstößt auch schon mal, wie in Deutschland, gegen nationale Vorschriften. Viertens stellt sich auch die deutsche Justiz zunächst auf die Seite der Agentur, erst ein findiger Rechtsanwalt muss das Gericht zu einer anderen Auffassung zwingen. Fünftens fordern weder die Finanzaufsicht noch die Regierung in Deutschland die Verantwortung der Agenturen ein. Ähnliche Erfahrungen machen zahlreiche Kläger in Griechenland, Spanien und Portugal.[6]

Bei aller Kritik blenden nicht nur die Publikumsmedien, sondern gerade auch die »wirtschaftsnahen« Medien alle wichtigen Fragen aus, die diesen Zustand erklären könnten. Zur Beantwortung sind rein ökonomische oder ökonomistische Erklärungsmodelle ohnehin hinderlich, ob sie nun – etwas pauschal ausgedrückt – der heutigen Leitwissenschaft Ökonomie in rechter, linker oder mittlerer Ausprägung zugehören. Sie ergehen sich in allgemeinen pro- beziehungsweise antikapitalistischen Behauptungen. Die Ökonomie aber, so meine Überzeugung, ist zu wichtig, als dass wir sie den Ökonomen überlassen dürften. Ich nähere mich deshalb dem Problem mithilfe des Konzepts der »Kapitalmacht«.[7] Danach ist der ökonomische Kapitalismus hierarchisch und konfliktär in sich zergliedert. Zu-

---

5 | Kanzlei KWAG: Klage gegen Standard & Poor's zulässig, in: Pressemitteilung 28.11.2011.

6 | Rating-Agenturen haben mein Land zerstört, in: Spiegel Online 28.2.2011; Ärger für Moody's & Co, in: junge welt 3.3.2011 (spanische Kläger); Riesige Gewinne in drei Minuten, in: Süddeutsche Zeitung 8.4.2011; www.stopspeculators.gr (griechische Kläger), gelesen 10.8.2011.

7 | Vgl. Jonathan Nitzan/Shimshon Bichler: New Imperialism or New Capitalism? Review XXIX, 1/2006, S. 1-86; Die kanadisch-israelische Forschergruppe hat ihren Ansatz zuerst durch detaillierte empirische Analyse der israelischen Wirtschaft

dem verbindet er sich mit unterschiedlichen politischen und kirchlichen Systemen, tritt also etwa als westliche Kapitaldemokratie genauso auf wie als islamisch-feudalistischer und christlich-demokratischer Kapitalismus. Es hat sich sogar ein kommunistischer Staatskapitalismus herausgebildet. Und alle diese Formen sind keineswegs gleich, obwohl sie alle kapitalistisch sind.

Ich beschäftige mich hier nur mit dem »westlichen« Kapitalismus, weil die drei großen Rating-Agenturen zu ihm gehören. Er fördert nicht Wettbewerb und Markt und will auch nicht dem ökonomischen Kapitalismus, dem Markt oder dem Wettbewerb weltweit zur Geltung verhelfen, schon gar nicht der Demokratie als solcher, wie behauptet wird. Vielmehr strebt er nach westlichem Alleineigentum.

Deshalb gehe ich der bisher ausgeblendeten Frage nach: Wem gehören die drei großen Rating-Agenturen? Es wird sich herausstellen: Es sind dieselben Eigentümer, die auch Miteigentümer der großen Banken und multinationalen Konzerne sind. Damit eröffnet sich eine ganz andere Sicht auf die Kriterien und Praktiken der Rating-Agenturen: Sie handeln nicht selbstständig, wie die veröffentlichte Meinung unterstellt, sondern sie sind der verlängerte Arm ihrer Eigentümer.

Die Agenturen bewerten die Wahrscheinlichkeit von Kreditausfällen bei Unternehmen und Staaten, doch sie sind keineswegs daran interessiert, dass die Kreditnehmer ihre Kredite vollständig zurückzahlen. So werden gerade die größten Schuldenmacher am besten bewertet, allerdings unter der Bedingung, dass sie neue Kredite bekommen und die Zinsen zahlen können. Nicht Schuldenabbau, sondern systemische Überschuldung ist der Auftrag der Agenturen. Und dabei sind die Schulden, beziehungsweise die Kredite, nur die Basis für weitergehende Finanzoperationen, für Derivate, mithilfe derer die Eigentümer der Rating-Agenturen erst ihre großen Gewinne machen.

So wird auch der Verlauf von Unternehmens- und Staatskrisen verständlich, die aus der Sicht der Agenturen und ihrer Eigentümer zu den besonders lukrativen Situationen gehören. Und so wird auch verständlich, dass die Ratings keine »objektiven« Bewertungen sind, sondern einseitige, strategiebedingte Instrumente mächtiger Finanzakteure.

---

und der besetzten palästinensischen Gebiete entwickelt, siehe dies.: The Global Political Economy of Israel. London 2002.

Ziel dieses Buches ist es, die Beschaffenheit dieser Instrumente und somit das Entstehen und Wirken von Ratings erstmalig detailliert und zusammenhängend darzustellen. Es wird ersichtlich werden: Das Wohl und Wehe von Unternehmen, Beschäftigten, Empfängern staatlicher Transfers, Volkswirtschaften und Staaten ist den Agenturen und ihren Eigentümern zwar nicht ganz gleichgültig, aber von sehr untergeordneter Bedeutung; mögliche Kollateralschäden, Verwüstungen und Untergänge gehören zum Geschäftsmodell.

Ihre Macht haben die Agenturen aber nicht nur durch ihre mächtigen Eigentümer, sondern auch aus einer zweiten Quelle: Die Regierungen und gesetzgebenden Parlamente des westlichen Kapitalismus gaben ihnen die hoheitliche Aufgabe, das Kreditwesen zu regulieren. Dieses in den USA entwickelte privat-staatliche System wurde dann seit Mitte der 70er Jahre globalisiert, also in nationale Regularien, in das internationale Zentralbankensystem, in den Internationalen Währungsfonds IWF, in die Europäische Zentralbank wie auch in die Alltagspraxis der Finanzindustrie aufgenommen. Die Propagandisten der »Deregulierung« haben also gar nicht, wie sie sagen, das Finanzsystem dereguliert, sondern sie haben auch mithilfe der Rating-Agenturen ein neues, nun eben privat dominiertes Regulierungssystem geschaffen, das staatlich gestützt wird.

Die für Unternehmen, Beschäftigte, Konsumenten, Volkswirtschaften und Staaten schädlichen Ratings haben immer wieder Kritik hervorgerufen. Doch die vielen Reformversuche in den USA und in Europa haben nichts an den Verhältnissen geändert. Einzig der Ansatz in China ist bemerkenswert, weil er mit einer anderen Art von Kapitalismus verbunden ist. Die Reformversuche im westlichen Kapitalismus müssen solange scheitern, solange die Agenturen als selbstständige Akteure betrachtet werden, während die Praktiken ihrer Eigentümer unangetastet bleiben.

Die vorliegende Erkundungsreise soll nicht nur in das »Herz der Finsternis« führen, sondern dazu beitragen, die besten Auswege zu eröffnen. So müssen wir am Ende überlegen, wie die Kreditvergabe im Besonderen und das Wirtschaften im Allgemeinen beschaffen sein müssen, damit sie den Menschenrechten und dem ebenso sicheren wie würdigen menschlichen Überleben dienen.

Im Buch spreche ich von »Finanzkrise«, weil »alle Welt« davon spricht. In Wirklichkeit handelt es sich jedoch nicht um eine Finanz- oder Staatsschuldenkrise, sondern um die im westlichen Kapitalismus vorherrschende, gegenwärtig lediglich zugespitzte und staatlich geförderte private Geldschöpfung bestimmter Finanzakteure untereinander und um die Folgen für den »Rest« der Gesellschaften. Am Verhalten und Wirken der Rating-Agenturen kann das sehr anschaulich verdeutlicht werden.

Auch wenn ich hilfsweise von »Globalisierung« spreche, meine ich nicht den behaupteten ungehinderten Austausch von Informationen, Gütern, Dienstleistungen und Kapital, sondern den Realvorgang der bisher erreichten und weiter versuchten Welteroberung durch die westliche Kapitalmacht. Auch dafür bieten die Rating-Agenturen ein aufschlussreiches Anschauungsmaterial.

Ebenso verwende ich den Begriff des »Neoliberalismus«, weil er eingeführt ist. In Wirklichkeit sind jedoch die mit ihm bezeichneten Praktiken keineswegs ganz neu, und der Begriff »liberal« verharmlost deren Brutalität und den Verstoß gegen die Menschenrechte. Ein zutreffenderer Ausdruck dafür ist aber offensichtlich noch nicht gefunden; dies zeugt davon, dass die Analyse auch im übertragenen Sinn noch nicht »auf den Begriff gekommen« ist.

Für kritische Hinweise danke ich Renate Börger, Brigitte Evers und Elmar Wigand sowie Tabea Koepp, Johanna Tönsing und Michael Volkmer vom transcript-Verlag.

II. Entstehung und Veränderung der Agenturen

Die heute dominierenden drei Agenturen wurden vor dem Ersten Weltkrieg gegründet, als die US-Finanzindustrie – nach dem in New York angesiedelten US-Finanzzentrum bis heute als »Wall Street« bezeichnet – zum beherrschenden Wirtschaftssektor der USA aufzusteigen begann. Erst nach Jahrzehnten wurden sie Teil der Kapitalmacht.

AGENTURGRÜNDUNGEN

Die Gründungsanfänge der Agenturen sahen im Vergleich zu heute sehr bescheiden aus. Sie waren anfänglich kleine Familienbetriebe. Sie boten »auf dem freien Markt« ihre Dienste an und ließen sich von den Bürgern bezahlen, die Aktien kaufen und vielfach mit ihnen spekulieren wollten. Die Banken hatten teilweise nicht genug Geld oder wollten nicht in das unsichere Geschäft mit den vielen neu gegründeten Aktiengesellschaften einsteigen, sodass freie Aktionäre gesucht wurden (die nicht selten betrogen wurden). Es gab eine Menge Leute, die damals reich geworden waren und nach profitablen Geldanlagen suchten. Und es gab viele nicht so reiche Leute, die auf diese Weise unbedingt reich werden wollten. Das war das erste Publikum der Agenturen.

So gab Henry William Poor bereits seit 1868 ein jährliches Eisenbahn-Handbuch heraus, das Manual of the Railroads. 1906 gründete Luther Lee Blake das Standard Statistics Bureau. Dann gründete John Moody 1909 den Moody's Investor Service, sein Handbuch hieß Moody's Analyses of Railroad Investments. Schließlich gründete John Knowles Fitch 1913 die Fitch Publishing Company. Sie alle verkauften in den ersten Jahrzehnten

Handbücher, Zeitschriften und Informationsbroschüren über Eisenbahn-gesellschaften. Die Aktieninteressierten und Spekulanten konnten erfahren, welche Aktien der damals zahlreich neu gegründeten und oft auch wieder in Konkurs gehenden Unternehmen sich zu kaufen lohnen könnte. Allmählich beschäftigten sich die Agenturen auch mit anderen Branchen, in denen Aktiengesellschaften an die Börse gingen, zum Beispiel mit Textil und Stahl.

Im Ersten Weltkrieg war Standard Statistics mit 70 Angestellten die größte Firma dieser Art. 1941 fusionierte Standard Statistics mit Poor's Publishing zu Standard & Poor's. Auch weitere Agenturen dieser Art wurden gegründet. Sie erreichten nicht die Bedeutung der Großen Drei, sondern wurden oft in einem jahrzehntelangen Fusionsprozess stückweise von ihnen aufgekauft.

Initiatoren des Aufstiegs der Finanzindustrie nach dem Ersten Weltkrieg waren im Wesentlichen die Investmentbanken. Sie waren 1929 die Hauptverursacher des New Yorker Börsencrashs und der folgenden Weltwirtschaftskrise: Goldman Sachs, J.P. Morgan, Lehman Brothers, Lee Higginson, Kuhn Loeb, Henry J. Schroders, Dillon Read, Bear Stearns, Morgan Stanley.[1] Sie handelten schon in den 20er Jahren mit ihren neuen, spekulativen Finanzprodukten (schneeballartige Investmentfonds, gegenseitige Kredite zwischen Konzernen, verdeckte und kreditfinanzierte Aktienkäufe im großen Stil und ähnliches). Begleithandlungen waren manipulativ hoch gepushte Aktienkurse beispielsweise durch gefälschte, aufgeblasene Bilanzen oder mithilfe von durch Strohmänner inszenierten Massenkäufen und -verkäufen von Wertpapieren.[2]

Dies waren übrigens vom Typ her und teilweise vom Namen her dieselben Banken, die mit ihren wiederum neuen, allerdings inzwischen auch von anderen Großbanken übernommenen »strukturierten Finanzprodukten« wesentlich die Finanzkrise 2007/2008 verursachten.

---

1 | Morgan Stanley war ein Teil von J.P. Morgan und wurde erst 1935 eine selbstständige Bank.

2 | Vgl. John K. Galbraith: Der große Crash 1929. München 2005.

ERSTE STAATSFUNKTIONEN

Die Regierung von Franklin Roosevelt (Demokratische Partei) setzte im Rahmen des »New Deal« zwischen 1933 und 1936 Reformen durch, um einen neuen Börsencrash und eine neue Wirtschaftskrise zu verhindern. Das war politisch verhältnismäßig leicht, weil die Wall Street in der Bevölkerungsmehrheit als »public enemy number one« empfunden wurde. Außerdem wurde die Republikanische Partei, die traditionell der Wall Street nahe steht, abgewählt, die als sozialer geltende Demokratische Partei kam an die Regierung.[3] Die erstarkenden Gewerkschaften hatten harte Kämpfe gegen die Arbeitslosigkeit geführt. Ergebnis war das Finanzreformgesetz »Security and Exchange Act« von 1934. Dazu gehörte die Einrichtung der ersten Börsenaufsicht der kapitalistischen Welt, der Security Exchange Commission (SEC).[4]

Die SEC vergab Lizenzen an private Wirtschaftsprüfer, die nun als hoheitliche Aufgabe jährlich die Korrektheit der Bilanzen von Banken und

---

3 | Susanne Lütz: Der Staat und die Globalisierung von Finanzmarkten. Regulative Politik in Deutschland, Großbritannien und den USA. Frankfurt a.M./New York 2003, S. 62; The Economist 6.6.2002, S. 2.

4 | Der New Deal war ein umfangreiches Reformpaket, das eine neue Finanz- und Wirtschaftskrise verhindern helfen sollte. Dazu gehörten neben der erstmals eingerichteten Börsenaufsicht SEC auch die Trennung der Investment- und Wertpapierhandelsbanken von den allgemeinen Geschäfts- und Publikumsbanken (Glass-Steagall Act 1935). Derivate waren verboten. Neben den Maßnahmen im Finanzsektor gehörten weiter dazu: staatliche Investitionen vor allem in die öffentliche Infrastruktur (122.000 öffentliche Gebäude und Schulen, eine Million Kilometer Straßen, 77.000 Brücken, 20 Staudämme), ein Mindestlohn, die gesetzliche Anerkennung der Gewerkschaften und des Streikrechts, die 40-Stunden-Woche, die Einrichtung des neuen Ministeriums »Labour Department«, staatliche Renten- und Sozialversicherung, hohe Steuern für Reiche, das Verbot der Kinderarbeit sowie des privaten Besitzes an Gold und Silber. Die Maßnahmen waren von Anfang an umstritten, jahrzehntelang agitierten insbesondere die Republikaner dagegen, bis sie endlich unter Gerald Ford und vor allem Ronald Reagan ab 1975 mit der »Deregulierung« begannen, die unter dem demokratischen Präsidenten William Clinton in den 90er Jahren ihren Höhepunkt erreichte. Übrigens: Ohne die unter dem New Deal geschaffene öffentliche Infrastruktur wären die USA heute nicht lebensfähig, auch wenn diese Infrastruktur inzwischen teilweise in einem schlechten Zustand ist.

Unternehmen testieren mussten. Auch die Rating-Agenturen erhielten im New Deal eine hoheitliche Funktion: Sie sollten als Beauftragte der staatlichen Börsenaufsicht die Sicherheit von Geldanlagen bewerten. Investoren sollten somit zwischen sicheren (»investment grade«) und spekulativen (»non investment grade«) Investitionen unterscheiden können und »vor den Exzessen der Wall Street geschützt« werden.[5]

Diese Aufgabe hatten die Agenturen sich zwar von Anfang an selbst gestellt, die Krise aber hatten sie nicht verhindern können. Standard & Poor's behauptet auf seiner Website, man habe den Anlegern schon lange vor dem Crash von 1929 empfohlen, sich von den spekulativ überhöhten Wertpapieren zu trennen.[6] Das dürfte eine kräftige Beschönigung sein. Nach einer Aufstellung von Moody's soll es so gewesen sein: Die Zahl der gut bewerteten Wertpapiere stieg zwischen 1918 und 1927, also in der Vorbereitung des großen Börsencrashs, von 500 auf über 3000, während die Zahl der schlecht bewerteten Wertpapiere von 100 auf 600 anstieg; nach dem Crash schossen die guten Ratings 1931 wieder mit dem kurzfristigen Spekulationsboom in die Höhe, während die wieder gut gerateten Papiere schon 1932 ins Bodenlose abstürzten.[7] Insofern war die staatliche Beauftragung der privaten Agenturen von vornherein mit einem Makel behaftet.

In den folgenden Jahren und Jahrzehnten wurden die Ratings in verschiedene gesetzliche Regelwerke eingebaut. So durften Banken, Versicherungen und andere Finanzakteure in den USA nicht in Wertpapiere (Aktien, Staatsanleihen usw.) investieren, die von den Agenturen als »spekulativ« bewertet wurden. Zugleich erhielten Gläubiger das Recht, die von den Agenturen als »investitionswürdig« bewerteten Wertpapiere nicht bloß zum (häufig niedrigeren) Marktwert, sondern zum (höheren) Nominalwert in ihren Bilanzen zu führen.

Neben den gesetzlichen Vorgaben gingen Ratings in die tägliche Praxis der Banken und Unternehmen ein, so etwa auch in Handels- und Finanzverträge privater Partner und in Verträge zwischen öffentlichen Institutio-

---

5 | Carl Levin, U.S. Senate Permanent Subcommittee on Investigations, Hearing »Wall Street and the Financial Crisis: The Role of Credit Rating Agencies«, Washington 23.4.2010, Opening Statement of the Chairman Carl Levin; im Internet unter diesen Stichworten verfügbar.

6 | www.standardandpoors.com, about us, gelesen 14.8.2011.

7 | Moody's Investors Service: Tracing the Origins of »Investment Grade«. Special Comment Februar 2004, S. 3.

nen und privaten Auftragnehmern. So konnten etwa in längerlaufenden Kredit- und Handelsverträgen die Zinsen und Zahlungen dem jährlich erneuerten Rating angepasst werden. Das gab den Rating-Agenturen eine wachsende Stellung im Finanz-, Wirtschafts- und Staatsapparat der USA.[8]

DIE VERÄNDERUNG

Der New Deal war eine groß angelegte Reform innerhalb des Kapitalismus. Vergleichbare demokratische Eingriffe in die Privatwirtschaft hat es seitdem nirgendwo mehr gegeben – auch nicht, trotz anfänglich ähnlicher Ankündigungen, nach der Finanz- und Wirtschaftskrise ab 2007, obwohl diese viel größer war als 1929 und in den Folgejahren.

Dennoch war die etwa 1970 beginnende Veränderung der Reform auch schon im New Deal angelegt: Die nun staatlich beauftragten Wirtschaftsprüfer und Rating-Agenturen waren und blieben private, profitorientierte Unternehmen, die zudem ihre Kriterien und Verfahren in Selbstverwaltung gestalten konnten.

Das Bezahlsystem wird umgestellt

Einen wichtigen neuen Anfang, der damals öffentlich kaum beachtet wurde, machte Moody's 1971. Die Agentur stellte den Bezahlmodus um: Nicht mehr die Anleger und Aktieninteressenten bezahlten für die Ratings, sondern die Verkäufer (Emittenten, issuers) der Wertpapiere. Das waren und sind vor allem die Banken, die neue Unternehmen und neue Wertpapiere an die Börse bringen oder direkt an Anleger verkaufen, also vor allem die Investmentbanken wie Goldman Sachs, J.P. Morgan, Merrill Lynch, Lehman Brothers, Bear Stearns, Salomon Barney und Morgan Stanley. Sie entwickelten neue Wertpapiere (strukturierte Finanzprodukte, Derivate), verkauften sie und spekulierten mit ihnen.

---

8 | U.S. Securities and Exchange Commission, Office of Inspector General, Office of the Audits: The SEC's Role Regarding and Oversight of Nationally Recognized Statistical Rating Organizations (NRSRO), Public Version, Report Nr. 458, Washington August 27, 2009 (Der Bericht enthält zahlreiche geschwärzte Stellen).

Was tun Investmentbanken?

Der Typ der Investmentbank wurde in den USA seit Ende des 19. Jahrhunderts entwickelt. Zu den neueren Investmentbanken zählen inzwischen Wells Fargo, Bank of America, HSBC, Macquarie, Deutsche Bank, United Bank of Switzerland (UBS), Crédit Suisse (CS), Société Générale und BNP Paribas. Typisch sind Geschäfte mit Großkunden: Finanzierung von Unternehmensaufkäufen, Organisation von Börsengängen, Aufkauf und Weiterverkauf von Unternehmens- und Staatsanleihen, Kreditvergabe an Hedge-, Investment- und Immobilienfonds sowie Private Equity Fonds, Entwicklung und Verkauf strukturierter Finanzprodukte (Derivate). Beim Eigenhandel kaufen und verkaufen sie spekulativ Wertpapiere, Devisen, Rohstoffe, Nahrungsmittel, Immobilien und deren Derivate. Dabei nutzen sie Wert- und Kursunterschiede im Millisekundenbereich zwischen den Börsen (elektronischer Hochfrequenzhandel). Typisch sind OTC-Geschäfte (OTC = over the counter, ohne staatliche Registrierung oder Kontrolle) über Finanzoasen. Investmentbanken beraten Regierungen bei der Privatisierung von öffentlichen Unternehmen. Reiche Privatpersonen und Unternehmer-Clans übergeben ihr Vermögen den Investmentbanken zur Vermehrung.

Sie gehören vor allem den großen Hedgefonds wie Blackrock, Fidelity, Wellington, Global Capital usw. Zugleich gründen sie selbst Hedgefonds und sind Miteigentümer anderer Hedgefonds. Sie zahlen an ihre Topmanager wesentlich höhere Gehälter und Boni als sonstige Banken. Sie betätigen sich gleichzeitig als Finanzlobby und gehören insbesondere in den USA zu den wichtigsten Bespendern von Abgeordneten und Präsidentschaftskandidaten. Goldman Sachs-Chefs sind eng mit staatlichen Institutionen verbunden. Hank Paulson wurde vor Beginn der Finanzkrise 2007 Finanzminister von US-Präsident Bush. Der Europa-Chef von Goldman Sachs, Peter Sutherland, war vorher EU-Wettbewerbskommissar. Goldman Sachs' Vizechef in Italien, Mario Draghi, wurde Chef der italienischen Zentralbank und dann Chef der Europäischen Zentralbank. Mario Monti, zuvor EU-Wettbewerbskommissar und seit 2011 Ministerpräsident Italiens, ist zugleich Mitglied im Internationalen Beraterkreis.[9]

---

9 | Vgl. David Stowell: An Introduction to Investment Banks, Hedge Funds and Private Equity: The New Paradigma. Amsterdam/Boston 2010.

Die beiden anderen Rating-Agenturen schlossen sich dem neuen Bezahl-modus schnell an, und die Börsenaufsicht SEC genehmigte ihn 1975. Die öffentliche Werbe-Begründung lautete, dass die Anleger bei den immer zahlreicheren Angeboten geringere Informationskosten hätten und des-halb billiger und schneller ihre Geldanlagen tätigen könnten.

Das war ein wichtiges Element bei der Deregulierung des US-Finanz-systems und bei der weiteren Demontage der Restbestände des New Deal. US-Präsident war zu der Zeit der Republikaner Gerald Ford, ungewählter Nachfolger des wegen Betrugs abgesetzten republikanischen Präsidenten Richard Nixon. Der etwas unbedarfte Ford ist bis heute der einzige nicht aus einer Wahl hervorgegangene US-Präsident und hatte, vereinfacht ge-sagt, von Finanzen und Wirtschaft keine Ahnung.[10]

Die Arbeitslosigkeit in den USA war hoch, eine Rezession erschütter-te die Nation – ebenso wie die anderen hochkapitalisierten Staaten.[11] Der Nachkriegsaufschwung war vorbei. Der Vietnamkrieg und die globale mili-tärische Expansion trieben die Staatsschulden in die Höhe. Verschiedenste linke und kritische Bewegungen bedrohten die Kapitalmacht oder konnten jedenfalls als Bedrohung angesehen werden. Der östliche Sozialismus war auf der Höhe seiner Macht.[12] Deshalb organisierten 1975 die USA und ihre wichtigsten Verbündeten wie Deutschland, Frankreich und Großbritan-nien den ersten »Weltwirtschaftsgipfel«.

Mit ihrem neuen Rezept präsentierten sich die »Neoliberalen« als er-folgreiche Krisenmanager. Präsident Ford holte sich als Vizepräsidenten den damals einflussreichsten Banker der Wall Street zu Hilfe: Nelson Rockefeller, der auch Direktor der Federal Reserve Bank of New York war, also der weitaus wichtigsten Filiale der US-Zentralbank Fed. Als ökonomi-schen Chefberater engagierte Ford Alan Greenspan, der danach ebenso

---

10 | Der Vizepräsident von Nixon war Spiro Agnew, er folgte Nixon nach und er-nannte Ford zum Vizepräsidenten, musste aber wegen Korruption zurücktreten. Ford wurde Präsident, amnestierte Nixon und seine »Bande« und ernannte Rok-kefeller zum Vizepräsidenten. Die herrschenden Cliquen und Regierungen der US-Bündnispartner behandelten diese Affäre als kurioses Event, öffentliche Kritik kam nicht auf.

11 | Vgl. Werner Rügemer: Strukturveränderungen in den Lebens- und Arbeitsbe-dingungen der abhängig Beschäftigten in den USA, in: WSI-Mitteilungen 6/1986, S. 394ff.

12 | Vgl. Werner Rügemer: Der kranke Weltpolizist. Köln 1986.

die Präsidenten Ronald Reagan, George Bush, William Clinton und wieder George W. Bush beriet und als Chef der US-Zentralbank eine zentrale Rolle bei der Globalisierung spielte. Fords Regierung senkte 1975 folgsam die Einkommensteuer für die Reichen sowie die Gewinnsteuer für Unternehmen (Körperschaftsteuer), »um die Wirtschaft anzukurbeln«, wie die bekannte Formel hieß,[13] die bis heute trotz aller gegenteiliger Effekte ein verbissenes Glaubensbekenntnis bleibt.

Das Oligopol

1975 begann die bis heute weiter ausgebaute, führende Rolle der Rating-Agenturen. Ihre Bewertungen wurden zum allgemeinen Maßstab der Wirtschaft. Die Börsenaufsicht beschloss, dass Börsenmakler ihre Kapitalrückstellungen danach richten müssen, ob die von ihnen gehandelten Wertpapiere »investment grade« oder »non investment grade« sind. Anleihen und verbriefte Hypothekenkredite können seitdem im vereinfachten Verfahren auf den Markt gebracht werden, wenn zwei Agenturen ihnen »investment grade« zuerkennen. Das Arbeitsministerium legte fest, dass Pensionsfonds nur Wertpapiere kaufen dürfen, die mindestens mit A bewertet sind. Investment- und andere Fonds dürfen nur begrenzt in spekulative Anleihen investieren. Unternehmen müssen mehr Zinsen zahlen, je schlechter ihr Rating ausfällt. So gingen die Ratings in immer mehr Finanzgesetze und Finanzpraktiken ein.

Ebenfalls 1975 lizenzierte die SEC in einem nichtöffentlichen Verfahren die sieben an der Wall Street bekanntesten Rating-Agenturen. Sie erhielten das Gütesiegel »Nationally Recognised Statistical Rating Organisation« (NRSRO, staatlich anerkannte statistische Rating-Agentur). Aus ihnen entstanden durch Fusionen innerhalb kurzer Zeit die drei führenden Agenturen Standard & Poor's, Moody's und Fitch. Danach ließ die SEC keine weiteren Agenturen mehr zu.

Erst wieder 2003 bekam die kanadische Agentur Dominion Bonds Rating Service (DBRS) als vierte eine Lizenz, was aber an der Marktbeherrschung durch die Großen Drei nichts änderte. Allerdings bleibt Fitch bis heute in dieser exklusiven Runde immer die am wenigsten wichtige Agentur mit dem wenigsten Einfluss; die Marktverteilung änderte sich nur

---

13 | Vgl. Ravi Batra: Greenspans Betrug. München 2006.

wenig: Standard & Poor's bleibt bei etwa 44 Prozent, Moody's bei etwa 38 Prozent, Fitch bei etwa 15 Prozent.

Die Kriterien für die Lizenzierung dieser Agenturen waren: finanzielle Ressourcen, um unabhängig von den gerateten Unternehmen zu sein, Zahl und Qualifikation der Mitarbeiter und interne Kontrollprozeduren für die Vermeidung von Insidergeschäften.[14] Wie wir sehen werden, waren diese Kriterien zweifelhaft; insbesondere die Forderung nach finanzieller Unabhängigkeit der Agenturen enthält einen simplen Widerspruch, da die SEC ja gleichzeitig der auf die auftraggebenden Unternehmen umgestellten Finanzierung der Ratings zustimmte. Und die SEC fragte schon damals nicht, wem die Agenturen gehören und ob nicht vor allem dadurch die Interessenkonflikte systemisch sind und bleiben.

Die SEC legte damals des Weiteren fest: US-Unternehmen müssen sich einem Rating von mindestens zwei der Agenturen unterziehen, bevor sie im US-Kapitalmarkt Kredite aufnehmen können.[15] Zugleich befreite die SEC die Agenturen von jeglicher Haftung, auch im Falle des Betrugs.[16]

Außerdem übernahmen die Agenturen zentrale Aufgaben in der und für die Wall Street. So führt etwa S&P seit 1969 das Registrierungs- und Identifizierungssystem CUSIP (Committee for Uniform Security Identification Procedures), ohne das die vielen Millionen der täglich getätigten Finanztransaktionen nicht zu bewältigen wären.[17]

Die Agenturen rückten zu Dauerberatern der US-Regierungen auf. So war der Präsident der S&P-Muttergesellschaft, Harold McGraw, Berater von George W. Bush.[18] Als ehemaliger Vorsitzender des US-Business-Round-Table[19] organisierte McGraw sofort und diskret nach Amtsantritt

---

14 | Financial Policy Forum: Credit Rating Agencies. Special Report 6, Washington April 2003, S. 3.

15 | Zur Geschichte der Rating-Agenturen vgl. U.S. Securities and Exchange Commission, Office of Inspector General: The SEC's Role Regarding and Oversight of Nationally Recognized Statistical Rating Organizations (NRSRO), Public Version, Report Nr. 458, Washington August 27, 2009.

16 | U.S. Securities and Exchange Commission, Hearing »Roundtable to Examine Oversight Credit Rating Agencies«, 15.4.2009, Statement Frank Partnoy, S. 103.

17 | The McGraw Hill Companies: Annual Report 2009, S. 18.

18 | Die Welt 9.5.2010.

19 | »Business Round Table« (Runder Tisch für Unternehmen) ist eine in den USA entwickelte Organisationsform, um Politiker und Regierungen mit den Absichten

von Präsident Barack Obama ein entsprechendes Treffen. Dabei diskutierte eine ausgewählte Gruppe von US-Unternehmenschefs mit Obama, wie sie der neuen Regierung »helfen« können, um die »Grundlage für die globale Ökonomie zu stärken«.[20]

Auf diese Weise erhielten die Agenturen vom Staat eine exklusive Wächter- und Gestaltungsstellung im US-Finanz-, Wirtschafts- und Regierungssystem und wuchsen in das System der Kapitalmacht hinein.

Von 1971 bis 1976 verschafften sich die Finanzakteure auch einen erhöhten Einfluss auf die Politik. Mehrere Gesetze erlaubten den Privatunternehmen die der Höhe nach unbegrenzte Bespendung von Parteien und Politikern. 1976 urteilte der Supreme Court, dass Unternehmen den Schutz des First Amendment, also des ersten Zusatzes zur US-Verfassung, genießen: Ihre Spenden sind durch das Recht auf freie Ausübung der Religion und auf die freie Meinungsäußerung geschützt.[21] Unternehmen sind vor dem Gesetz wie Bürger zu behandeln. Das gilt bis heute.

Staatlicher Standort-Schutz

Die Agenturen haben ihre Hauptsitze in New York und London, also in den beiden wichtigsten operativen Zentren der gegenwärtigen Finanzindustrie. In New York und London genießen sie den Schutz der beiden Staaten USA und Großbritannien. Diesen Schutz verstärken beide Staaten durch weitere Privilegien direkt vor Ort.

So hat der Staat New York eine besonders finanzfreundliche Gesetzeslage, die sich von anderen US-Staaten unterscheidet; an der Wall Street gelten Wirtschafts- und Finanzverträge auch dann, wenn sich nachträglich herausstellen sollte, dass sie ganz oder teilweise US-Bundesrecht widersprechen. Die Regierung oder eine Zentralbehörde in Washington kann in geschlossene Verträge nicht eingreifen, Ausnahmen gelten nur für den Kriegsfall.[22]

---

der Privatwirtschaft »vertraut« zu machen. Solche »Runden Tische« wurden als Einflussorganisationen auch in der EU-Hauptstadt Brüssel gegründet (European Business Round Table und ähnliche).

20 | The McGraw Hill Companies: Annual Report 2009, S. 4.

21 | David Harvey: A Brief History of Neoliberalism. New York 2005, S. 48f. und 181.

22 | Werner Rügemer: Cross Border Leasing. Lehrstück zur globalen Enteignung der Städte. Münster 2005, S. 35.

Zudem hält die von der Wall Street beherrschte Federal Reserve Bank of New York ihre schützende Hand über das Finanzzentrum.[23]

Ähnlich ist es in London: Neben der generellen staatlichen Förderung des Finanzplatzes durch die englischen Regierungen stellt das Bankenzentrum im Herzen Londons, die City of London, ein besonderes Territorium dar. Die mit Sonderprivilegien ausgestattete Finanzenklave in der britischen Metropole war durch die Tory-Regierung unter der »konservativen« Ministerpräsidentin Margaret Thatcher nach dem Vorbild von Milton Friedman[24] radikal dereguliert worden. Das brachte den Bankern, Wirtschaftsprüfern, Wirtschaftskanzleien und Rating-Agenturen so viele Privilegien und Freiheiten (das Territorium verfügt beispielsweise über eine eigene Polizei und einen eigenen Bürgermeister), dass sie von New York aus Niederlassungen in der City of London gründeten. Sie konnten dort Möglichkeiten nutzen, die sie damals in New York (noch) nicht (ganz) hatten.[25]

---

23 | Jo Becker/Gretchen Morgenson: Geithner, Member and Overseer of Finance Club, in: The New York Times 27.4.2009.

24 | Friedman war der führende Vertreter der neoliberalen Schule nach dem Zweiten Weltkrieg; überall wo seit den 70er Jahren dereguliert wurde – ob mithilfe von westlich inspirierten Militäraktionen und Putschen wie in Chile 1973 und anderen lateinamerikanischen Staaten, in Ex-Jugoslawien, im Irak, in Afghanistan oder unter kommunistischem Regime wie in China, unter postsozialistischem Regime (Russland, Präsident Jelzin) oder unter »demokratischem« Regime wie in den westlichen Industriestaaten – überall mischten Friedman, seine Schüler und Nachahmer mit. Sie wurden auch »Chicago Boys« genannt, da Friedman und andere ihre Professorenstelle an der Universität Chicago hatten. Friedman bekam 1976 den Nobelpreis für Ökonomie, andere Neoliberale erhielten ihn in späteren Jahren. In der Kritik wenig beachtet ist der eigentliche Inspirator des Neoliberalismus, Walter Lippman: Der Ökonom und Publizist entwickelte die »wissenschaftlich« begründete Methode der medialen Manipulation; er setzte voraus, dass die Masse der Menschen in der Demokratie die entscheidenden Sachverhalte, darunter die ökonomischen, nicht begreifen kann und deshalb zum eigenen Vorteil von Experten gelenkt werden muss (»manufacturing consent«).

25 | Werner Rügemer: Das Finanzparadies – City of London, in: junge welt 3.7.2008.

Kreditbasierte Wirtschaft

Staat und US-Zentralbank förderten die Ausweitung der Kreditvergabe und der Interbanken-Kredite. Die Unternehmen konnten Zinsen als betriebsnotwendige Ausgaben von der Steuer absetzen. Für die Unternehmen wurde es billiger, mithilfe von Krediten ihre Produktionsanlagen zu erweitern oder zu erneuern, anstatt dafür ihre Gewinne zu verwenden – die Gewinne wurden in immer größerem Umfang an die Shareholder und an die Bankmanager (Boni, Aktienoptionsprogramme) ausgezahlt und teilweise sogar mithilfe von Krediten erhöht.

Die Banken weiteten das Interbankengeschäft systematisch aus. Sie liehen sich untereinander Geld, aber nicht vor allem deshalb, um damit für Unternehmen, Staaten und Verbraucher mehr Kredite vergeben zu können. Vielmehr »investierten« sie das so geliehene Geld vor allem in spekulative Eigengeschäfte mit Devisen-, Rohstoff-, Index- und Kreditderivaten und zum Beispiel in Immobilien.

Die US-Regierungen lockerten die Bedingungen für die Kreditaufnahme, beispielsweise mussten individuelle Kreditnehmer schließlich ab Anfang der 90er Jahre unter Präsident William Clinton kaum mehr Eigenkapital und Sicherheiten nachweisen. Das Kreditkartenwesen förderte zusätzlich die »problemlose« Aufnahme von Krediten durch private Haushalte: Die in der neoliberalen Wirtschaftspraxis systemische Kürzung der Einkommen aus lohnabhängiger Arbeit sollte durch die ständige Aufnahme von Krediten kompensiert werden.

Weil so viele Sparkassen während der 70er und 80er Jahre bankrott gegangen waren, ermöglichte es die staatliche Federal Deposit Insurance Corporation (FDIC) den Sparkassen, die zahlreichen US-Traum-Häuslebauer-Kredite, die faul zu werden drohten, an andere Finanzakteure zu verkaufen: Angeschlagene Sparkassen konnten ausstehende Kredite abschreiben, verbriefen und verkaufen. Banken nahmen Kredite bei anderen Banken auf, um solche verbrieften Kreditbündel zu kaufen. Damit wurde auch der New Deal abgeschafft: Die FDIC war 1933 im New Deal zusammen mit dem Glass Steagall Act gegründet worden und sollte die Geld- und Spareinlagen der Bürger schützen. Als ihr dann wegen der inflationären Kreditvergabe der Sparkassen das Geld ausging, hob der Staat die Einlagensicherung weitgehend auf, statt die Kreditflut einzudämmen.

Dies führte wie in Großbritannien, wo Margaret Thatcher dieselbe Praxis verfolgte, auch in den USA zur dauerhaften Überschuldung privater

Haushalte: Privatverschuldung als (illusionäre, bankenfreundliche) Systemlösung.[26]

In dieser Zeit kamen die neuen Finanzakteure wie Hedgefonds und Private Equity Fonds dazu. Das Trennbanken-System, das auf den New Deal zurückgeht und in dem die »Normalbanken« von den Investmentbanken getrennt werden, wurde schleichend aufgelöst. Gleichzeitig hatten die alten und neuen Finanzakteure über die Rating-Agenturen auch den Staat eingebunden und können seitdem deshalb darauf setzen, dass die ständig ausgeweitete, hochspekulative gegenseitige Geldschöpfung staatlich abgesichert ist.

Auch die Federal Reserve Bank (Fed), die US-Zentralbank, vermehrte durch Niedrigst- und Nullzins-Kredite an die Banken und Fonds seit den 8oer Jahren die Menge des Kapitals und begünstigte die Erfindung und Legitimierung neuer »strukturierter Finanzprodukte«. Auch die wichtigste Filiale der Fed, die Federal Reserve Bank of New York, die von den Investmentbanken der Wall Street beherrscht wird, ging diesen Kurs.[27] Kredite waren billig und die Wirtschaft hing nicht nur immer mehr von Krediten ab, Konzerne wurden mithilfe solcher Kredite auch selbst zu weltweit tätigen Spekulanten.

Die Investoren brauchen seit der Inthronisierung der Agenturen zudem keine eigene sorgfältige Prüfung von Anleihen und Wertpapieren mehr vorzunehmen, sondern können auf die Ratings verweisen. Das führte und führt auch dazu, dass sich die Umschlagsgeschwindigkeit von Finanztransaktionen beschleunigt: Sie werden schneller und riskanter, stellt auch Chester Spatt, der ehemalige Chefökonom der Börsenaufsicht SEC, fest.[28]

---

26 | Sarah Nadav: Verkauft und geknebelt, in: The European 22.11.2011; Die gegenwärtige Verschuldung des US-Staates beträgt 15 Billionen US-Dollar, die der privaten Haushalte drei Billionen.

27 | Ravi Batra: Greenspans Betrug. München 2006; Jo Becker/Gretchen Morgenson: Geithner, Member and Overseer of Finance Club, in: The New York Times 27.4.2009.

28 | Chester Spatt: Markets for Financial Information. Paper presented at the Federal Reserve Bank of Atlanta Conference 11.5.2010, S. 6.

Federal Reserve Bank (Fed)

Die US-Zentralbank ist keine staatliche Bank, sondern ist in den Händen der wichtigsten US-Banken, sie kann Anleihen des Staates USA kaufen und den privaten Banken zinsgünstige Kredite geben. Sie stand von 1987-2006 unter der Leitung von Alan Greenspan, der 1974 von US-Präsident Gerald Ford zum Vorsitzenden des Wirtschaftsrates (Council of Economic Advisers) ernannt wurde und als Wirtschaftsberater von Präsident Ronald Reagan zur Senkung der Unternehmens- und Einkommenssteuern sowie zur Ausplünderung der staatlichen Rentenkasse (Social Security Trust Fund) beitrug. Greenspan, der nach typisch neoliberaler Überzeugung Gewerkschaften und Mindestlöhne hasste und mit den nachfolgenden US-Präsidenten Bush, Clinton und Bush die Deregulierung des Finanzsystems vorantrieb, weitete als Fed-Chef die Geldmenge auch durch Nullzinsen in historisch einmaliger Weise aus, mit dem Argument, die Wirtschaft zu fördern. In Wirklichkeit förderte er damit die spekulative Aufblähung der privaten Kreditvergabe. Nach seinem Ausscheiden wurde er 2007 Berater der Deutschen Bank und 2008 Berater des Hedgefonds Paulson & Co; letzterer hatte in der von Greenspan mitverursachten Finanzkrise Milliarden dadurch verdient, dass er frühzeitig Wetten auf den Verfall der Immobilienpreise verkaufte.

Eine besondere Rolle spielt die Federal Reserve Bank of New York. Sie ist zuständig für das US-Finanzzentrum Wall Street; auch sie ist in den Händen der US-Investmentbanken. In der Finanzkrise 2008 rettete die Fed New York unter Timothy Geithner, mit Umgehung der Börsenaufsicht, des Finanzministeriums und der Fed-Zentrale zum Beispiel den Versicherungskonzern American International Group (AIG) mithilfe staatlicher Milliardenbeträge, die anschließend an Deutsche Bank, Goldman Sachs, Société Générale, Merrill Lynch und weitere AIG-Gläubiger weitergereicht wurden. Die Banken hatten spekulative Kredite bei AIG versichert, AIG konnte aber nicht zahlen. Geithner zog zahlreiche private Berater wie den größten Hedgefonds Blackrock hinzu. So wurde Geithner zum »bailout king« (Banken-Rettungs-König), US-Präsident Barack Obama berief ihn zum Finanzminister.[29]

---

29 | Ravi Batra: Greenspans Betrug. München 2006; David Reilly: Secret Banking Cabal Emerges from AIG Shadows, in: Bloomberg 28.1.2010; Jo Becker/Gretchen Morgenson: Geithner, Member and Overseer of Finance Club, in: The New York Times 11.4.2011.

III. Globalisierung des US-Rating-Systems

Doch das war nur der Anfang. Im Zuge der »Globalisierung« setzten die USA für ihre drei Agenturen auch globale Funktionen durch. Dies lief regulatorisch über den Internationalen Währungsfonds (IWF) und über die Bank für Internationalen Zahlungsausgleich (BIZ, Sitz: Basel/Schweiz, englisch: Bank for International Settlements, BIS). Sie ist die Zentralbank der staatlichen Zentralbanken, es dominieren wie in Weltbank/IWF die wichtigsten kapitaldemokratischen Staaten. Auch die Vertreter der nationalen Finanzaufsichtsbehörden sind beteiligt. Eine demokratische Legitimation haben die Beschlüsse und Maßnahmen von IWF und BIS nicht. Das spielt aber für die Finanzindustrie keine Rolle, kommt ihr vielmehr entgegen.[1]

ÜBERSCHULDUNG DER ENTWICKLUNGSLÄNDER

In den Entwicklungsländern waren nach dem Zweiten Weltkrieg im Zuge der Entkolonialisierung Regierungen an die Macht gekommen, die einen eigenen, nationalen, auch nationalistischen, manchmal sozialistischen oder sozialismusähnlichen Entwicklungsweg einschlugen (Gandhi/Nehru in Indien, Mossadegh in Persien, Nasser in Ägypten, Nkrumah in Ghana, Sukarno in Indonesien, Reformregierungen in Südamerika und viele andere). Sie wollten ohne westliche »Hilfe« auskommen. Sie wurden jedoch seit den 6oer Jahren schrittweise durch Interventionen der USA und der Kolonialmächte England und Frankreich abgelöst und durch prowestliche,

---

1 | Helmut Siekmann: Die Finanzmarktaufsicht in der Krise. Institute for Monetary and Financial Stability, Frankfurt a.M., Working Paper Nr. 41/2010, S. 9 und 48.

vielfach diktatorische Regimes ersetzt. Sie kamen oft durch ausländisch gestützte Militärputsche an die Macht.

Diese »westlich« korrumpierten Regimes (Suharto in Indonesien, Marcos auf den Philippinen, Pinochet in Chile, Mobutu im Kongo, die vielen Militärdiktaturen in Südamerika und viele weitere) boten das erste große Experimentierfeld für die neoliberale Doktrin und die mit ihr verbundene Kreditvergabe.[2] Auch weniger autoritäre Regimes öffneten sich westlichen Banken und Investoren, insbesondere den Investmentbanken der Wall Street und den Schweizer, deutschen, französischen und englischen Großbanken, um mehr oder weniger sinnvolle Großprojekte zu realisieren; deutsche, italienische, englische Konzerne wie Siemens, Hochtief, Steinmüller, Mercedes Benz und Bilfinger Berger waren beteiligt. Gleichzeitig konnten die neoliberalen Regierungsclans einen Teil der Gelder geheim zum eigenen Vorteil in ein westliches Finanzzentrum schleusen.[3]

Zwischen 1970 und 1985 verzwölffachten sich die Schulden der Entwicklungsländer, die eine Scheinblüte erlebten. Großprojekte wie militärische und polizeiliche Aufrüstung, Straßen, Staudämme, Kraftwerke und Renommierpaläste brachten keine nachhaltige volkswirtschaftliche Entwicklung in Gang und versetzten die Kreditnehmer nicht in die Lage, die Schulden zurückzuzahlen.[4]

DER INTERNATIONALE WÄHRUNGSFONDS (IWF)

Hier kommt der IWF (International Monetary Fund) ins Spiel. 43 Staaten gründeten ihn 1944 zusammen mit der Weltbank, um die internationalen Finanzbeziehungen neu zu ordnen. IWF/Weltbank gelten als Unterorganisation der kurze Zeit später gegründeten Vereinten Nationen (United Nations Organisation, UNO), werden aber nicht von ihr kontrolliert. Der IWF sollte die Austauschbarkeit einer Währung gegen andere Währungen sicherstellen, und zwar zu festen Wechselkursen, damit Investitionen und Handel nicht durch einzelne Abwertungen gefährdet werden. Man woll-

---

2 | Vgl. Naomi Klein: Die Schockstrategie. Frankfurt a.M. 2007.

3 | Vgl. Werner Rügemer: Gegen Exdiktator Pinochet wird wegen Korruption und Geldwäsche ermittelt, in: Business Crime (BIG) 1/2005, S. 24ff.

4 | Vgl. John Perkins: Bekenntnisse eines Economic Hitman. München 2007; Perkins war als Kredit- und Projektakquisiteur für die Weltbank tätig.

te Wirtschaftskrisen wie während der 20er Jahre vermeiden. Leitwährung war der US-Dollar: Der Staat USA garantierte, dass ein Kilogramm Gold für 35 Dollar weltweit ein- und zurückgetauscht werden könnte.

Die Staaten zahlen entsprechend ihres prozentualen Anteils in den IWF ein, damit er im Notfall einzelnen Staaten vorübergehend Kredite zu vergleichsweise günstigen Bedingungen geben kann. Auf diese Weise intervenierte der IWF bis Anfang der 70er Jahre nur selten, etwa in Großbritannien und Peru. Das änderte sich jedoch zunächst in den sogenannten Entwicklungsländern.

Das Potenzial zur Umgestaltung der IWF-Struktur war allerdings schon am Anfang angelegt, denn bei ihm gilt nicht das UNO-Prinzip »ein Staat, eine Stimme«. Vielmehr wurde und wird der IWF von den westlichen kapitalistischen Staaten dominiert, allen voran von den USA, die über eine Sperrminorität verfügen, und von Großbritannien, Japan, Deutschland und Frankreich.

Um den überschuldeten Entwicklungsländern die Rückzahlung aufzuzwingen, verband der IWF im Unterschied zur anfänglichen Praxis nun seine neuen Kredite mit Auflagen zur »Strukturanpassung«: Verkauf öffentlicher Unternehmen (Energie, Wasser) und Erhöhung der Preise, Entlassung öffentlich Bediensteter, Öffnung des nationalen Marktes für westliche Produkte, Streichung von Subventionen für Nahrungsmittel, Zulassung von westlichen Banken und Versicherungen, Steuervorteile für ausländische Investoren und ähnliches. Der IWF hatte auch keine Skrupel, im Interesse der Banken und Investoren die Verschuldung von Entwicklungsländern künstlich hochzurechnen.[5]

Repräsentanten der neoliberalen »Chicagoer Schule« gelangten in hohe Funktionen von Weltbank und IWF. Sie krempelten diese Institutionen um, die sie für ein Produkt von Staatseingriffen hielten, das zudem (angeblich) zu sehr von der UNO kontrolliert würde. Dutzende von »Chicago Boys« wurden Finanzminister, Zentralbankmanager und Wirtschaftsexperte in den neoliberal umgestalteten Staaten insbesondere Südamerikas.[6]

Der IWF wollte für die Bewertung der Bonität der Entwicklungsländer eine methodisch gesicherte Grundlage. Er verließ sich dabei auf die drei Rating-Agenturen. So erreichte es schließlich S&P, dass das Entwicklungs-

---

5 | Naomi Klein a.a.O., S. 362.
6 | Ebd., S. 226-236.

programm der Vereinten Nationen (United Nations Develop Programme, UNDP) eine Rating-Initiative für Entwicklungsländer in Gang setzte. Die UNO war unter Kofi Annan, der aus Ghana stammt und auf Druck der US-Regierung 1997 gegen viele Widerstände als Generalsekretär durchgesetzt wurde, in eine Kooperation mit multinationalen Konzernen und Banken eingetreten. Sie heißt United Nations Global Compact.

So beauftragten und bezahlten das UNDP und das US State Department (Außenministerium) gemeinsam die drei Agenturen, damit sie zunächst einmal exemplarische Ratings für 16 besonders arme Entwicklungsländer erstellten. Darunter waren sieben Länder südlich der Sahara. Dadurch sollte unterentwickelten Staaten der »Zugang zu den Kapitalmärkten« und zu ausländischen Direktinvestitionen erleichtert werden.[7]

Man kann die Initiative realistischerweise auch so sehen, dass die Finanzakteure, Konzerne und Rating-Agenturen es waren, die den Zugang zu den Entwicklungsländern suchten. Eine übliche rührselige Begründung für die Initiative lautete, dass damit Ressourcen für die Armutsbekämpfung mobilisiert werden sollten.

Doppelmoral herrschte auch in anderer Hinsicht: Während die mächtigen Staaten der westlichen Werte- und Finanzgemeinschaft für ihr Rating nichts bezahlen, sollten die unterentwickelten Staaten zahlen. So bahnte sich zwischen Weltbank, IWF und Rating-Agenturen eine enge Verbindung an. Sie wirkte sich zuerst in den Entwicklungsländern aus, wurde aber schnell auf die »entwickelten« Staaten ausgedehnt – auch von ihnen verlangt der IWF für seine Kredite nun Zinsen nach den Vorgaben der Agenturen.

DIE REGELWERKE BASEL I, II UND III

Im Zuge der Globalisierung beziehungsweise der globalen Expansion der US-Finanzakteure und ihrer neuen Finanzprodukte und Praktiken wurde in der BIS 1974 die »Gruppe der Zehn« als neues Leitungsgremium etabliert. Dieses Gremium ist in der BIS-Satzung nicht vorgesehen. Damit konnten die USA und die führenden westlichen Zentralbanken ihre Vorstellungen im kleinen Kreis vorbereiten und leichter durchsetzen. »So

---

7 | Franziska Richter: Ratingagenturen und Entwicklungsländer, hg. von World Economy, Ecology & Development (weed e.V.), Bonn Juli 2011, S. 5.

gewann die BIS zunehmenden Einfluss auf globale Kapital-Standards«, heißt es auf der Website der Rating-Agentur Fitch.[8]

Gleichzeitig gründeten diese wenigen Staaten das Basel Committee on Banking Supervision; es ist keine Abteilung oder Einrichtung der BIS, nimmt aber deren Renommee als globale staatliche Institution in Anspruch, und nutzt die vom BIS zur Verfügung gestellten institutionellen und logistischen Instrumente.

Nach jahrelangen Verhandlungen, die aus Anlass mehrerer Bankenpleiten Anfang der 70er Jahre aufgenommen wurden, hat das Komitee 1988 das Regelwerk Basel I veröffentlicht. Hintergrund war das starke Aufkommen der »Eurobonds«: Das sind Anleihen, die seit den 60er Jahren in europäischen Staaten von europäischen und US-Konzernen meist auf US-Dollar ausgegeben wurden. Vor allem die überquellenden Dollareinnahmen der Öl fördernden arabischen Staaten (»Petrodollars«) waren eine Quelle der Eurobonds. Erfunden, organisiert und gehandelt wurden die Eurobonds in London und Luxemburg. Die meisten Anleihen wurden von US-Unternehmen ausgegeben.[9]

Obwohl schon Luxemburg und die City of London (mit den ausgelagerten Finanzplätzen in Jersey, Guernsey, Sark, Isle of Man, Gibraltar, Jungferninseln) Finanzoasen sind, wurde auch die Finanzoase Amsterdam (mit dem ausgelagerten Finanzplatz der Niederländischen Antillen) einbezogen. So konnten Einkommens-, Quellen-, Stempel- und Gewinnsteuer umgangen werden. Damit wurde die City of London nach dem Niedergang des Commonwealth erneut zum europäischen Finanzzentrum, gefolgt von der aufstrebenden EU-Finanzoase Luxemburg. Damit eröffneten die US-Investmentbanken und ihre europäischen Counterparts – bei den Banken waren dies vor allem die Deutsche Bank, die britische Warburg-Bank, die französische Banque de Paris et des Pays-Bas (heute BNP Paribas) und die Banca Commerciale Italiana – ein großes neues Geschäftsfeld.[10] Zur internationalen Abwicklung der Eurobonds gründeten die genannten US- und europäischen Investmentbanken in Luxemburg eine Art Zentralbank

---

8 | www.fitchratings.com/jsp/marketfocus/iframe_mfcontent.faces?r=0.782089 453, gelesen 31.7.2010.

9 | Denis Robert/Ernest Backes: Das Schweigen des Geldes. Die Affaire Clearstream. Zürich 2003, S. 214ff.

10 | Niall Ferguson: Der Bankier Siegmund Warburg. München 2011, S. 269ff.

Clearstream in Luxemburg

1970 gründeten Chase Manhattan, United Bank of Switzerland (UBS), Barclays, BNP Paribas, Dresdner Bank und andere ein internationales Clearingsystem außerhalb von IWF und BIS. Sitz war und ist Luxemburg. Es hieß zunächst Centrale de Livraison de Valeurs Mobilières (CEDEL, Lieferzentrale für Wertpapiere). Damit sollten transnationale Wertpapiergeschäfte wie die Eurobonds in Echtzeit und kostengünstig abgewickelt werden. Ausschlaggebend für den Standort war Luxemburg als Finanzoase. Es gab keine Aufsicht, denn das Großherzogtum lockte seit 1968 insgesamt 200 internationale Banken damit an, dass sie keine Börsen- und Finanzaufsicht und auch keine Zentralbank hatte, die diesen Namen verdiente.

Tausende Banken, Investment- und Hedgefonds, Zentralbanken, Staaten und Unternehmen wickeln über Clearstream täglich viele Millionen Transaktionen ab. Diese unbeaufsichtigte Selbstverwaltung der Finanzindustrie, verbunden mit staatlichem Schutz, war und ist eine wichtige und zugleich öffentlich weithin unbekannte Institution der Globalisierung. Sie ist eine unschätzbare Quelle von Finanzinformationen. Wer etwa eine Finanztransaktionssteuer einführen will, muss auf die Daten dieser Institutionen zugreifen können.

Später wurde CEDEL weiter anglisiert und in Clearstream umbenannt. 2000 wurde Clearstream zu einer Tochtergesellschaft der Deutschen Börse AG, die ihren juristischen Sitz in der Alpha Beta Netherlands Holding hat. Wirtschaftsprüfer ist KPMG, ihre Bonität lässt die Deutsche Börse von Standard & Poor's und Fitch bewerten. Die Deutsche Börse gehört unter anderem Zurich Financial Services, Allianz, AXA, J.P. Morgan, Deutsche Bank, Fidelity, GSC Investment Partners, SAP,[11] die wiederum teilweise den selben Eigentümern gehören, die auch Eigentümer der Rating-Agenturen sind.

namens CEDEL. Sie wurde später in Clearstream umbenannt und gehört heute zur Deutschen Börse AG.

In der Vereinbarung Basel I wurde festgelegt, dass im internationalen Finanzsystem die Banken ein angemessenes Eigenkapital vorweisen müssen, das sich nach dem Risiko ihrer vergebenen Kredite, gekauften Anleihen und sonstigen Wertpapieren richtet.

---

11 | Deutsche Börse AG: Geschäftsbericht 2010, S. 32f.

Als Maßstab gelten die Noten der drei großen Rating-Agenturen. Damit sollten einerseits zukünftige Bankpleiten verhindert werden, andererseits sollten einheitliche Wettbewerbsbestimmungen für Kreditvergabe, Kredithandel und ähnliches verbindlich gemacht werden. So wurden die Ratings der »Big Three« zum globalen Standard für die Risikobewertung der verschiedenen Finanzprodukte.

Die große Koalition zwischen der US-Regierung unter William Clinton, dem Internationalen Währungsfonds (IWF), der Europäischen Kommission und den wichtigsten Finanzmultis hat seit Anfang der 90er Jahre diese Entwicklung verstärkt.[12] Mit der Folgevereinbarung Basel II (1999) hat die Kommission präzisiert, wie das tatsächliche Risiko in Abstimmung mit der internen Risikobewertung der Finanzakteure ermittelt werden kann und wie danach die Höhe des Eigenkapitals der Kreditgeber bestimmt wird. Die Rolle der Rating-Agenturen wurde bekräftigt. Die Regelungen gelten nicht nur für Banken und Unternehmen, sondern auch für Versicherungen, Pensionsfonds und andere Finanzakteure.

Auch die Prozeduren für die interne Risikobewertung durch die Banken selbst wurden festgelegt, und zwar nach der Methode des »Internal-Ratings-Based-Approach« (IRBA).[13] Die Rating-Agentur Fitch erwähnt, dass vor allem sie selbst dieses Instrument entwickelte und dass die BIS-Kommission es übernommen habe.[14]

Gleichzeitig hat der IWF nach diesem Vorbild die Rating-Agenturen in seine eigenen Regeln aufgenommen und international ebenfalls dafür gesorgt, dass dies in den einzelnen Staaten nachvollzogen wurde. Dies konnte der IWF inbesondere in den sogenannten Entwicklungsländern tun.[15]

Umsetzung in der Europäischen Union

Die Finanzaufsichtsbehörden der Staaten benennen infolge von Basel I und II die bei ihnen anerkannten Agenturen. Die deutsche Finanzaufsicht BaFin hat aufgrund von Basel II die drei großen Agenturen sowie die ka-

---

12 | Hermannus Pfeiffer: Heimliche Herrscher, in: Freitag 3.3.2000.

13 | Basel Committee on Banking Supervision: International Convergence of Capital Measurement and Capital Standards. A Revised Framework 6/2004.

14 | www.fitchratings.com, gelesen 22.2.2012.

15 | Vgl. Amadou N.R. Sy: The Systemic Regulation of Credit Rating Agencies and Rated Markets, IWF Working Paper, Washington 2009.

nadische DBRS und die Japan Credit Rating Agency anerkannt, wobei die beiden letzteren in Deutschland keine Rolle spielen.[16] In Deutschland hatte bereits 1993 der Bundesgerichtshof (BGH) im sogenannten »Bond-Urteil« vorauseilend festgestellt: Wenn ein Anlageberater ein abgesenktes Rating nicht berücksichtigt, dann kann dies ein Beratungsverschulden darstellen.[17]

In nationalen Regelungen wird je nach den Noten der Agenturen der Kauf von Staats- und Unternehmensanleihen, Derivaten und ähnlichen als zulässig eingestuft oder verboten, so auch im deutschen Versicherungsaufsichtsgesetz (VAG), im Kreditwesengesetz (KWG) und bei den Mindestanforderungen für das Risikomanagement.[18] Am genauesten ist hierzu die Solvabilitätsverordnung (SolvV). Solvabilität bedeutet: Eine Versicherung oder ein Kreditinstitut muss mit ausreichend Eigenmitteln ausgestattet sein, um die infrage kommenden Risiken zu bestehen. Die Verordnung legt unter anderem fest, dass Bonitätsbeurteilungen keinen wirtschaftlichen Zwängen unterliegen dürfen und unter Berücksichtigung der Eigentumsverhältnisse der Agenturen unabhängig sein müssen.[19] Selbstverständlich haben Bundesregierung und Bundestag im Vorfeld der Verordnung niemals geprüft, ob die Agenturen wirtschaftlichen Zwängen unterliegen und wie ihre Eigentumsverhältnisse sind.

Auch die Europäische Union setzte Basel II mit der Bankenrichtlinie 2006/48/EG und der Kapital-Adäquanzrichtlinie 2006/49/EG um.[20] Sie unterwirft sich selbst seit Jahrzehnten dem Rating der beiden großen US-

---

16 | Die Liste der anerkannten Agenturen wird auf der Website www.bafin.de veröffentlicht.

17 | Gerhard Wildmoser u.a.: Haftung von Ratingagenturen gegenüber Anlegern?, in: Recht der Internationalen Wirtschaft 10/2010, S. 666.

18 | Die Mindestanforderungen für das Risikomanagement sind enthalten in den Verwaltungsanweisungen der Bundesanstalt für Finanzdienstleistungsaufsicht (BaFin), zuerst 2005, zuletzt im Rundschreiben 11/2010 vom 15.12.2010.

19 | Solvabilitätsverordnung vom 14.12.2006, zuletzt geändert durch Gesetz vom 21.12.2007.

20 | Richtlinie 2006/48/EG des Europäischen Parlamentes und des Rates vom 14.6.2006 über die Aufnahme und Ausübung der Tätigkeit der Kreditinstitute; Richtlinie 2006/49/EG des Europäischen Parlamentes und des Rates vom 14.6.2006 über die angemessene Kapitalausstattung von Wertpapierfirmen und Kreditinstituten.

Agenturen, unbemerkt von der Öffentlichkeit. Den Anfang machte die Europäische Investitionsbank (EIB) 1967; sie durfte bisher bei ihrem ursprünglichen AAA bleiben. Der Haushalt der EU und der Europäischen Kommission erhält seit 1976 beim Rating ebenfalls ein AAA wie die EIB; genauso ergeht es seit 2003 dem Europäischen Investmentfonds (EIF) Alle drei wurden inzwischen auf A1+ herabgestuft, weil sie durch die EU-Rettungsschirme für überschuldete Mitgliedsstaaten belastet werden. Seit 2010 wird auch der bisher letzte der EU-Rettungsschirme (European Financial Stability Facility, EFSF) dem Rating unterzogen. Wie seine 2011 beschlossene Fortsetzung (European Stability Mechanism, ESM) erhielt er die Note AAA, die aber umgehend als gefährdet angesehen wurde, weil die Mittel zur Rettung von EU-Staaten knapp wurden.[21]

Seit 2007 finden sich die Bestimmungen unter dem Namen European Credit Assessment Framework (ECAF) auch im Regelwerk der Europäischen Zentralbank (EZB). Demnach müssen Staatsanleihen, die von der EZB als Sicherheit akzeptiert werden, mindestens die Einstufung »investment grade« haben. Die anerkannten Agenturen sind Fitch, S&P, Moody's und die kanadische Dominion Bond Ratings Services (DBRS).[22] So übernahmen EU und EZB seit 2007 für die Bewertung ihrer Mitgliedsstaaten und für alle Finanzprodukte einfach die Agenturen, die bereits die US-Lizenz hatten.

Nach Ausbruch der Finanzkrise lockerte die EZB die Kriterien. Seit 2008 nimmt sie von Staaten und Banken auch Anleihen und andere Wertpapiere an, die nicht mehr wie vorher ein Mindestrating von A- haben, sondern von BBB-, also der letzten Stufe vor Ramschniveau.[23] Ansonsten hält die EU mit ihren Institutionen trotz der Mittäterschaft der Agenturen an der Finanzkrise 2007 an der Zusammenarbeit fest.

Obwohl bekanntlich die Regularien Basel I und Basel II die Finanzkrise nicht verhindert haben, erarbeiteten die Zentralbanker 2010 in unverdrossen erfolglosem Krisenmanagement das Regelwerk Basel III. Es schreibt Basel II fort und versucht, die Erfahrungen mit der Finanzkrise zu berücksichtigen, dabei geht es unter anderem um die genauere Definition dessen, was als Eigenkapital bezeichnet wird: Wie bestimmt sich »hartes«

---

21 | Standard & Poor's, Sovereign Ratings Group: Supranationals. Special Edition 2011, 23.9.2011, S. 34-43.

22 | www.ecb.eu/mopo/assets/ecaf/html/index.eu.html, gelesen 8.11.2011.

23 | EZB öffnet alle Geldschleusen, in: Financial Times Deutschland 16.10.2008.

und »weiches« Kernkapital? Wie sind Ergänzungskapital und stille Einlagen zu bewerten? Die Banken sollen außerdem ihre Abhängigkeit von den Agenturen vermindern und mehr auf eigene Bewertungen vertrauen; dies soll wohl auf die nachhaltige Kritik an den Agenturen eingehen, ist allerdings recht allgemein gefasst.[24] Basel III soll ab 2013 umgesetzt werden, Basel II bleibt weiter gültig, und damit auch die entscheidende Rolle der Rating-Agenturen.

Die USA hatten in der Regierungszeit von George W. Bush auf Basel II gedrungen, setzten die Vorschriften aber für sich selbst nicht um.

Auch die seit 2008 amtierende US-Regierung von Barack Obama hat die Umsetzung von Basel II mit Hinweis auf die außerordentlichen Umstände der Krise weiter ausgesetzt und die Arbeitsweise und die Funktionen der Rating-Agenturen nur in geringfügigen Details verändert.[25]

Um kein Missverständnis aufkommen zu lassen: Die Basel-Vereinbarungen sind nicht ursächlich für die geschilderte Globalisierung, sie dienten der Absicherung, als eine Art Flankenschutz. Die Globalisierung des US-Rating-Systems über die BIS wurde vor allem von den US-amerikanischen und westeuropäischen Investmentbanken und Hedgefonds selbst praktisch vorangetrieben, auch als es dazu (noch) keine internationalen und nationalen Vereinbarungen oder Gesetze gab.

Bank for International Settlements (BIS)

Die Bank for International Settlements (BIS, Bank für Internationalen Zahlungsausgleich, BIZ, Sitz: Basel) präsentiert sich als staatliche Zentralbank der Zentralbanken. Sie wurde jedoch 1930 auf Initiative von privaten US-Banken gemeinsam mit europäischen Zentralbanken gegründet. Sie sollte nach den Vorgaben des Young-Plans die Rückzahlung der Reparationszahlungen organisieren, die das Deutsche Reich aufgrund des Versailler Vertrages an die Siegermächte des Ersten Weltkrieges leisten sollte. Weil das Deutsche Reich nicht genug Geld hatte, finanzierten JPMorgan Chase, Morgan Stanley, Chase National Bank, Dillon Read und Henry Schroder die Reparationen durch Anleihen.
Der erste Präsident war Gates McGarrah von der Federal Reserve Bank of New York, Präsident von 1939 bis Kriegsende war Thomas McKittrick

24 | Ratings zum Selbermalen, Abhängigkeit von Ratingagenturen soll sinken, in: Financial Times Deutschland 3.1.2012.
25 | Ebd.

von Chase National; die Interessen der BIS in New York vertrat Allen Dulles (Bank Schroder, späterer US-Geheimdienst Chef). Reichsbankpräsident Hjalmar Schacht, IG Farben Chef Hermann Schmitz und der Bankier und Hitler-Finanzier Kurt von Schröder vertraten das Deutsche Reich in den BIS-Gremien.[26] Während des Zweiten Weltkrieges wickelte die BIS Devisengeschäfte und Kredite für Aufrüstung und Kriegsführung des NS-Regimes ab und löste Gold ein, das die Wehrmacht aus Zentralbanken besetzter Staaten raubte (»Raubgold«). So arbeiteten die Banker der auf der Vorderbühne verfeindeten Staaten einträchtig und unter luxuriösen Bedingungen zusammen, geschützt von der »neutralen« Schweiz.

Nach dem NS-Regime wollten Roosevelt und de Gaulle die BIS auflösen. Doch sie konnten sich nicht gegen die Wall Street durchsetzen, die von den europäischen Zentralbankern unterstützt wurde, die mit den Nationalsozialisten eng kollaboriert hatten: Großbritannien, Belgien und die Niederlande. So diente die BIS zunächst als Clearingstelle für den Marshallplan. Dabei wurden, wie bei den Young-Anleihen, auch Marshallplan-Kredite teilweise in Beteiligungen an europäischen Unternehmen getauscht: Kreditrückzahlung durch Enteignung. Ab 1980 wurde der BIS auf Initiative der USA die globale Banken- und Versicherungsaufsicht übertragen.[27] Über die BIS wurde der Euro vorbereitet, bis 1994 war sie Sitz der Europäischen Zentralbank. Die BIS und ihre Zentralbanken verstehen sich als unabhängig. »Unabhängige Zentralbank« ist jedoch die »euphemistische Umschreibung der Tatsache, dass man die wichtigste politische Entscheidung – die Geld- und Kreditschöpfung – dem Finanzsektor überlässt.«[28]

---

26 | Zur Geschichte der BIS vgl. Gian Trepp: Bankgeschäfte mit dem Feind. Von Hitlers Europabank zum Instrument des Marshallplans. Zürich 1993; Walter Hofer u.a.: Hitler, der Westen und die Schweiz 1936-1945. Zürich 2001; James C. Baker: The Bank for International Settlements. Evolution and Evaluation. Westport 2002.

27 | Vgl. Frank Costigliola: The Other Side of Isolationism: The Establishment of the First World Bank, 1929 – 1930, in: The Journal of American History 3/1972, S. 602-620; Gian Trepp: Bankgeschäfte mit dem Feind. Von Hitlers Europabank zum Instrument des Marshallplans. Zürich 1993; www.bis.org, gelesen 15.8.2011.

28 | Michael Hudson: Was sind Schulden?, in: Frankfurter Allgemeine Zeitung 2.12.2011.

STAATEN-RATING

Mit der Globalisierung der deregulierten US-Finanzindustrie wurden neben den Banken und Privatunternehmen auch Staaten, Kommunen, Städte und öffentliche Unternehmen dem Rating-System unterworfen (sovereign rating). Die kapitalistischen Staaten, auch außerhalb der USA, verloren durch die neoliberalen Praktiken immer mehr Einnahmen: durch die schrittweise tiefer abgesenkten Gewinn- und Einkommenssteuern, durch die abgesenkten Löhne und Gehälter, durch die notwendigerweise damit verbundene Arbeitslosigkeit und durch die wachsenden direkten und indirekten Subventionen an die Privatwirtschaft.

So wuchs die Staatsverschuldung an, auch die »entwickelten« Staaten wurden Objekt der Investoren-Begierde: Hier ließ sich ein lukratives, in irdischen Dimensionen sozusagen »ewiges« Geschäftsfeld erschließen. Je mehr und je länger die Staaten unrettbar verschuldet sind und bleiben, desto lukrativer.

Im Jahre 1975 wurden zunächst fünf Staaten und im Jahre 1980 dann acht Staaten durch die drei Agenturen bewertet. Aber schon 1990 wurden 68 Staaten von den Agenturen benotet, 2000 waren es bereits 191, und seit 2002 sind es praktisch alle Staaten.[29]

Hinzu kamen weitere Ratings für Wirtschaftseinheiten innerhalb der Staaten, je nach Größe und wirtschaftlich-finanzieller Bedeutung. Wenn wir etwa von Deutschland ausgehen, dann wurden später auch die einzelnen Bundesländer, Stadtwerke und große Städte sowie staatliche beziehungsweise staatlich beherrschte Unternehmen wie die Deutsche Bahn dem Rating-Verfahren unterworfen – wie in den USA schon lange üblich. Inzwischen greift das Rating auch auf kleinere Kommunen über.

DIE EXPANSION DER AGENTUREN

Aus den ursprünglichen Familienbetrieben der Gründerzeit entwickelten sich die Agenturen nach 1975 schrittweise zu Weltkonzernen mit der für die Finanzbranche typischen Organisationsstruktur. Und sie erweiterten auch ihr Geschäftsfeld wesentlich: Die Rating-Agenturen verkauften ihren

---

29 | Alec Klein: Credit Raters Exert International Influence, in: Washington Post 23.11.2004.

Kunden nicht nur Ratings, sondern viele weitere Dienstleistungen (Risiko-management für Banken und Unternehmen, Schulungen, Finanzsoftware, Marktanalysen). Das geschah durch verschiedene Tochterunternehmen. So entwickelten sie weitere Geschäftsbeziehungen zu den Kunden, womit sich das Insiderverhältnis noch enger gestaltete (vgl. S. 110). Die Agenturen folgten den Spuren der globalen Deregulierung. Die ersten Schritte ins Ausland führten in das zweitwichtigste Finanzzentrum der westlichen Kapitalmacht, London. Hier eröffneten die drei Agenturen während der 80er Jahre in der City of London ihre ersten Auslandsniederlassungen (vgl. S. 23). Von London aus wandten die Agenturen sich zunächst an europäische Unternehmen und boten ihnen Ratings an: Das würde ihre Geschäfte vor allem in den USA begünstigen. Die Agenturen schickten oftmals vorsorglich gleich eine Rechnung mit. Falls die Unternehmen den Rating-Auftrag nicht erteilten, könne man auch ohne Auftrag ein Rating veröffentlichen; das falle dann allerdings – so sollte das wohl verstanden werden – nicht unbedingt besser aus.[30] Europäische, asiatische und andere internationale Unternehmen gingen meist auf ein solches Angebot, »das man nicht ablehnen kann«, ein, weil sie ohnehin zunehmend im »Gelobten Land« tätig werden und günstige Großkredite bekommen wollten.

In Deutschland eröffneten die Agenturen nach dem Zusammenbruch der DDR Niederlassungen ab Anfang der 90er Jahre: Moody's kam 1991, Standard & Poor's folgte 1992, Fitch schließlich 1999. Ihren Sitz wählten alle in der Bankenstadt Frankfurt a.M. Gleichzeitig etablierten sie sich in den wichtigen europäischen Hauptstädten wie Brüssel, Paris, Rom, Moskau. Soweit hier schon ähnliche Agenturen bestanden, kauften sie diese auf, so kaufte S&P die Agence d'Évaluation Financière (ADEF) in Frankreich. Besonders in Asien kauften sie viele Agenturen auf, benannten sie um oder erwarben Anteile.

Die Niederlassungen in Peking sitzen etwas auf dem Trockenen, da die chinesische Finanzaufsicht eine eigene Strategie verfolgt und chinesische Unternehmen und staatliche Stellen kaum Informationen herausrücken; deshalb bequemten sich die Großen Drei, auch Anteile an chinesischen Agenturen zu erwerben, um wenigstens auf diese Weise mitmischen zu können.

---

30 | Credit Rater's Power Leads to Abuses, Some Borrowers Say, in: Washington Post 24.11.2004.

Die Entwicklung von Fitch zum »global player« hatte etwas länger gedauert. Die kleine Agentur Fitch, die 1975 von der US-Finanzaufsicht lizenziert worden war, wurde 1997 von der französischen Finanzholding Fimalac aufgekauft, da diese sich erhoffte, durch Fitch im entscheidenden Markt, den USA, und im globalen Rating-System tätig werden zu können. Fimalac hatte 1992 schon die kleine Rating-Agentur IBCA (International Bank Credit Analyst) aufgekauft, die ihren Sitz in London hatte. Nach der Übernahme von Fitch kaufte Fimalac noch die beiden kleineren US-Rating-Agenturen Duff & Phelps und Thomson Bankwatch und gliederte sie in die Agentur Fitch Ratings ein. Mit Fitch hatte Fimalac sich die entscheidende US-Lizenz verschafft und den Zugang zu weltweiten Standorten sichergestellt.[31]

Fitch Ratings hat heute 51 ausländische Niederlassungen und insgesamt 2100 Beschäftigte. Moody's hat 80 Niederlassungen in 64 Ländern und 4000 Beschäftigte. Standard & Poor's hat Standorte in 23 Staaten außerhalb der USA und 8000 Beschäftigte. Die meisten Niederlassungen bestehen in Europa, dann – in dieser Reihenfolge – in Asien, im Mittleren Osten, in Lateinamerika und einige in Afrika.

Die »Big Three« bilden mit staatlicher Hilfe ein Oligopol, sie beherrschen zu etwa 95 Prozent den Rating-Weltmarkt: Standard & Poor's etwa 43 Prozent, Moody's etwa 37 Prozent, Fitch etwa 15 Prozent. Diese Marktaufteilung hatte sich schon in den USA herausgebildet und blieb auch in der globalen Expansion gleich.

Vorsichtigen Schätzungen zufolge ist davon auszugehen, dass »Moody's und Standard & Poor's über die von ihnen erteilten Ratings den Fluss von rund 80 Prozent des gesamten Weltkapitals kontrollieren«.[32]

2004 stellte der damalige S&P-Vizepräsident Vic Tillmann stolz und gewiss zutreffend fest: »Wir haben eine unschätzbare Rolle für das Wachstum der Finanzmärkte gespielt.«[33]

---

31 | www.fimalac.com/1992 – 2008, gelesen 29.7.2010.
32 | Financial Times Deutschland 19.4.2000.
33 | Credit Raters Exert International Influence, in: Washington Post 23.11.2004.

ORGANISIERTE GEHEIMHALTUNG

Zur Globalisierung gehört die organisierte, professionalisierte, staatlich geschützte Intransparenz. Das gilt auch für die Rating-Agenturen. Sie sind Meister der Geheimhaltung, sie nutzen extensiv Finanzoasen, sie verschachteln ihr Unternehmen in hunderte »selbstständige« Einheiten in dutzenden von Staaten, sie pflegen diskreten Lobbyismus bei dutzenden Regierungen. Sie scheuen die öffentliche Diskussion.

Ihre operativen Sitze haben die Agenturen in den beiden wichtigsten Finanzzentren der westlichen Welt, New York und London, die vom US-Staat und vom englischen Staat mit Sonderprivilegien ausgestattet wurden. Zusätzlich haben die meisten Gesellschaften der »Big Three« ihren juristischen Sitz in der größten Finanzoase der Welt, im winzigen US-Bundesstaat Delaware,[34] zum kleineren Teil auf den Britischen Jungferninseln und in anderen Finanzoasen.

Die Tochterfirmen in den zahlreichen Staaten haben zunächst eine juristische Verfassung, wie sie in den jeweiligen Staaten vorgeschrieben ist, in Deutschland etwa eine GmbH. Dies gilt jedoch nur für den operativen Sitz, während der übergeordnete juristische Sitz in einer internationalen Holding und/oder ebenfalls in Delaware oder einer anderen Finanzoase juristisch angesiedelt ist. So unterhielt im Jahre 2009 zum Beispiel Moody's zwölf juristisch voneinander »unabhängige« Unternehmenseinheiten in den USA – zehn davon juristisch mit Sitz in Delaware. Ähnliches trifft für die 72 Moody's-Einheiten in anderen Staaten zu; europäische Einheiten mit jeweils »unabhängiger« juristischer Verfassung nach Landesart waren gleichzeitig in einer Holding mit juristischem Sitz auf den Britischen Jungferninseln zusammengefasst. Die Niederlassungen in Dubai, Israel, Südafrika und Indonesien beispielsweise sind in einer anderen Holding auf den Britischen Jungferninseln zusammengefasst.[35]

Die Niederlassungen im Ausland werden verharmlosend als »Büros« (offices) bezeichnet. Ihre Internetpräsenz ist besonders informationsarm. Die Websites etwa der deutschen Niederlassungen sagen kaum etwas über die Tätigkeit der Agenturen in Deutschland aus, sondern verweisen auf die

---

34 | Werner Rügemer: Wilmington, Delaware - Konzernmacht im Untergrund, in: junge welt 11.5.2005.

35 | U.S. Securities and Exchange Commission: Moody's Corporation Form 10-K 2009.

zentrale Website. Auf der Website der Frankfurter Niederlassung wird auf Öffentlichkeitsagenturen verwiesen, die ihren Sitz in London haben.

Die Verfechter der Deregulierung haben zwar viele Gesetze und Vorschriften abgeschafft und die Freiheit der Finanzakteure erweitert. Aber sie haben mit den Rating-Agenturen selbst ein neues, viel verzweigtes Regulierungsnetz etabliert. Sie treten keineswegs allgemein für Deregulierung ein. Vielmehr treten sie für eine mächtige, staatlich-privat verfilzte, intransparente Regulierung ein, die von ihnen selbst beherrscht wird.

Aufgrund von Kritik, die seit einem Jahrzehnt immer stärker wird, haben die Agenturen jeweils einen Verhaltenskodex entwickelt. Er wird in umfangreichem Wortlaut auf den Websites veröffentlicht. Die Offenlegung der Bewertungsverfahren, die Verantwortung für die Folgen des eigenen Tuns sowie die Achtung der Demokratie und der Menschenrechte finden sich allerdings nicht unter den zahlreichen »ethischen Selbstverpflichtungen«.

IV. Wem gehören die Rating-Agenturen?

Eine Frage, die auch bei der jüngsten Aufregung in Politik und Medien kaum gestellt und bisher nie vertieft wurde, ist die: Wem gehören eigentlich die Agenturen? Könnte die Antwort nicht ein Schlüssel dafür sein, warum die Agenturen über so viel Macht verfügen, dass sie sogar Staaten in den Abgrund schicken können? Und ein Schlüssel dafür, wie die Agenturen arbeiten, nach welchen Methoden?

WEM GEHÖRT STANDARD & POOR'S?

Das ist eine einfache Frage, aber sie ist keineswegs einfach zu beantworten. Wir müssen über mehrere Stufen gehen.

Eigentümer I: McGraw Hill

Der Konzern McGraw Hill kaufte 1966 die noch relativ kleine Agentur Standard & Poor's. McGraw Hill veröffentlicht Zeitschriften, entwickelt Lernprogramme für Schulen und berufliche Weiterbildung, weltweit. Das klingt zunächst harmlos. McGraw Hills Internet-Plattform Connect hilft Studenten, die gespeicherten Vorlesungen der Professoren auszuwerten und daran weiterzuarbeiten und Testexamen zu machen. Ein konstantes und zugleich regierungsnahes Geschäft sind die Schulbücher für die High Schools. Zum Konzernbereich Bildung gehören weiter unter anderem das Testunternehmen California TestBureau (CTB), das Testsysteme von der Vorschule bis zur Universität betreibt und in 46 Staaten verkauft, sowie der Verlag für akademische Veröffentlichungen, Open University Press.

Weltweit bekannt ist die Zeitschrift Aviation Week, die in 185 Ländern der Erde die führende Plattform der zivilen und militärischen Flugzeug-,

Weltraum- und »Verteidigungs-«Industrie darstellt. Die Zeitschrift Platts dient als Plattform der Rohstoff-, Öl-, Metall- und Energieindustrie; Platts wird in 150 Ländern rund um den Globus verbreitet und bringt in ihrem Onlineportal die tägliche Preisfeststellung für 8500 Produkte und Dienstleistungen dieser Branche. Appleton & Lange widmet sich der Medizin- und Gesundheitsbranche; ein Erfolgsbuch ist Current Medical Diagnosis and Treatment (Aktuelle medizinische Diagnostik und Behandlung). Die Unterabteilung Bauwirtschaft (McGraw Hill Construction) gruppiert sich um die Zeitschrift Dodge; dazu gehören eine Reihe von Architektur-, Ingenieur- und anders spezialisierten Zeitschriften. Diese Abteilung versteht sich als führende Plattform für Informationen, Marktanalysen und Trendmeldungen »für die 5,6 Billionen US-Dollar schwere globale Bauwirtschaft«.[1] Die Zeitschriften expandieren ebenso wie der Konzernbereich Bildung vor allem in den »erfolgreichen« Schwellenländern wie China, Russland und Indien.

Zum Konzern gehören Fernseh-, Radio- und Internetmedien wie zum Beispiel vier Tochterfirmen des US-weit präsenten Senders American Broadcasting Company (ABC) ebenso wie Tochterfirmen des Senders Azteca America, die spanischsprachige Programme verbreiten. ABC hat sich mehr als andere Medienkonzerne der ohnehin schwachen staatlichen Medienkontrolle entziehen können. Die Firmengruppe J.D. Power, 2005 erworben, wird vom Verlagskonzern als weltweit führende Autorität für Kundenzufriedenheit (customer satisfaction) vorgestellt: In China beispielsweise werden Autohändler trainiert, wie sie am schnellsten viele Autos verkaufen, Hotelmanager werden trainiert, wie sie die Zufriedenheit ihrer Gäste verbessern und damit auch den Umsatz mit Zusatzdiensten erhöhen können. Wichtige Auftraggeber in 60 Ländern neben der Automobil- und Hotelindustrie sind die Finanz-, Gesundheits-, Versicherungs-, Telekommunikations- und Tourismusindustrie.[2]

Nur manchmal dringen die diskreten Aktivitäten des »Union Busting« – Maßnahmen, um Gewerkschaften zu behindern und zu zerstören – an die (begrenzte) Öffentlichkeit. So verlangten Beschäftigte des Fernsehsenders KGTV einen Tarifvertrag. Den gewährte McGraw Hill nicht, stattdessen engagierte die Verlagsleitung Anwaltskanzleien und Berater, die auf Union Busting spezialisiert sind. Gegen Millionen-Honorare erarbeiteten

---

1 | The McGraw Hill Companies: Annual Report 2009, S. 19.
2 | Ebd., S. 11ff.

sie eine Schritt-für-Schritt-Anleitung, um die Forderungen abzublocken. Die Gewerkschaft veröffentlichte den Geheimplan, wonach die Berater Profile einzelner Aktivisten erstellten, einzelne Beschäftigte bespitzelten und durch gezielte Drohungen und Angebote Angst und Schrecken verbreiteten, um die Belegschaft zu spalten.

Wie könnte also dieser mehr oder weniger ansprechende Eigentümer dazu führen, dass S&P einem Interessenkonflikt unterliegt? So behauptet Dirk Reidenbach, Partner der Wirtschaftskanzlei Hengeler Müller, die Mandate der Deutschen Bank und anderer Großbanken und Konzerne hat, es gebe »keine evidenten Interessenkonflikte« bei S&P: Diese Agentur gehöre ja zum Konzern McGraw Hill, einer Verlagsgesellschaft, also keiner Bank.[3]

Die nächstliegende Frage, wem McGraw Hill gehört, stellt Reidenbach nicht. Gehen wir ihr also nach.

Eigentümer II: Hedgefonds und andere

Wenn wir die Eigentümer von McGraw Hill suchen, stoßen wir zunächst auf die Vorstandsmitglieder. Unter ihnen hat der Präsident Harold McGraw III, Vertreter der Gründerfamilie, natürlich die weitaus meisten Aktien »seines« Konzerns, der ihm allerdings nur zu weniger als einem Prozent gehört. Die größten Eigentümer sind Hedgefonds: Capital World mit 13,2 Prozent, Blackrock mit 4,7 Prozent, Vanguard mit 4,7 Prozent, State Street mit 4,6 Prozent, T. Rowe Price mit 3,5 Prozent, Washington Mutual mit 2,95 Prozent, Bank of New York mit 1,2 Prozent, Fidelity mit 4,07 Prozent, Oppenheimer Funds mit 2,83 Prozent, Morgan Stanley mit 2,61, Allianz Global Investors mit 2,27 usw.[4]

Im Aufsichtsrat von McGraw Hill sind noch folgende Konzerne vertreten: Evercore Partners, Lloyds Banking Group, Coca Cola, Averdale Holdings, Strategic Investment, British Telecom, State Farm Insurance und der Pharmakonzern Eli Lilly. Bei diesen Miteigentümern können wir einige weitere Merkmale der gegenwärtigen Kapitalmacht beobachten. So hatte Peter Altmann, der Evercore Partners vertritt, vorher als Manager bei der Investmentbank Lehman Brothers gearbeitet, dann als stellvertreten-

---

3 | Dirk Reidenbach: Aktienanalysten und Ratingagenturen – wer überwacht die Überwacher? Frankfurt a.M. 2006, S. 172.
4 | www.finance.yahoo.com/Q/mh?s=MHP, gelesen 20.9.2011.

der Staatssekretär für Finanzen in der US-Regierung, ist dann zum neu gegründeten Hedgefonds Blackstone (aus ihm ging der Hedgefonds Blackrock hervor) gewechselt, wurde dann wieder Staatssekretär, um dann am (bisherigen) Ende seiner Karriere schließlich den Hedgefonds Evercore Partners zu gründen. An Altmann wird deutlich, wie leicht man in dieser Form des Kapitalismus zwischen Staatsdienst und Privatwirtschaft hin- und herpendeln kann.

Ähnliches zeigt sich an Hilda Ochoa-Brillembourg: Die Präsidentin von Strategic Investment war früher Managerin der Weltbank. Dann schied sie aus und gründete zusammen mit zwei anderen Managern der Weltbank 1996 die Strategic Investment Group; sie ist noch im Aufsichtsrat von General Mills und der Fulbright Association sowie im UNO-Komittee, das den Pensionsfonds der UNO lenkt.

Was machen nun diese Eigentümer, außer dass sie bei McGraw Hill und damit auch bei Standard & Poor's auf den möglichst hohen Gewinn achten? Sie legen ihr eigenes Kapital und das ihrer Kunden in weiteren Unternehmen an. So ist zum Beispiel der größte McGraw Hill Aktionär, Capital World, auch Großaktionär in 510 weiteren, global tätigen Konzernen und Banken. In den USA beispielsweise ist Capital World – neben McGraw Hill – fast ausschließlich Miteigentümer von Unternehmen, die im Index S&P 500 vertreten sind, also beispielsweise von IBM, Microsoft, Apple, Google, Chevron, Royal Dutch Shell (Öl), McDonalds, Coca Cola, JPMorgan Chase (Investmentbank), Bank of America, Citigroup, Goldman Sachs, Lockheed Martin (Rüstung), Berkshire Hathaway (Holding von Warren Buffett), Eli Lilly (Pharma), Philip Morris und Boeing.[5]

Was tun Hedgefonds?

Hedgefonds, die Haupteigentümer der Rating-Agenturen, wurden seit Ende der 8oer Jahre aus den Investmentbanken und Private Equity Fonds heraus gegründet. Hedgefonds werden von kleinen Managergruppen geführt, arbeiten mit noch weniger Eigenkapital als Investmentbanken, gehen höhere Risiken ein, gehen schneller (und ungestraft) bankrott und können weitaus höhere Gewinne »erwirtschaften«. Die Geschäfte laufen vor allem in »dark pools« und über Finanzoasen.

---

5 | www.j3sg.com/Reports/Stock-Insider/Generate-Institution-Portfolio.php?, gelesen 3.8.2010.

Ihre Geldgeber und Kunden sind unter anderem Banken, Versicherungsunternehmen, Verwalter großer Vermögen, Unternehmensstiftungen sowie Investment- und Pensionsfonds. Auch traditionelle Konzerne wie Daimler, RWE, BASF und Allianz unterhalten Hedgefonds oder sind deren Kunden.

Hedgefonds haben unter anderem die Methode »Leerverkauf« entwickelt: Sie leihen sich Aktien, Staatsanleihen und andere Wertpapiere von anderen Finanzakteuren, dann verkaufen sie diese im großen Stil, beeinflussen damit den Kurs und schöpfen daraus Gewinne. Obwohl oder weil Hedgefonds die Eigentümer der Rating-Agenturen sind, unterliegen sie selbst keinem Rating. Sie bilden das unregulierte Schattenbanksystem. Allerdings steht es mit dem öffentlichen System in engster Verbindung, durch Kreditvergabe und Verkauf von Finanzprodukten. Hedgefonds helfen beispielsweise den regulären Banken, Risiken auszulagern beziehungsweise zu verstecken und geben ihnen Kredite. Hedgefonds sind die häufigsten Eigentümer der großen Banken und Industriekonzerne, beispielsweise aller 30 deutschen DAX-Konzerne.

Der Hedgefonds Long Term Capital Management (LTCM) wurde 1994 von John Meriwether (Investmentbank Salomon Brothers) gegründet, mit dem Sitz auf den Cayman Islands. Mitgründer waren die Ökonomie-Nobelpreisträger Myron Scholes und Robert Merton sowie David Mullins, der zuvor im Aufsichtsrat der US-Zentralbank Fed war. Das Eigenkapital betrug fünf Milliarden US-Dollar, geliehen hatte sich LTCM 125 Milliarden US-Dollar von der Deutschen Bank, der UBS und Merrill Lynch; die Spekulationsgeschäfte umfassten etwa fünf Billionen US-Dollar. Bei der Pleite 1998 wurde LTCM von der Fed gerettet: Die Auswirkungen auf andere Banken seien zu groß (too big to fail = zu groß, um pleite zu gehen).

Gegenwärtig gibt es schätzungsweise 10.000 Hedgefonds. Zu den größten zählen Blackrock, Vanguard, Capital Group, State Street, T. Price Rowe, Wellington, FMR. Sie haben die Investmentbanken als »Selbstbereicherungsmaschinen« abgelöst, sind Großspender von US-Präsidentschaftskandidaten[6] und dominieren heute die globale Finanzindustrie.

---

6 | Richard McGregor/John Dubar: Aggressive Geldeintreiber, in: Financial Times Deutschland 10.2.2012.

Capital World ist mit Anteilen zwischen drei und zehn Prozent Miteigentümer beispielsweise auch an folgenden »deutschen« Unternehmen (die jedenfalls ihren Ursprung und ihren operativen Hauptsitz in Deutschland haben; das muss nicht bedeuten, dass sie gegenwärtig »deutschen« Eigentümern gehören): Bayer, Siemens, Volkswagen, Linde, Infineon, Fraport, SAP, Continental.[7]

Daraus können wir eine weitere Verflechtung erkennen: Capital World Investors ist nicht nur an McGraw Hill beteiligt, sondern auch an anderen Miteigentümern von McGraw Hill wie zum Beispiel an Eli Lilly und Coca Cola. Ähnlich sieht es bei den anderen McGraw Hill Eigentümern aus, die ebenso gleichzeitig Miteigentümer anderer McGraw Hill Miteigentümer sind. Zum Beispiel Coca Cola: Der Konzern mit dem bekanntesten Produkt der Welt gehört zum Beispiel nicht nur, wie gerade erwähnt, dem Hedgefonds Capital World, sondern auch Fidelity, T. Price Rowe, Vanguard und Blackrock, also solchen, die auch Miteigentümer von McGraw Hill sind.

Wir brechen hier ab und fragen nicht, wie andere McGraw Hill Miteigentümer, beispielsweise Blackrock, T. Price Rowe, unsere gute »deutsche« Allianz, Morgan Stanley und Vanguard sich in diesem Haifischbecken bewegen. Außerdem werden wir ihnen bei den Eigentümern und den Eigentümern der Eigentümer der anderen Rating-Agenturen wieder begegnen.

Eigentümer III: Wem gehören die Hedgefonds?

Aufgrund der hochkomplexen Eigentumsverhältnisse in der heutigen Unternehmens- und Finanzwelt müssen wir nun weiterfragen: Wem gehören die wichtigsten Eigentümer von McGraw Hill?

Lassen Sie es uns einfach und schnell an einem einzigen Beispiel verdeutlichen. Wem gehört der Miteigentümer von McGraw Hill, der Hedgefonds Blackrock? Blackrock ist der größte Vermögensverwalter der Welt und neben Goldman Sachs der Finanzakteur mit dem größten Einfluss auf die US-Regierung (vgl. Seite 26).

Er gehört vor allem der Pittsburgh National Corporation (PNC), einer US-Investmentbank, der englischen Investmentbank Barclays und der US-Investmentbank Merrill Lynch/Bank of America. Als weitere Miteigentümer sind zu nennen: Verizon (Informationstechnik), die Schweizer

---

7 | Wikipedia: Capital Group Companies, gelesen 3.8.2010.

Rückversicherungsgesellschaft Swiss Re (die gewiss nur noch wenig mit der Schweiz zu tun hat), das größte Unternehmen für Eigenheimbau Pulte Homes, der größte Private Equity Fonds (»Heuschrecke«) Kohlberg Kravits Roberts (KKR), der Arab Fund for Economic and Social Development, General Electric, der Energiekonzern EQT und schließlich noch Robinson Lerer & Montgomery (RLM),[8] dem nach eigener Aussage »global leader in strategic, corporate and financial communication«; RLM berät große Unternehmen und Banken vor allem bei Krisenmanagement.

Diesen Unternehmen gehört also der Hedgefonds Blackrock. Nun könnten wir weiterfragen: Wem gehören die Eigentümer von Blackrock, also wem gehören PNC, Barclays, Merrill Lynch/Bank of America usw.? Die Antwort würde uns wieder in den (erweiterten) Kreis der Standard & Poor's Eigentümer und Eigentümer der Eigentümer führen, denen wir jetzt auf verschiedenen Ebenen schon begegnet sind.

WEM GEHÖRT MOODY'S INVESTORS SERVICE?

Wir fragen jetzt nach den Eigentümern der beiden anderen großen Rating-Agenturen. Wir werden auf ähnliche, teilweise sogar auf dieselben Eigentümer stoßen, die auf ähnliche Weise miteinander und mit dem Staat verknüpft sind.

Eigentümer I: Moody's Corporation

Die Agentur Moody's Investors Service gehört der »Muttergesellschaft« Moody's Corporation. Sie ist eine Aktiengesellschaft und an der New Yorker Börse notiert. In New York hat die Agentur auch ihren operativen Sitz. Ebenfalls hat sie nach bewährtem Muster wie S&P und die meisten US-Konzerne, Investmentfonds und ähnliche ihren juristischen Sitz in Finanzoasen außerhalb der operativen Gebiete, vor allem im US-Staat Delaware und auf den Britischen Jungferninseln;[9] dasselbe haben wir schon bei verschiedenen Holdings und Briefkastenfirmen von S&P gesehen.

---

8 | Blackrock: Annual Report 2010, S. 39.

9 | Moody's Corporation: Form 10-K 2008, www.sec.gov, gelesen 29.7.2011; Moody's Corporation: Annual Report 2009, List of Active Subsidiaries as of December 31, 2009, S. 163f.

Moody's Corporation ist aufgeteilt in zwei große Geschäftsbereiche. Zunächst Moody's Investors Service, hierzu gehört auch die Rating-Agentur. Der zweite Bereich ist Moody's Analytics, hierzu gehören zahlreiche Tochterfirmen, die Beratung, Finanzrecherchen, Risiko- und Marktanalysen, Weiterbildungsprogramme, Finanzsoftware und dergleichen an Banken, Versicherungen und andere Finanzakteure verkaufen, wie die anderen Agenturen auch.

Wie McGraw Hill hat auch Moody's Corporation 2001 eine philanthropische Stiftung gegründet: The Moody's Foundation. Sie sponsert Bildungsaktivitäten, insbesondere das Studium von Mathematik, Finanzen und Ökonomie. 2009 finanzierte sie für Kiva Microfunds eine Studie, wie die Risikoanalyse und das Risikomanagement auf Mikrokredite angewendet werden können. Die Stiftung will in Zusammenarbeit mit der Stiftung Clinton Global Initiative des ehemaligen US-Präsidenten William Clinton Beschäftigte im Bereich der Vergabe von Mikrokrediten weiterbilden und »pro bono« (ohne Honorar) exemplarische Risikoanalysen einzelner Kredite durchführen. Daneben finanziert die Stiftung – wie McGraw Hill auch – Freiwilligenprogramme für die Mitarbeiter des Konzerns.[10]

Selbstverständlich handelt Moody's, wie es heute öffentlich verlangt wird, mit hohen Wertestandards, die in Prinzipien der Unternehmensführung (Corporate Governance Principles) sowie im Kodex für das Verhalten im Geschäftsverkehr (Code of Business Conduct) und schließlich, am anspruchsvollsten, in einem Ethik-Kodex (Code of Ethics) präsentiert werden. Darin verpflichten sich Management und Mitarbeiter zu den »höchsten Standards von Redlichkeit, Transparenz und Fairness« untereinander, mit Kunden und allen Marktteilnehmern. Zu den Werten im engeren Sinne gehören »rigorose und objektive Prüfung der Fakten« und »die Suche nach innovativen Wegen, um die Exaktheit, Tiefe und Zeitnähe unserer Kreditbewertungen und Analysen zu verstärken«.[11] Es ist aufschlussreich, dass zu den verpflichtenden Werten nicht die Einhaltung von Gesetzen und Menschenrechten gehören, nicht die Einhaltung der US-Verfassung und anderer nationaler Verfassungen, auch nicht die Verhinderung von Korruption.

Bei Moody's können wir trotz der hohen Ethikansprüche eine weitere Ebene der Verfilzung mit der Wall Street erkennen. Der Vorstand der

---

10 | Moody's 2009 Annual Report, S. 14.
11 | Moody's 2009 Annual Report, S. 15.

Corporation besteht aus sieben Personen. Ihre beruflichen Vorgeschichten sind aufschlussreich: Mark Almeida kommt von der Chase Manhattan Bank, Richard Cantor von der Federal Reserve Bank of New York, Robert Fauber von der Citigroup, John Goggins von Dow Jones & Company (erstellt den Börsenindex der Wall Street), Linda Huber von Bankers Trust, Michel Madelain vom Wirtschaftsprüfer Ernst & Young, Lisa Westlake von American Express und Lehman Brothers.

Lediglich der Vorstandsvorsitzende von Moody's Corporation, Raymond McDaniel, nennt keine solche berufliche Vorgeschichte. Bekannt ist lediglich, dass er Mitglied im Aufsichtsrat von John Wiley & Sons ist.[12] Diesen internationalen Verlag für technische, medizinische und sonstige wissenschaftliche Veröffentlichungen kennen Sie wahrscheinlich nicht, obwohl er schon seit fast zwei Jahrzehnten Eigentümer eines ähnlichen »deutschen« Verlages ist, nämlich VCH.[13]

Und nun die beliebte Frage: Wem gehört John Wiley & Sons? Neben wem sitzt Moody's Chef hier im Aufsichtsrat? Es sind unter anderem Eduardo Menacé von Verizon Communications (ist uns schon im Aufsichtsrat des Standard & Poor's Miteigentümers Blackrock begegnet) und die Vertreter von Vanguard und Oppenheimer Global Opportunities, auf die wir auch schon gestoßen sind.

Es handelt sich also um ein Konglomerat aus staatlichen und privaten Akteuren aus dem Zentrum des US-Finanzsystems. Die Verfilzung geht aber noch weiter.

Eigentümer II: Wem gehört Moody's Corporation?

Hier treffen wir auf Unternehmen, die wir teilweise schon als Eigentümer von McGraw Hill kennengelernt haben: Berkshire Hathaway (Warren Buffett), Capital World, Fidelity, T. Rice Rowe, Davis Selected Advisers, Morgan Stanley, Vanguard, State Street, Invesco, Wellington, American FDS Insurance Global Growth, Washington Mutual, Neuberger & Berman. Miteigentümer traditioneller Art sind unter anderem die Investmentbanken ING und Citigroup, der Medizinkonzern Pfizer, der Chemiekonzern Hercules; im Aufsichtsrat vertreten ist auch ein Wissenschaftler, Durrell Duf-

---

12 | www.ir.moodys.com/management.cfm, gelesen 27.7.2011.

13 | Verlag für Natur- und Materialwissenschaften, Wirtschaft, Marketing und Management. www.wiley-vch.de, gelesen 22.2.2012.

fie von der Eliteuniversität Stanford, und ein multimillionärischer Senator und Politikberater, Connie Mack. Robert Glauber repräsentiert eine besondere Art der Verfilzung: Er ist Präsident der Vereinigung der Wertpapierhandelsfirmen, Vorstand des Hedgefonds LX Capital (Bermuda) und auch im Aufsichtsrat der Filiale Boston der Federal Reserve Bank.[14]

Berkshire Hathaway ist die Finanzholding des nach der Forbes-Liste zweitreichsten US-Bürgers, Warren Buffett. Zu Beginn des Booms 2001 war er mit 15 Prozent der Aktien an Moody's beteiligt und stockte seine Anteile im Laufe des Booms bis auf über 50 Prozent auf. Nach der Finanzkrise hat er seinen Anteil auf zwei Prozent reduziert. Dieser Spekulativ-Investor, der seine Beteiligungen schnell umschichtet, hatte am schnellen Gewinn der Vorkrisenjahre mit abgeschöpft. Als die Gewinne von Moody's 2008 einbrachen, »investierte« er in andere Unternehmen.

Capital World, Vanguard und Fidelity finden wir also sowohl als Miteigentümer von McGraw Hill, dem Eigentümer der Rating-Agentur S&P, wie auch als Miteigentümer von Moody's Corporation, dem Eigentümer der Rating-Agentur Moody's. Vanguard finden wir zusätzlich bei Wiley & Sons, wo McDaniel, der Chef der Rating-Agentur Moody's, im Aufsichtsrat seinen Rat als Eigentümer gibt, der sich aber vielleicht von dem unterscheidet, den seine Agentur öffentlich abgibt.

Die Verfilzung der Agentur mit ihren Eigentümern spielt sich noch auf einer anderen Ebene ab: Der Pensionsfonds von Moody's hat sein Geld zum großen Teil bei seinen Eigentümern und Kunden angelegt, so bei Fidelity, Goldman Sachs, Allianz (Pimco) und DWS (Deutsche Bank).[15]

Eigentümer III: Wem gehören die Eigentümer von Moody's?

Wir ersparen uns diese Frage. Sie würde so ähnlich beantwortet werden wie bei S&P, nur dass einige neue Namen auftauchen würden. Allmählich sollte ein bestimmtes Muster zu erkennen sein.

---

14 | Moody's Corporation: Annual Report 2010, www.ir.moodys.com/ownership. cfm, gelesen 22.7.2011; www.finance.yahoo.com/g/mh?s=MCO+Major+Holders, gelesen 22.7.2011.
15 | Moody's Corporation: Form 11-K, 2010, www.sec.gov, gelesen 21.7.2011.

WEM GEHÖRT FITCH RATINGS?

Die kleinste der drei großen Rating-Agenturen weicht in ihrer konkreten Eigentümerstruktur von den beiden anderen ab. Doch für die Kriterien und Verfahren des Rating-Geschäfts ergeben sich daraus keine erkennbaren Unterschiede.

Eigentümer I: Fitch Group

Die Agentur Fitch Ratings mit den operativen Hauptsitzen in New York und London gehört ganz zur Fitch Group. Diese setzt sich neben Fitch Ratings aus den Bereichen Fitch Algorithmics (Beratung beim Risikomanagement), Fitch Solutions (Vermarktung, Recherche) und Fitch Trainings (Training von Bankern, Brokern, Analysten) zusammen.

Eigentümer II: Fimalac und Hearst

Die Fitch Group gehört zwei Eigentümern: Erstens der französischen Finanzholding Fimalac und zweitens dem US-Medienkonzern Hearst.

Eigentümer II a: Fimalac

Der französische Unternehmer Marc Ladreit de Lacharrière, der aus einer südfranzösischen Adelsfamilie stammt und heute nach der Forbes-Liste an 13. Stelle reicher Franzosen und Französinnen steht, hatte 1968 zeitgeistgemäß an der französischen Elitehochschule Ecole Nationale d'Administration über Robespierre promoviert. Er hat offensichtlich ein Gespür für die Machtausübung, die man, wenn man einmal etwas über sie gelernt hat (möglichst auf der sozialen und linken Seite), auch für das gegenteilige Interesse und die Gegenseite nutzbar machen und dabei durchaus Neues schaffen kann.

Lacharrière stieg zunächst in der französischen Bank Indosuez in Leitungspositionen auf, danach wurde er Vizepräsident des Luxusgüterkonzerns L'Oréal. Gleichzeitig wurde er Mitglied in den Aufsichtsräten der Bank Crédit Lyonnais, der Fluglinie Air France, von France Telekom, des Immobilienbetreibers Euris und des TV-Senders Canalplus. Seit einem Jahrzehnt ist er Mitglied in den Aufsichtsräten der Supermarktkette Casino Guichard, weiter von L'Oréal und von Renault.

1991 hatte er die Finanzholding Fimalac (Abkürzung für La Financière de Marc de Lacharrière) gegründet, mit der er sich schrittweise in die englische und dann in die US-Rating-Branche einkaufte. So gehört die Fitch Group zu Fimalac.

Fimalac besteht heute aus drei Holdings, zunächst aus der Fitch Group, zu der die Rating-Agentur gehört. Der zweite Bereich ist mit Immobilien befasst, beispielsweise im teuren London. Der Hauptbereich Fimalac Développement verwaltet zahlreiche und wechselnde Investments in global tätigen Unternehmen, »die über ein starkes Potenzial und eine starke Stellung gegenüber Konkurrenten verfügen«, wobei Fimalac eng mit der jeweiligen Führungsriege zusammenarbeitet, um die Gewinne zu steigern.[16] Fimalac ist an der Pariser Börse Euronext notiert und hat den Hauptsitz in Paris.

Fimalac legt Wert auf kulturelle Aktivitäten; Kultur ist notwendiger Bestandteil der Kapitalmacht. So ist Lacharrière Mäzen und Mitglied im Aufsichtsrat des Pariser Museums Louvre. Seit 2007 präsidiert er für die internationale Agentur der französischen Museen, die zusammen mit American Friends of the Louvre die französische, feudalkapitalistische Hochkultur weltweit verbreiten will, beispielsweise durch ein Louvre-Museum im aufsteigenden Finanzstandort Abu Dhabi.

Die Philanthropie fehlt auch hier nicht. So fördert die Stiftung Culture et Diversité multiethnische Projekte. Damit wollen die reichen Stifter um den Fimalac-Chef zum »sozialen Zusammenhalt« und zur »Gleichheit der Chancen« beitragen.[17] Die Fimalac Vizepräsidentin Véronique Morali gründete die Vereinigung der Frauen in Vorstandsfunktionen mit dem Namen Terrafemina. »Objektives« Rating und »subjektive« Kultur kommen aus derselben Quelle.

Auch mit der Regierung und dem Staat steht Fimalac in enger Verbindung. Lacharrière ist Vorsitzender und zugleich Schatzmeister der Stiftung der L'Oréal Haupterbin Liliane Bettencourt, die die Wahlkämpfe des Wirtschaftslobbyisten Nicolas Sarkozy unterstützte, auch heimlich.[18] Jahrelang war Lacharrière Mitglied des Beirats der französischen National-

---

16 | www.fimalac.com/axes-stratégiques.html, gelesen 29.7.2010.

17 | www.fr.wikipedia.org/wiki, gelesen 3.8.2010.

18 | Bettencourt: Un nouveau document confirme des dons à l'UMP, in: Le Monde 13.7.2010; L'ex-comptable de Bettencourt pointe du doigt Woerth et Sarkozy, in: Le Nouvel Observateur 6.7.2010.

bank Banque de France. Er gehört dem Leitungsgremium der National-
stiftung für die Politischen Wissenschaften an. Er ist seit 1982 Mitglied der
»Bilderberger«, eines zu Unrecht geheimnisumwobenen, elitären Netz-
werks, und war zeitweise Präsident von der französischen Sektion.[19]

Die Fimalac Vizepräsidentin Morali wechselte von der staatlichen Finanzaufsicht (Inspection Générale des Finances) zu Fimalac, was man
als einen Wechsel vom Staatsdienst in die Privatwirtschaft interpretieren
könnte. Morali ist zudem Mitglied im Aufsichtsrat der französischen Investmentbank Rothschild, des Medienkonzerns Havas und von Coca Cola
in Atlanta/USA. Das ist aber heute auch mit staatlichen Funktionen ver-
einbar: Staatspräsident Nicolas Sarkozy berief Morali 2009 zusammen
mit den früheren Premierministern Alain Juppé und Michel Rocard in
die Staatskommission, die sich um die Staatsanleihen der Grande Nation
Américanisée et Néoliberalisée (GNAN) kümmert.

Fimalac war bis 2006 einziger Eigentümer der Fitch Group. Hearst
Media & Entertainment Holding kaufte 2006 einen Anteil von 20 Prozent,[20] 2009 kaufte Hearst weitere 20 Prozent und bekundete Interesse,
mindestens 50 Prozent zu erwerben, was auf Zustimmung von Fimalac-
Chef Lacharrière stieß.[21]

Im November 2009 verkaufte Fimalac weitere 20 Prozent, aber an
wen? Kein Wort dazu in den Veröffentlichungen von Fitch und Fimalac.[22]
Auch Hearst schweigt sich dazu aus. Der ungenannte, aber wahrschein-
lichste Käufer war Hearst. Demnach würden Fimalac gegenwärtig 40 Prozent und Hearst 60 Prozent an Fitch gehören.

Eigentümer II b: Hearst

Der US-Medienkonzern Hearst wird trotz weltweiter Aktivitäten von den
Eigentümern bis heute als eine Art verschwiegener Familienkonzern geführt. »Natürlich« hat der Konzern seinen juristischen Sitz in der Finanz-

---

19 | Bilderberg: Lockeres internationales Netzwerk von Bankern, Politikern, hohen
Militärs, Adligen, Konzern- und Medienchefs; praktiziert weitgehende Geheimhaltung; benannt nach dem Bilderberg-Hotel, wo 1954 das erste der jährlichen, informellen Treffen stattfand, vgl. Gerhard Wisniewski: Drahtzieher der Macht. München
2010.

20 | Bloomberg 5.6.2006.

21 | Reuters 24.7.2009.

22 | Fimalac, Brief an die Aktionäre Nr. 22, Mai 2010.

oase Delaware und seinen operativen Hauptsitz in New York.[23] Hearst ist sehr öffentlichkeitsscheu, deshalb sind die Einblicke ebenso begrenzt wie bei Fimalac.

Das könnte erstaunen: Was hat ein populistisch-aggressiver, auf Emotionen und Desinformation setzender Medienkonzern mit einer Rating-Agentur zu tun, die aus einer ganz anderen Welt zu stammen scheint und auf emotionslose, wissenschaftliche, objektive Information ausgerichtet ist?

Hearst ist vor allem mit Zeitschriften groß geworden, die zunächst in den USA erschienen, heute aber weltweit in vielen nationalsprachlichen Ausgaben herausgegeben werden. Das sind vergleichsweise bunt und bilderreich aufgemachte, anzeigenüberfüllte Massenblätter wie Marie Claire, Esquire, SmartMoney, Beautiful House, Country Living, Popular Mechanics, Harper's Bazaar, Town & Country, Good Houskeeping, Food Network sowie die Frauenmagazine »O« und Cosmopolitan – letztere erscheint in 53 Ländern. Hier wird die familiäre Idylle, das schöne Wohnen, die glückliche Frau, die gesunde Ernährung, das Leben auf dem Land und der glückliche, berufstätige Mann beschworen, über dessen Berufstätigkeit im Einzelnen geschwiegen wird.

Zu Hearst gehören weiter 23 Tages- und Wochenzeitungen und zahlreiche Buchverlage. Weltweit ausgebaut ist auch der Radio- und Fernsehbereich mit 26 regionalen Sendern in den USA; die Oprah Winfrey Show ist die meistgesehene US-Talkshow. Zum Konzern gehören auch Nachrichten- Wirtschafts- und andere Branchendienste. Eigene Firmen produzieren in eigenen Filmstudios, eigene Vertriebsfirmen vertreiben die Produkte an TV-Sender wie den Discovery Channel und an das Zweite Deutsche Fernsehen (ZDF).

Zusammen mit Disney und dem TV-Sender NBC von General Electric betreibt Hearst das Arts & Entertainment Television Network, zu ihm gehören etwa der History Channel, der in 75 Staaten zu sehen ist. Mit Disney zusammen betreibt Hearst das Unternehmen Livetime Television, den brasilianischen Pay-TV-Sender TVA und die weltweit erfolgreichsten Sport-Kabelsender ESPN und ESPN2. Für das spanischsprachige Publikum und für Südamerika hält Hearst Cosmopolitan Television bereit; zusammen mit dem argentinischen Medienkonzern PRAMER SCA werden südamerikanische Sender betrieben.

---

23 | Hearst Corporation: Form 13 G, www.secinfo.com/d13Wqv.u2xh.htm, gelesen 4.8.2011.

Mit Yahoo und Microsoft bestehen strategische Partnerschaften, um in Verbindung mit 200 Zeitungen den US-Anzeigenmarkt im Internet zu beherrschen.

Für verschiedene Zielgruppen werden digitale Medien entwickelt: Für Jugendliche ist das die Internetzeitung Seventeen.com; für Männer mit den klischeehaften Interessen Autos, Frauen und Sport ist dies die Internetzeitung UGO.com. Mit HomeArts.com, Women.com und cosmoGIRL!.com werden Hausfrauen, junge Frauen und Mädchen bedient. Gather.com will die Plaudertaschen der Nation in der virtuellen Welt versammeln. In Partnerschaft mit Nokia Media Network werden 100 Millionen Mobilfunknutzer mit Infodiensten der verschiedensten Art – Wetter, Business, Sex, Sport, Entertainment – erreicht.[24]

Hearst kaufte bürgerliche Printmedien wie San Francisco Chronicle und Houston Chronicle auf, um ihre gewachsenen Potenziale so lang wie möglich zu nutzen, aber die auf ihnen aufbauenden Neuentwicklungen schließlich in eine autoritäre, desinformative Digitalwelt zu überführen. Dabei geht Hearst bei Bedarf brutal vor, entlässt beispielsweise auf einen Schlag zahlreiche Redakteure.

William Randolph Hearst, der von 1863 bis 1951 lebte, gilt als der Begründer des Unternehmens. Er erfand die knallige, große, emotionalisierende Schlagzeile. Er pushte Skandale hoch und verdiente daran. Vor dem erwarteten Ausbruch des Spanisch-Amerikanischen Krieges 1898 in Kuba schickte er einen Maler nach Havanna, damit der die Bilder dazu liefern sollte. Als der Maler in Kuba auf den Krieg wartete, der nicht ausbrach, wollte er in die USA zurück. Hearst antwortete: »Bleib da. Ich sorge für den Krieg«. Der Krieg brach aus und Hearst machte Kasse.[25]

Seine machtsüchtige, zynische und politisch extrem nach rechts changierende Persönlichkeit gab das Vorbild für den Film »Citizen Kane«, den Orson Welles 1941 produzierte. Hearst verkörperte vermutlich als erster den Typ des »modernen« Medienmoguls, der eine elitäre, prokapitalistische Haltung mit der Fertigkeit verbindet, ein breites Spektrum seichter, von harten ökonomischen und politischen Problemen ablenkenden Massenmedien zu betreiben. Das ist offensichtlich kein Gegensatz zu der streng »objektiven« Rating-Agentur Fitch.

---

24 | Vgl. www.mediadb.eu/datenbanken/internationale-medienkonzerne/the-hearst-corporation, gelesen 2.8.2010.

25 | www.mediadb.eu/datenbanken/the-hearst-corporation.com, gelesen 2.8.2010.

Eigentümer III a: Wem gehört Fimalac?

Die patriarchalisch geführte Familienholding Fimalac hält sich zu ihren internen Verhältnissen gegenüber der Öffentlichkeit bedeckt. In den dürftigen Geschäftsberichten können wir Folgendes lesen: Marc Ladreit de Lacharrière ist alleiniger Eigentümer und Präsident der Groupe Lacharrière und führt mit 74 Prozent der Fimalac Anteile und 86 Prozent der Stimmrechte die Finanzholding Fimalac, deren Präsident er ebenfalls ist. Er übt zahlreiche Aufsichtsfunktionen in den in- und ausländischen Tochterfirmen aus, auch bei Fitch Ratings. So kam er etwa im Jahr 2009 allein aus diesen internen Funktionen auf ein Einkommen von 2,376 Millionen Euro.[26] 10.000 öffentlich nicht benannte Einzelaktionäre teilen sich den Rest der 26 Prozent Fimalac-Aktien. Also keine Verfilzung mit der globalen Kapitalmacht?

Allerdings ist der Aufsichtsrat von Fimalac mit Vertretern multinationaler Konzerne hochrangig besetzt, was darauf hindeutet, dass die scheinbar familiär geschlossene Auster doch gar nicht so verschlossen ist, wie es scheint. Wir könnten daraus auch folgern, dass die Vertreter dieser Konzerne mit einer solchen Auster zufrieden sind.

Zunächst ist im Aufsichtsrat die Eigentümerfamilie vertreten:[27] Neben Marc Ladreit de Lacharrière als Präsident sind das die Ehefrau Eléonore de Lacharrière für die unternehmenseigene Stiftung Culture & Diversité und Jérémie der Lacharrière als Präsident des Aufsichtsrates der Groupe Lacharrière.

Vizepräsidentin des Aufsichtsrates ist Véronique Morali, zugleich Vizepräsidentin der Fitch Group. Die weiteren Mitglieder des Aufsichtsrats sind: Pascal Castres Saint-Martin, er ist auch Mitglied im Verwaltungsrat der Bank SEB; David Dautresme, Chefberater der Investmentbank Lazard Frères und Mitglied des Verwaltungsrats der Supermarktkette Casino Guichard; Philippe Lagayette, Präsident des Aufsichtsrats von J.P. Morgan Frankreich und im Aufsichtsrat von PPR (dazu gehören Gucci, Brioni, Puma) sowie von Renault; Thierry Moulonguet, Finanzdirektor von Renault; Jean-Charles Naouri, Chef von Casino Guichard; Etienne Pflimlin,

26 | www.investing.businessweek.com/research/stocks/people/personasp?pers onId=8643, gelesen 3.8.2010.

27 | www.fimalac.com, gelesen 29.7.2010; www.fr.wikipedia.org/wiki/fimalac, gelesen 3.8.2010.

Präsident der Großbank Crédit Mutuel; schließlich Thomas Piquemal, Finanzvorstand des größten europäischen Energiekonzerns Electricité de France (EDF).

Hier finden sich also das französische, transatlantisch orientierte Führungspersonal von global tätigen Konzernen und Banken, die in Frankreich eine Filiale oder ihren Hauptsitz haben. Auf »nationale« Interessen der französischen Volkswirtschaft und Gesellschaft achten diese Personen erst in zweiter Linie, außer dass sie auch in der »Grande Nation« eine passende Regierung brauchen – wie in allen Staaten, in denen sie tätig sind. Die genannten Personen haben vergleichsweise kleine Aktienpakete, sind also nicht direkt bedeutend als Eigentümer. Aber es scheint wichtig zu sein, dass sie sich an der Führung von Fimalac beteiligen.

Ähnlich scheint es mit dem wissenschaftlichen Beirat von Fitch zu sein. Auch dessen Mitglieder können höchstens ein vergleichsweise kleines Aktienpäckchen besitzen, wahrscheinlich ist nicht einmal dies der Fall. Allerdings haben auch sie enge Verbindungen in die oberste Etage des Weltfinanzsystems, sowohl die private wie die staatliche Seite. So hat Professor Dwight Jaffee (University of California) die Weltbank und die Federal Reserve Bank beraten. Professor Didier Cossin hat in der Schweiz einen Lehrstuhl, der von der Investmentbank United Bank of Switzerland finanziert wird, und berät die Europäische Zentralbank genauso wie private Großbanken und die Konzerne Vodafone, British Petroleum, Shell, Daimler, Coca Cola, PPR; gleichzeitig hat er auch Zeit, für den Aufsichtsrat des Derivatebereichs von Merrill Lynch zu arbeiten.[28]

Eigentümer III b: Wem gehört Hearst?

Hearst ist nicht börsennotiert, die Geschäftsberichte sind dürftig und der Gewinn wird nicht ausgewiesen. Alleiniger Eigentümer ist immer noch der Hearst Family Trust, eine testamentarische Unternehmensstiftung nach dem Gesetz des US-Staates Kalifornien. Als Mitglieder des Trusts werden namentlich genannt William Randolph Hearst III, David Whitmire Hearst Jr., George Randolph Hearst, Randolph Apperson Hearst, Phoebe Hearst Cooke, Millicent V. Baoudjakdji, Austin Hearst und John Hearst

---

28 | www.fitchratings.com/jsp/creditdesk/AboutFitch.faces?context=1&detail= 17, gelesen 2.8.2011.

Jr. Zahlreiche Enkel und Verwandte der Gründerfamilie werden, so heißt es, gut mit durchgefüttert.[29]

Man könnte sich fragen: Warum legt dieses verschwiegene Unternehmen soviel Wert darauf, sich eine Rating-Agentur zu halten? Hearst sagt uns dazu nichts, wir sind auf Vermutungen angewiesen.

Eigentümer IV:
Wem gehören die Eigentümer von Fimalac und Hearst?

Wie es aussieht, ist unsere Suche nach den Eigentümern von Fimalac und Hearst hier beendet. Es handelt sich bei beiden um »Familienunternehmen«. Aber selbstverständlich sind Familienunternehmen heute nicht mehr das, was sie einmal waren. Die Verflechtung mit der gegenwärtigen Kapitalmacht endet nicht am Familientisch im ererbten, südfranzösischen Stammschloss der Lacharrières und auch nicht in einer 200 Räume umfassenden Nobelvilla der Hearsts aus dem Anfang des 20. Jahrhunderts.

Wir könnten weiter fragen: Wo haben die Eigentümerclans ihre Gewinne der letzten Jahrzehnte angelegt? Von welchen Hedgefonds, deren Finanzprodukte vielleicht auch von der eigenen Rating-Agentur Fitch bewertet werden, lassen die Lacharriéres und Hearsts ihre Gewinne verwalten und vermehren? Etwa auch solchen, die Miteigentümer der anderen beiden großen Rating-Agenturen sind? Bei welchen weiteren Banken und Konzernen haben sie, zum Beispiel verdeckt in einer anonymen Stiftung auf den Cayman Islands (in Liechtenstein wahrscheinlich nicht), Aktienpakete erworben? Wir würden, könnten wir diesen Spuren folgen, wahrscheinlich in einem Gewirr von Kreisverkehren landen. Hiermit endet vorläufig unsere Suche nach den Eigentümern und Verbindungen der Rating-Agentur Fitch.

---

29 | www.mediadb.eu/datenbanken/internationale-medienkonzerne/the-hearst-corporation, gelesen 2.8.2011.

V. Erste Einblicke in die Kapitalmacht der Gegenwart

Wir haben einiges über die Eigentümer und die Eigentümerverhältnisse der Rating-Agenturen erfahren und über das Beziehungsgeflecht, in dem sie agieren. Ich fasse das jetzt zusammen und beschreibe das System dahinter, zumindest dessen erste Dimension.

DIE GEMEINSAMEN EIGENTÜMER DER AGENTUREN

Der Einfachheit halber konzentrieren wir uns zunächst auf die beiden größten Rating-Agenturen Standard & Poor's und Moody's. Die wichtigsten Eigentümer sind gleichzeitige Eigentümer beider Agenturen:[1]

	Standard & Poor's	Moody's
Capital Group	13,2	16,2
Blackrock	4,7	7,0
Vanguard	4,7	5,8
State Street	4,6	4,4
T. Rowe Price	3,5	6,1
Bank of New York	1,2	2,1

Weitere gleichzeitige Eigentümer in beiden Agenturen, mit kleineren Anteilen, sind unter anderem folgende: Morgan Stanley, Allianz Global In-

---

1 | Manager magazin 9/2011, S. 9 und eigene Recherchen; Zahlenangaben in Prozent der Eigentumsanteile.

vestors, Oppenheimer, Washington Mutual und Neuberger Berman. Der einzige größere »Ausreißer«, der nicht an beiden Agenturen beteiligt ist: Die Holding Berkshire Hathaway (Warren Buffett) ist traditionell Miteigentümer nur von Moody's.

VERFLECHTUNGEN DER EIGENTÜMER UNTEREINANDER

Die Eigentümer der Agenturen sind wiederum Miteigentümer der anderen Miteigentümer. So »liegen rund 32 Prozent des Kapitals von State Street bei den anderen Kernaktionären der Ratinggroßmächte.«[2] Die Eigentümer der Agenturen zählen gleichzeitig zu den größten Aktionären der 30 größten Unternehmen, die im führenden Börsenindex Dow Jones gelistet sind: zum Beispiel sind Fidelity, Wellington, Capital Group und Berkshire Hathaway gleichzeitig an folgenden US-Konzernen beteiligt (in derselben Reihenfolge): 3 M, Alcoa, American Express, Boeing, General Motors, International Paper.[3]

Das ist aber nur ein winziger Ausschnitt: Die Agentur-Eigentümer sind gleichzeitig an allen Investmentbanken und an allen US-Unternehmen beteiligt, die zum Index der 500 wichtigsten Unternehmen gehören, der von S&P erstellt wird und eine Grundlage für die spekulativen Transaktionen der Eigentümer bildet. Nehmen wir Capital Group: Der Hedgefonds, der an beiden großen Rating-Agenturen beteiligt ist, hat Anteile an hunderten der größten Banken und Konzerne, so an Microsoft, Wells Fargo, Goldman Sachs, Coca Cola, JPMorgan Chase, Philipp Morris, Royal Dutch Shell, Hewlett Packard, Lockheed Martin, Berkshire Hathaway, Kraft Foods, Citigroup, Yahoo, Monsanto, Northrop Grumman, Pepsico, Pfizer, Waste Management, Starbucks, Petrolio Brasileiro und United Parcel Service, um nur Konzerne mit Hauptsitz in den USA zu nennen.[4]

Warren Buffetts Holding Berkshire Hathaway, die mehrere Jahre auch Hauptaktionär von Moody's und 2011 noch mit zwei Prozent beteiligt war, ist gegenwärtig Miteigentümer folgender Unternehmen: Coca Cola, Wells

---

2 | Manager magazin 9/2011, S. 10.

3 | www2000.wzb.eu/alt/ism/pdf/negotiated_shareholder_value.pdf, gelesen 27.8.2011.

4 | www.j3sg.com/Reports/Stock-Insider/Generate-Institution-Portfolio.php?, gelesen 3.8.2011.

Fargo, American Express, Procter & Gamble, Kraft Foods, Johnson & Johnson, Conoco Philipps, Wal Mart Stores, US Bancorp, Washington Post, General Electric, United Parcel Service, Bank of New York, Exxon usw.[5] Die Beteiligungen, vor allem ihre Höhe, verändern sich schnell, aber nicht grundsätzlich.

Gleichzeitig sind die Agentur-Eigentümer die großen Käufer und Verkäufer von Unternehmens- und Staatsanleihen und anderen Wertpapieren, die von ihren Agenturen bewertet werden. Wie Agentur-Eigentümer mit ihren Rating-Analysten und -Managern kommunizieren, wissen wir nicht. Jedenfalls wissen letztere in einer kapitalistischen Aktiengesellschaft, dass sie sich auf ihren gut dotierten Plätzen nur halten können, wenn sie die Interessen der Eigentümer vertreten.

Die Agenturen und ihre Eigentümer und die Unternehmen, an denen sie beteiligt sind, beschäftigen zudem dieselben »Big Four« der Wirtschaftsprüfer (Price Waterhouse Coopers, KPMG, Ernst & Young, Deloitte), dieselben großen Wirtschaftskanzleien und dieselben Unternehmensberater, deren Hierarchie seit Jahrzehnten von McKinsey angeführt wird.

Alle Agenturen und ihre Eigentümer und Wirtschaftsprüfer haben ihre rechtlichen Sitze in Finanzoasen, vor allem in Wilmington/Delaware.

DER STAAT ALS SICHERHEITS- UND ENTEIGNUNGSAGENT

Diese verfilzte Kapitalmacht würde sich allerdings nicht halten, wenn sie nicht von staatlichen und staatsnahen privaten Institutionen geduldet, geschützt und gestützt würde: Weltbank/IWF, US-Zentralbank Fed und andere nationale Zentralbanken, Europäische Zentralbank, Bank of International Settlements (BIS), Clearstream, zahlreiche nationale Finanzaufsichten wie die US-Börsenaufsicht SEC und nicht zuletzt »ihre« Regierungen und große Privatmedien, wie wir sie etwa bei McGraw Hill und Hearst gesehen haben.

Zwischen den Genannten herrscht zudem der Mechanismus der »revolving door«, also der Drehtür, durch die Beschäftigte von Privatwirtschaft nach Staatsdienst und von Staatsdienst nach Privatwirtschaft wechseln: Von der Rating-Agentur zur Bank, von der Bank zur Börsenaufsicht SEC und ins Ministeramt, von der Zentralbank und von der SEC zum Hedge-

---

5 | www.seeking.alpha.com/article/288486-warren-buffett, gelesen 25.8.2011.

fonds, vom Aufsichtsrat der Bank in den Hedgefonds, vom Hedgefonds zum Regierungsberater, vom Wirtschaftsprüfungsunternehmen zur Rating-Agentur, von einem Konzernvorstand zum nächsten Konzernvorstand (vgl. S. 111).

Es handelt sich also um eine privat bestimmte Regulationsform, die staatlichen Schutz genießt. Allerdings zerstören sich die Staaten dabei in demokratischer, finanzieller und sozialer Hinsicht selbst und reduzieren sich auf die Rolle als innen- und außenpolitische Sicherheits- und Enteignungsagenturen.

Die Kreditgeber und privaten Geldschöpfer haben insbesondere im 20. Jahrhundert immer mehr Wert darauf gelegt, bestimmte Formen der Demokratie zu fördern. So konnten gewählte Politiker, Parlamente und Behörden die Rückzahlung von Krediten auf breiter Grundlage absichern. Auf diesem Prinzip bauen auch die staatlichen Zentralbanken und die internationalen Finanzinstitutionen wie der IWF, die Weltbank, die Bank of International Settlements (BIS) und die nationalen Finanzaufsichten auf.

So können die Finanzakteure verlangen und durchsetzen, dass der Staat spart und staatliches Vermögen an sie meist weit unter Wert verkauft, um die Kredite bedienen zu können: »Damit verlegt sich die internationale Finanzwelt auf eine neue Form von Kriegsführung, die dasselbe Ziel verfolgt wie in früheren Zeiten die militärische Eroberung: die Aneignung von Land und Bodenschätzen, die Übernahme staatlicher Infrastruktur und die Erhebung von Tributzahlungen.«[6]

Nicht nur Staaten und staatliche Untergliederungen werden enteignet, sondern auch private Unternehmen. Die Dominanz der Kreditgeber »entspricht einer auf das Ausschlachten von Unternehmen ausgerichteten Hit-and-Run-Strategie«.[7]

STRONGLY CONNECTED

Es werden in der westlichen Kapitalmacht der Gegenwart keine Akkumulation »des Kapitals« und kein Wettbewerb organisiert. Vielmehr hat sich eine relativ flexible Hierarchie zwischen den transnational untereinander

---

6 | Michael Hudson: Was sind Schulden?, in: Frankfurter Allgemeine Zeitung 2.12.2011.

7 | Ebd.; hit and run: Zuschlagen und abhauen.

verflochtenen Kapitalgruppen herausgebildet.[8] Sie akkumulieren unterschiedlich erfolgreich. Die wichtigsten Kapitaleinheiten gehören sich im Wesentlichen gegenseitig; diese Beziehungen kann man als »cross shareholdings« (sich überschneidende Aktionärsschaft) und »strongly connected« (eng verzahnt) bezeichnen, wobei Dichte und Zahl dieser Beziehungen zur Spitze hin zunehmen. Feindseligkeiten unter der Decke gehören dazu, in diesem Milieu gilt das brutale Gesetz des Stärkeren und Gewissenlosesten.

Die Menge des jeweils akkumulierten Kapitals bedeutet gleichzeitig eine Stufe der Macht, die mitbestimmt ist von der Intensität, Menge und Qualität der Miteigentümerschaften. Nicht zuletzt spielen auch politische, mediale, religiös-kirchliche und militärische Beziehungen eine Rolle. Es handelt sich, mit anderen Worten, um ein hierarchisches Netzwerk von Einheiten, die schon als Einzelne in ihren jeweiligen Sitzstaaten als »systemrelevant« gelten: Ein System der Systemrelevanten. Sie sorgen für sich selbst und übernehmen keine Verantwortung für den Rest. Sie anonymisieren sich und ihre Handlungen und bleiben für die große Öffentlichkeit unsichtbar.

Auf der obersten Ebene herrscht belebte Stabilität. Nach unten hin verändern sich die Beziehungen von der in etwa gleichgewichtigen Verfilzung in eine Abhängigkeit kleinerer Unternehmen von den größeren. Nach unten hin wird die Konkurrenz heftiger. Schon bald unterhalb der obersten Ebene beginnt die schrittweise Enteignung betrieblichen, öffentlichen und individuellen Eigentums (Aufkauf und Restrukturierung von Unternehmen, Privatisierung öffentlicher Unternehmen und Aufgaben, Infrastrukturfonds, Public Private Partnership, Lohn-, Transfer- und Rentenansprüche). Das System wird, je weiter wir nach unten gehen, immer instabiler, am untersten Ende herrschen Unsicherheit der Lebens- und Arbeitsverhältnisse, Armut, Verelendung und früher Tod. Die auf der obersten Ebene herrschende Gesetzlosigkeit (gemessen an demokratischen Standards), herrscht auf der untersten Ebene, aus anderen Gründen, ebenfalls.

---

8 | Vgl. Jonathan Nitzan/Shimshon Bichler: New Imperialism or New Capitalism? Review XXIX, 1/2006, S. 1-86; die kanadisch-israelische Forschergruppe hat ihren Ansatz durch detaillierte empirische Analyse der israelischen Wirtschaft entwickelt, siehe dies.: The Global Political Economy of Israel. London 2002.

Die enge Verflechtung der großen Privateigentümer stellt nicht nur ein vielfältiges, hierarchisch geordnetes ökonomisches Gebilde dar, sondern auch einen Machtkomplex. Der westlich geführten Kapitalmacht der Gegenwart geht es keineswegs, wie sie behaupten lässt, um die globale Ausbreitung der Demokratie und des Marktes und schon gar nicht um die Ausbreitung »des Kapitalismus«, sondern auch um die Enteignung anderer Kapitalismen, mithilfe welcher Methoden auch immer.[9]

DER KERNBEREICH

Forscher aus dem Bereich »Systemdesign« der Eidgenössischen Technischen Hochschule Zürich haben auf Grundlage der privaten Datenbank ORBIS aus 37 Millionen kapitalistischer Unternehmen die 43.000 größten ausgesucht. Unter diesen haben sie wiederum nach Besitz- und Machtverhältnissen die ihrer Meinung nach 1318 wichtigsten Konzerne ausgewählt. In einem dritten Schritt fanden sie heraus, dass gegenwärtig 147 multinationale Konzerne den Kern der westlichen Kapitalmacht bilden.

Über tausendfache gegenseitige Beziehungen und über (Mit-)Eigentum nach unten beherrschen sie die Weltwirtschaft, indem ihnen davon mit 40 Prozent der dynamische und konzentrierteste Teil gehört. Dreiviertel der Kerngruppe sind Finanzakteure, die wir zum Teil als Miteigentümer der Rating-Agenturen kennen: Barclays, Capital Group, Fidelity, Axa, State Street, JPMorgan Chase, Vanguard, United Bank of Switzerland, Merrill Lynch, Wellington, Deutsche Bank, Credit Suisse, Bank of New York Mellon, Natixis, Goldman Sachs, T. Rowe Price, Morgan Stanley, Mitsubishi, Northern Trust, Société Générale, Bank of America, Allianz, Massachusetts Mutual, ING, Nomura, Unicredito und andere. Auch die alte Investmentbank Schroder, der wir bei der Bank of International Settlements (BIS) während des Zweiten Weltkrieges begegnet sind und die lange aus dem Blick der Öffentlichkeit verschwunden war, findet sich hier immerhin auf Platz 33.[10]

9 | Vgl. Noam Chomsky: Hybris. Hamburg 2003; ders.: Eine Anatomie der Macht. Hamburg 2004; Michel Chossudowsky: Nuclear War against Iran, http:/global research.ca/index.php?context=va&aid=1714, gelesen 20.9.2010.

10 | Stefania Vitali u.a.: The network of global corporate control, ETH Zürich 10/2011. Die Daten stammen aus dem Jahr 2007. Die Daten konnte ich nicht einsehen, sie werden von einem privaten Institut nur gegen erhebliche Bezahlung und

Dabei bezeichnen die Namen wie Barclays und Deutsche Bank nur eine nostalgische Erinnerung an ein Unternehmen, das es unter diesem Namen einmal gab. Gegenwärtig bezeichnen diese Namen einen Knotenpunkt zahlreicher, meist anonymisierter Eigentümer- und Machtbeziehungen. Letztere sind von den Schweizer Forschern nicht untersucht, jedenfalls nicht veröffentlicht worden – da wäre es erst wirklich interessant geworden.

Wir müssen diese angedeutete Struktur der Kapitalmacht nicht als Ergebnis einer Verschwörung interpretieren. Freilich bedeutet die gezielt außerhalb der Demokratie und Öffentlichkeit aufgebaute Heimlichkeit, dass professionelle Verdunkelung und Geheimoperationen zum Geschäftsmodell gehören. Ich würde das so sagen: Diese anonymisierte, dem Rechtsstaat und der demokratischen Gestaltung entzogene, zugleich staatlich beschützte, wettbewerbsfeindliche, globale Kapitalmacht ist die logische Folge des kapitalistischen, westlichen Privateigentums. Es hat sich allerdings im Unterschied zur Entstehungszeit in eine tiefgestaffelte, systemisch geschützte Zone geflüchtet. Das bedeutet letztlich auch eine Anfälligkeit.

Eine Besonderheit besteht heute darin, dass der ökonomische Kapitalismus sich mit den unterschiedlichsten, politisch-ideologischen Machtformen verbinden kann: Kapitalismus verbindet sich heute ebenso gut mit feudalen, monarchischen, despotischen wie mit demokratisch-parlamentarischen Systemen, auch mit christlichen, islamistischen, zen-buddhistischen und zionistischen Kirchen oder Staaten ebenso wie mit sich konservativ, sozialdemokratisch und sozialistisch nennenden Parteien, ja sogar mit einer kommunistischen Partei; und unter all diesen sind wieder die verschiedensten Kombinationen möglich.

Angesichts dieser Lage können wir die Naivität und Empirieresistenz bestimmter kapitalismuskritischer Kritiker beurteilen, die wie Michael Hardt und Antonio Negri von der schwindenden Bedeutung des Staates sprechen, dass es zudem im kapitalistischen »Empire« keine Machtkonzentration gebe und dass schließlich deshalb der antikapitalistischen Opposition der Gegner abhanden gekommen sei.[11]

---

mit wesentlichen Geheimhaltungsauflagen herausgegeben. Meine Anfrage an die ETH, einige Daten einsehen zu können, wurde nicht beantwortet.

11 | Vgl. Michael Hardt/Antonio Negri: Empire. Die neue Weltordnung. Frankfurt a.M. 2002.

Hedgefonds Blackrock

Der Hedgefonds Blackrock ist der zweitgrößte Miteigentümer der beiden Rating-Agenturen S&P und Moody's und gibt ihnen laufend Aufträge, um die eigenen Finanzprodukte zu bewerten. Gründer Lawrence Fink von der Investmentbank First Boston gilt als Erfinder der Wertpapiere, die aus verbrieften Hypothekenkrediten gebündelt werden und mit denen die Finanzkrise 2007 ausgelöst wurde. Blackrock ist eine Ausgründung aus dem Private Equity Fonds Blackstone. Von 2008 bis 2010 verdreifachte sich das verwaltete Vermögen des größten Vermögensverwalters der Welt auf 3,65 Billionen US-Dollar.

Das Prinzip »shareholder value« gilt nicht mehr. Blackrock verkörpert zusammen mit anderen Hedgefonds den Machtwechsel: Die Banken, auch die größten Investmentbanken, sind nun zweite Garde, sie gehören jeweils weitgehend denselben Hedgefonds, und die Banken freuen sich, wenn sie den Hedgefonds für deren riskante und unregulierte Geschäfte Kredite geben dürfen.

Blackrock ist Miteigentümer hunderter Banken und Konzerne aus dem Index Standard & Poor's 500, auch zum Beispiel Großaktionär der Deutschen Bank und aller 30 größten deutschen Unternehmen, die im DAX gelistet sind. Blackrock ist der größte Einzelaktionär der Deutschen Börse und damit auch der schattenhaften, privaten Finanzkoordination Clearstream in Luxemburg.[12] Blackrock »hat beste Verbindungen zur US-Regierung und gilt neben Goldman Sachs als einflussreichstes US-Finanzhaus«.[13] US-Finanzminister Timothy Geithner holte sich Blackrock etwa für die Abwicklung der bankrotten Investmentbank Bear Stearns und des bankrotten Versicherungskonzerns American International Group (AIG) und honorierte Blackrock mit 180 Millionen Staatsknete. Blackrock berät auch die US-Zentralbank. Die juristischen Sitze der hunderte Firmen und rechtlich selbstständigen Fonds, aus denen sich Blackrock zusammensetzt, befinden sich zu neun Zehnteln in der

---

12 | www2.blackrock.com, Annual Report 2010, gelesen 24.11.2011; www.sec. gov, Abfrage Blackrock, gelesen 24.11.2011; Heike Buchter: Machtwechsel, in: Die Zeit 5.5.2011; Die heimlichen Herren des Dax, in: Handelsblatt 1.6.2011; Viktoria Unterreiner: Blackrock verwaltet weltweit den größten Reichtum, in: Die Welt 24.4.2011.

13 | Interview mit Bob Doll, Chefstrategie von Blackrock, in: Handelsblatt 27.7.2011.

Finanzoase Delaware. Blackrock hat mit 9000 Beschäftigten in 25 Staaten vergleichsweise sehr wenig Personal.

Das Blackrock-Datensystem Aladdin – 5000 Großrechner in vier geheimen Rechenzentren – soll das größte und schnellste im Finanzsektor sein. Auf Knopfdruck sind tausendstelsekündlich die Werte aller Wertpapiere weltweit abruf- und vergleichbar und nach jeweils gewünschten Kriterien mit der Entwicklung aller zum Vergleich ausgewählten Wertpapiere in Beziehung zu setzen. Blackrock bereitet ein internes Handelssystem vor, das von den regulierten Börsen und Banken vollständig getrennt ist; der größte »dark pool« der Welt.

»Es gibt zwei Supermächte auf der Welt, die USA und Moody's. Die Vereinigten Staaten können dich zerstören, indem sie Bomben auf dich werfen. Moody's zerstört dich, indem es das Rating deiner Bonds herabsetzt. Und es ist nicht immer klar, wer von beiden mächtiger ist,« meinte der US-Journalist Thomas Friedman schon vor Jahren in der New York Times.[14]

Was so radikal kritisch klingt, ist in Wirklichkeit eine Verschleierung, denn Friedman blendet aus, wem die Rating-Agenturen gehören, wer die Bomben produziert und gegen wen und warum die US-Regierung sie einsetzt. Außerdem lässt sich die rhetorische Frage Friedmans, wer mächtiger sei, leicht beantworten: Beide Akteure gehören zur westlichen Kapitalmacht. Der eine stützt sich auf den anderen. Und die New York Times gehört dazu: Auch sie gehört denselben Eigentümern wie die Rating-Agenturen. Das schließt keineswegs aus, dass die Zeitung in sehr gut recherchierten Artikeln Betrügereien an der Wall Street anprangert, das Finanzsystem stellt sie dabei allerdings nicht infrage.[15]

Ich möchte es an dieser Stelle nur andeuten: Nicht nur Rating-Agenturen, Unternehmensberater, Wirtschaftsprüfer und große Wirtschaftskanzleien sind Stützen des Systems. Die westliche Kapitalmacht hat sich nie zuvor mit so vielen sozialistisch und sozialdemokratisch sich bezeichnenden Parteien geschmückt und abgesichert wie in ihrer jetzigen, neoliberalen Phase. Wie viel Moral und Restmoral wurde dabei zerstört? Noch nie zuvor haben Unternehmen und Banken so viele Kultur-, Sozial-, Charity-, Wissenschafts- und Musikstiftungen unterhalten, Medienpreise ver-

---

14 | Süddeutsche Zeitung 6.7.2011.
15 | Roger Lowenstein: Triple A-Failure. The Rating Game, in: New York Times Magazine 28.4.2008.

teilt, noch nie so viele Lobbyisten losgeschickt, Hochschulen gegründet und unterwandert und Politiker professionell umgarnt und bestochen wie gegenwärtig.[16]

Wem gehört die New York Times?

Die New York Times ist das Leitmedium der westlichen Wertegemeinschaft, jedenfalls was den Printbereich und die breit gefächerte Schicht der Intellektuellen betrifft. Da kommen durchaus qualifizierte und kritische Meinungen vor, etwa die Kolumnen des Ökonomen und Nobelpreisträgers Paul Krugman. Die Zeitung publizierte auch brisante Enthüllungen über besonders widerliche Aktionen der US-Armee im Irakkrieg. Das politische und wirtschaftliche US-System und der Krieg selbst aber werden nicht infrage gestellt. Ein Abklatsch dieser Struktur ist »Der Spiegel« in Deutschland. Der New York Times Konzern verlegt neben der New York Times 18 weitere Zeitungen wie International Herald Tribune und Boston Globe. Weiter gehören zum Konzern zahlreiche Websites, Radio- und TV-Sender und Zeitschriften.

Das Unternehmen ist seit 1967 als Aktiengesellschaft an der Börse New York notiert. Die Gründungs- beziehungsweise Erbenfamilie Ochs-Sulzberger hat zwar die Mehrheit im Vorstand, doch die Mehrheit der Aktien gehört anderen Investoren. Der damalige Großaktionär, die Investmentbank Morgan Stanley, kritisierte 2006 die Linie des Blattes, das sich vorsichtig von der US-Kriegsführung unter Präsident George W. Bush im Irak absetzte. Die Bank verkaufte aus Protest ihre Anteile, und die Familie Sulzberger zog ihr Geld bei dieser Bank ab. Die Eigentümer sind nun vor allem diverse Hedgefonds, die vielfach auch Anteile an den Rating-Agenturen haben: T. Rowe Price, Value Act Holdings, Vanguard Group, Citadel Advisors, Blackrock, State Street, Global Thematik Partners, Goldman Sachs, IShares und andere.[17] 2003 wurde der damalige Europa-Manager des von arabischen Investoren gegründeten

---

16 | Vgl. Werner Rügemer: Wirtschaften ohne Korruption? Frankfurt a.M. 1996; Greg Palast: The Best Democracy Money Can Buy. London 2002; Mark Pieth/Peter Eigen (Hg.): Korruption im internationalen Geschäftsverkehr. Neuwied 1999; Sascha Adamek/Kim Otto: Der gekaufte Staat. Köln 2009; Albrecht Müller: Meinungsmache. München 2009; www.lobbycontrol.de, gelesen 22.2.2012.

17 | www.finance.yahoo.com/q/mh?s=NYT+Major+Holders, gelesen 7.11.2011; IShares gehört zu Blackrock.

Hedgefonds Investcorp (Sitz: London), Thomas Middelhoff (Bertelsmann, dann Oppenheim und Karstadt/Quelle), Mitglied im Aufsichtsrat. Der gleiche Typus und teilweise dieselben Eigentümer finden sich, nicht überraschend, etwa auch bei anderen Leitmedien der westlichen Welt wie dem TV-Konzern CNN und den Nachrichtenagenturen Reuters und Bloomberg. Scheinbar anachronistisch aber systemkompatibel ist die Lage bei Dow Jones und dem Wall Street Journal: Sie gehören dem Konzern News Corporation des Medientycoons Rupert Murdoch.[18]

---

18 | Der Freundeskreis von Chipping Norton, in: Frankfurter Allgemeine Zeitung 20.7.2011.

VI. Rating: Die Kriterien

Die Eigentums- und Machtverhältnisse sind eine der Dimensionen, um die Rating-Agenturen zu charakterisieren. Weitere Dimensionen sind ihre Bewertungskriterien und ihre Arbeitsweisen. Ihnen wende ich mich nun zu. Dadurch gewinnen wir weitere Einblicke in die westliche Kapitalmacht.

Objekte des Ratings

Die Agenturen erteilen Noten für Aktien und Zertifikate, für Kredite und Anleihen von Unternehmen und Staaten sowie für eine Unzahl heutiger »strukturierter Finanzprodukte«: Das sind verbriefte Konsumenten- und Hypothekenkredite, Public Private Partnership-Mieten, Collateralised Debt Obligations (CDO), Credit Default Swaps (CDS), Asset Backed Securities (ABS), Zinswetten und andere. In diesen Finanzprodukten manifestiert sich, rein formal gesehen, durchaus professionelles Knowhow.

Die Agenturen erteilen ihre Ratings also für verschiedenste Formen dessen, was wir traditionell als Kredit bezeichnen, als finanzielle Verpflichtung gegenüber einer Gegenseite, einem Geschäftspartner.

Bewertet werden aber auch die Käufer und Verkäufer der Wertpapiere, also private Unternehmen wie Banken, Konzerne und Mittelständler, öffentliche Unternehmen, Staaten, Bundesländer und Städte, und zwar daraufhin, wie sicher sie ihre Kredite und Anleihen in der nächsten Zeit der Gegenseite zurückzahlen können.

Kein Unternehmen und kein Staat ist verpflichtet, sich ein Rating zu besorgen. Aber die Tatsache, dass ein Unternehmen sich ein Rating gekauft hat, stellt schon von sich aus ein gewisses Gütesiegel dar, während ein Unternehmen ohne Rating ein schlechteres Ansehen hat. Insofern entsteht ein mehr oder weniger sanfter Druck, sich dem Benotungssystem zu unterwerfen, auch wenn dazu aktuell kein besonderer Anlass besteht. Aber welcher Staat, welche Stadt, welches Unternehmen und vor allem welche Bank kommt im gegenwärtigen Kapitalismus ohne ständige Kreditaufnahme aus, und wenn es nur dazu dient, die Zinsen für alte Kredite begleichen zu können?

Die Noten-Systematik

Die drei Agenturen verwenden ein Notensystem mithilfe von Buchstaben und Ergänzungszeichen in Gestalt von Ziffern, Minus- und Pluszeichen. Auf diese Weise entsteht eine Notenskala mit etwa zwei Dutzend Abstufungen. Sie reichen beispielsweise von AAA (Triple A = Bestnote), AA+, AA, A+ etc. über BBB, BB+ etc. bis D (Default = Ausfall).[1] Damit wird die zukünftige Zahlungsfähigkeit (auch Bonität genannt) der Kreditnehmer und Wertpapiere bewertet: Wie hoch ist die Wahrscheinlichkeit des Zahlungsausfalls?

Die Noten können durch Anmerkungen ergänzt werden: »outlook stable« (Ausblick stabil) oder »outlook negative« (mögliches »downgrade« demnächst). Eine ähnliche Bedeutung hat der Zusatz »on watch« (unter Beobachtung, neues Rating innerhalb von 90 Tagen). Unterschieden wird auch nach kurzfristigem und langfristigem Rating.

Alle Noten von AAA bis BBB bedeuten zugleich »investment grade« (zum Kaufen oder Investieren geeignet). In zahlreichen nationalen und internationalen Regelwerken bedeutet dies, dass beispielsweise Pensions- und Investmentfonds nur solche Anleihen und Wertpapiere in ihrem Bestand halten dürfen. Alle finanziellen Verpflichtungen, die mit BB, C und D bewertet werden, gelten als »non investment grade« oder »speculativ grade« (zum Kaufen oder Investieren ungeeignet) oder auch als »junk bonds« (Ramschanleihe), dürfen also von bestimmten Finanzakteuren nicht gehalten oder gekauft werden. Kreditversicherungen, Aktien und die verschiedensten Wertpapiere sowie Banken, Unternehmen, Kommunen und Staaten hängen von solchen Ratings ab, auch Zentralbanken, Bankenaufsichten und internationale Finanzinstitutionen wie der IWF und die BIS richten sich danach.

---

1 | Ich halte mich hier der Einfachheit halber an die Notenskala von Standard & Poor's; die Skalen der anderen beiden Agenturen weichen davon geringfügig ab; eine genaue Vergleichsdarstellung siehe Wikipedia, Stichwort »Rating«.

Die Benotung erfolgt bei oder vor Beginn des Kreditverhältnisses oder des Verkaufs und dann im Laufe der Zeit immer wieder, sei es regelmäßig, etwa jährlich, oder aus besonderem Anlass. Denn die Bonität, die Zahlungsfähigkeit eines kreditnehmenden Konzerns oder Staates kann sich bekanntlich ändern.

Aus diesem differenzierten Benotungsschema ergeben sich nach den Vorgaben in den genannten Regelwerken und in der Praxis der Finanzindustrie die Bedingungen für die Kreditvergabe, zum Beispiel der Zinssatz für die bestehenden und für neu aufzunehmende Kredite. Dabei gilt das einfache Prinzip: Je besser die Note, desto niedriger der Zins; je schlechter die Note, desto höher der Zins. So bedeutete beispielsweise im Jahre 2011 bei fünfjährigen Staatsanleihen die Note AAA für den Staat Bundesrepublik Deutschland einen Zinssatz von 2,7 Prozent, während die Note BAA1 für Portugal einen Zinssatz von 9,9 Prozent bedeutete.[2]

Die Ratings werden den Auftraggebern in umfangreichen Dokumenten mitgeteilt, werden aber auch auf andere Weise veröffentlicht: Als Werbeargument für Geldanlagen, sei es intern an ausgewählte Kunden oder in öffentlich verteilten Verkaufsprospekten, in Kurzfassung auf den Websites der Agenturen, als Mitteilung an Abonnenten, über spezialisierte Finanzinformationsdienste wie Bloomberg und Reuters und mithilfe von Pressemitteilungen an die allgemeinen Nachrichtendienste und Medien.

DIE RATING-KRITERIEN

Die Rating-Kriterien sind eine Wissenschaft für sich, sie sind streng objektiv und werden von den Auftraggebern und auch von politischen Kräften nicht beeinflusst, so behaupten jedenfalls die Agenturen selbst. Da wollen wir doch einmal genauer hinsehen.

Rating als Geschäftsgeheimnis

Die veröffentlichten Ratings beruhen vor allem auf den Bilanzen und Haushalten der letzten Jahre, Investitionen, Umsatz, Kosten und Einnahmen in Vergangenheit und Zukunft, Liquiditätsentwicklung, Krediten und Eigenkapital, den wichtigsten Verträgen. Untersucht werden

---

2 | Moody's spielt weiter die Kassandra, in: Frankfurter Rundschau 5.4.2011.

ebenso Qualität des Managements, Zahl und Qualifizierung des Personals, Rechnungswesen, Controlling, Kunden und Lieferanten, Marketing und Vertrieb, Branchenumfeld und Produktivität, so sagen die Agenturen.

Das ist für die Bewertung eines Unternehmens gewiss notwendig und »normal«. Entscheidend ist aber, aus welcher Perspektive die Daten interpretiert und wie sie gegeneinander gewichtet werden. Hier herrscht Intransparenz, wie immer wieder festgestellt wird.[3] Die Agenturen behandeln ihre Matrix als Geschäftsgeheimnis. Sie wird den bewerteten Unternehmen nicht mitgegeben; auch gegenüber Staaten ist dies nicht der Fall. Deswegen ist es auch nicht möglich, ein Rating gerichtlich überprüfen zu lassen.[4]

Überschlagsweise können wir schon feststellen: Es herrschen die Interessen privater Eigentümer, die ihre Geschäftsgeheimnisse keiner demokratischen Prüfung unterziehen lassen, und zwar zweifach: Erstens das Interesse des privaten Kreditgebers und zweitens das Interesse der privaten Rating-Agentur. Das Wohl der Volks- oder gar Weltwirtschaft spielt logischerweise keine Rolle, ebenso nicht das Wohl der Beschäftigten und Unbeschäftigten oder die Wirkung auf Demokratie und Umwelt.

Wir wollen an dieser Stelle nicht zu viel interpretieren. Aber es ist ziemlich einfach, das Wesen der Ratings zu verstehen. Die Agenturen helfen uns freundlicherweise dabei.

Das Risiko des Kreditgebers

So informiert uns etwa Moody's auf seiner Website über die zwei wesentlichen Kriterien, auf denen jedes Rating beruhe.

Das erste Kriterium lautet: »Wie hoch ist das Risiko des Kreditgebers, diesen besonderen Kredit[5] nicht mit Zins und Tilgung rechtzeitig zurück-

---

3 | Vgl. Marwan Elkhoury: Credit Rating Agencies and their Potential Impact on Developing Countries. UNCTAD Papers Nr. 186, Januar 2008, S. 4, www.unctad.org/en/docs/osgdo20081_en.pdf, gelesen 20.10.2011.
4 | Wildmoser, Gerhard u.a.: Haftung von Ratingagenturen gegenüber Anlegern?, in: Recht der Internationalen Wirtschaft 10/2009, S. 660.
5 | Damit sind nicht nur Kredite im engen, traditionellen Sinn, sondern alle heutigen Finanzprodukte und »Wertpapiere« gemeint.

zubekommen?«[6] Die Agentur kümmert sich also nur um das Risiko des Kreditgebers, nicht des Kreditnehmers. Die Agentur hat das Wohl des Kreditgebers im Auge, der zugleich der Auftraggeber des Ratings ist.

Die Agentur geht somit nicht der Frage nach, unter welchen Bedingungen der Kreditgeber den Kredit vergeben hat: Hat er die langfristige Zahlungsfähigkeit des Kreditnehmers überhaupt genau geprüft, beispielsweise Einkommen, Ausgaben und mögliche Veränderungen? War die Kreditvergabe von heimlichen Vergünstigungen, von Insidergeschäften, von Einflussnahme auf Unternehmensvorstände oder Regierungsmitglieder begleitet? Wurde ein seriöser Rückzahlungsplan rechtsverbindlich vereinbart? Hat, mit anderen Worten, der Kreditgeber eine Mitschuld daran, dass der Kreditnehmer zahlungsunfähig werden kann? Solche Fragen werden von einer Agentur nicht gestellt.

Die Agentur berücksichtigt auch nicht, was mit dem Kreditnehmer passiert, wenn er wegen einer schlechteren Benotung nun höhere Zinsen zahlen, Personal entlassen, Löhne senken und Eigentum verkaufen muss und sich damit möglicherweise in eine noch schlechtere Lage manövriert.

Die einseitige Bindung an den Kreditgeber zeigt sich auch daran: Die Agenturen beraten sich nur mit dem Kreditgeber (und mit dem Verkäufer von Wertpapieren etc.), der das Rating in Auftrag gegeben hat. »Das Ratingverfahren bedeutet einen aktiven, fortgesetzten Dialog zwischen dem Kreditgeber (issuer) und den Analysten.«[7]

Dabei wirkt das Prinzip der »adverse selection« (negative Auswahl). Der Ökonom George Akerlof, Wirtschaftsnobelpreisträger 2001, hat den an sich banalen Tatbestand wissenschaftlich untersucht und bestätigt, dass ein Verkäufer oder Schuldner logischerweise dazu neigt, gegenüber dem Kreditgeber die für ihn günstigen Daten herauszustellen und ungünstige zu verschweigen.[8]

6 | www.moodys.com/ratings-process/Ratings-Definitions/002002, gelesen 19.8.2011.

7 | www.moodys.com/ratings-process/Ratings-Definitions/002002, gelesen 19.8.2011.

8 | George A. Akerlof: The Market for »Lemons«: Quality Uncertainty and the Market Mechanismus, in: Quarterly Journal of Economics 3/1970, S. 488ff.

Wahl des günstigsten Risikos

Das zweite Kriterium lautet: »Wie hoch ist das Risiko für diesen besonderen Kredit im Vergleich mit allen anderen Krediten des Kreditgebers?«[9]

Wir sehen, dass auch hier allein die Interessen der Kreditgeber leitend sind und dass das gesamte Geschäftsmodell der Finanzindustrie auf Risiko aufbaut. Es werden so viele Kredite vergeben wie möglich, es werden so viele Unternehmens- und Staatsanleihen gekauft und verkauft wie möglich, es werden so viele Derivate ge- und verkauft wie möglich.

Den Kreditgebern ist klar, dass sie damit mehr Verbindlichkeiten in Umlauf bringen, als letztlich erfüllt werden können. Aber je mehr Verbindlichkeiten und Forderungen die Finanzakteure erst einmal »im Markt« unterbringen können, desto höher ist ihr Gewinn. Die finanzielle und wirtschaftliche Kraft der Unternehmen, Staaten, Anleger und Konsumenten wird bewusst überdehnt und überfordert. Und gerade wenn sich diese Überforderung zu zeigen beginnt, die Rückzahlungsfähigkeit schwindet und die Ratings sinken, dann steigen die Kosten der Rückzahlung und das besonders lukrative Geschäft beginnt.

Deshalb wollen die Emittenten wissen, welche der prinzipiell immer unsicheren Kredite vergleichsweise am wenigsten unsicher sind. Die Emittenten wollen das wissen, um entscheiden zu können: Welchen Kunden, welches Unternehmen, welchen Staat, welche Bank, welchen »Geschäftspartner« kann ich weiter überfordern wie bisher? Welchen lieber nicht? Das kann beispielsweise die Frage beinhalten: Welche bankrotten Banken und Unternehmen werden vom Staat gerettet, sind also sicher? Welche werden vermutlich nicht vom Staat gerettet, sind also eher unsicher? Welche der besonders unsicheren Wertpapiere sortiere ich deshalb lieber aus und welche etwas weniger riskanten Wertpapiere behalte ich?

Systemische Überschuldung

Das Geschäftsmodell der Finanzakteure, unterstützt durch die Agenturen, ist nicht darauf angelegt, die Schulden der Unternehmen, Staaten und Anleger zu verringern. Im Gegenteil: Je mehr, höher und längerfristiger die Schulden sind, desto besser – jedenfalls für die Finanzakteure und Agenturen.

---

9 | www.moodys.com/ratings-process/Ratings-Definitions/002002, gelesen 19.8.2011.

Sie sind an Schuldenabbau nicht interessiert, sondern an Schuldenvermehrung und damit auch an ständig neu vergebenen Ratings. Sie wollen lediglich, dass die Schuldner unter allen Umständen ihren Verpflichtungen nachkommen können. Die Rückzahlungsfähigkeit soll gewährleistet werden, unabhängig davon, ob dabei die Schuldner – Unternehmen, Privatpersonen oder Staaten – im Extremfall zugrunde gehen. Es handelt sich um eine professionelle »Schuldenfabrik« (debt factory).[10]

So wird verständlich, dass seit Jahrzehnten die immer weitere Verschuldung auch der führenden Staaten, Banken und Unternehmen vorangetrieben wird. Das passiert auch und gerade bei den Unternehmen, Banken und Staaten, die die besten Noten bekommen, allen voran die USA, Japan, Großbritannien und Deutschland. Auch die am höchsten verschuldeten Banken und Konzerne bekommen die besten Noten, unter der Bedingung, dass sie auch neue Kredite zurückzahlen können. Wachsende, nie mehr rückzahlbare »Altschulden« sind kein Hindernis für die besten Ratings.

Bekanntlich ist wegen des prinzipiellen und weiter wachsenden Risikos, dass Kredite nicht oder nicht vollständig zurückgezahlt werden, ein Zweig der Finanzindustrie ausgebaut worden – die Kreditversicherung: Ein Kreditgeber zahlt einer Versicherung oder einem anderen Finanzakteur eine Gebühr, damit im Falle der Zahlungsunfähigkeit des Kreditnehmers der Kreditgeber den Verlust ersetzt bekommt. Die Versicherungsgebühr für einen Kredit hat in der spekulativen Finanzwelt heute aber lediglich »symbolischen« Wert. Sie ist nicht ernst gemeint, jedenfalls nicht als das, was man im Allgemeinen als Versicherung bezeichnet.

So wissen wir aus der letzten Finanzkrise, dass der größte Verkäufer von Kreditversicherungen die American International Group (AIG) war. Hunderte Finanzakteure zahlten für hunderttausende Kredite an AIG eine Versicherungsgebühr. Damit musste AIG zahlen, wenn ein Unternehmen oder ein Staat den Kredit oder die Anleihe nicht zurückzahlen konnte. Weil das Geschäft blühte, gaben die Rating-Agenturen AIG und den gehandelten Kreditversicherungen gute Noten.

AIG konnte allerdings beim Eintreten des Versicherungsfalls nicht zahlen. AIG hatte keine ausreichenden Rücklagen gebildet. Das konnte

---

10 | Vincent Manzerolle: The Virtual Debt Machine. Towards an Analysis of Debt and Abstraction in the American Credit Crisis, in: special issue »Capitalist Crisis, Communication and Culture«, www.triple-c.at, gelesen 28.8.2011.

man schon vor der Krise aus den Bilanzen von AIG leicht herauslesen. Weil der Staat solche Betrügereien im Interesse des Finanzstandortes förderte, »musste« er AIG retten. Der Staat zahlte deshalb im letzten Quartal 2008 über 90 Milliarden Dollar an AIG. Diese Steuergelder retteten letztlich aber die Kreditgeber, die sich symbolisch und mit Wissen der Rating-Agenturen bei AIG versichert hatten: Deutsche Bank, Société Générale, Barclays, Goldman Sachs und andere.[11]

Es erübrigt sich wohl, zu bemerken, dass auch das Unternehmen AIG aufgrund seiner »blühenden« Geschäfte bis zuletzt von den Rating-Agenturen eine gute Note bekam. Jeder Finanzakteur wusste oder konnte wissen, dass AIG im Versicherungsfall nicht zahlen konnte. Die Rating-Agenturen wussten das in besonderem Maße, da sie bei den fraglichen Wertpapieren eine Versicherung bei AIG zur Bedingung für ein gutes Rating gemacht hatten. Dieses Wissen ging aber nicht in die Ratings ein.[12]

Mathematik & Amnesie

Die Bewertungen werden auch mithilfe von mathematischen Risikomodellen erstellt. Die Agenturen beschäftigen zahlreiche Finanzmathematiker und berufen in ihre wissenschaftlichen Beiräte zahlreiche Mathematikprofessoren (vgl. Seite 59). Das soll Objektivität, Neutralität und Wissenschaftlichkeit suggerieren. Für eine zeitlich und räumlich eng begrenzte Situation, während der sich die Umstände nicht ändern, mag dies hilfreich sein, um ein einzelnes Unternehmen, einen einzelnen Staat oder ein einzelnes Wertpapier zu bewerten. Dabei gehen die Agenturen aber von einer »Normalverteilung« der Risiken aus, die historisch eingetretenen Krisen werden ausgespart. Die »Normalverteilung« beruht nur auf den Entwicklungen vor und nach den Insolvenzen und Krisen.[13]

Das finanzmathematische Black-Scholes-Modell, das im Prinzip von Investmentbankern, Hedgefondsmanagern und Rating-Analysten immer

---

11 | Wilfried Ecks-Dorna: AIG-Milliarden an die Deutsche Bank: Nur eine Anzahlung?, in: Wirtschaftswoche 16.3.2009.

12 | Nouriel Roubini/Stephen Mihm: Das Ende der Weltwirtschaft und ihre Zukunft. Frankfurt a.M./New York 2010, S. 269.

13 | Helmut Siekmann: Die Finanzmarktaufsicht in der Krise. Institute for Monetary and Financial Stability, Working Paper Nr. 41/2010, S. 12.

noch zugrunde gelegt wird, beruht auf dem naturwissenschaftlichen Theorem der Brown'schen Bewegung: In einem geschlossenen chemischen, physikalischen, molekularen System (Gas- und Wasserbehälter, Zelle, Atom und andere) finden ständige, unzählige Bewegungen der Teilchen statt, aber das System bleibt im Gleichgewicht. Die Übertragung auf die kapitalistischen »Märkte« ist aber unzulässig und hat seine Unbrauchbarkeit bewiesen. Insbesondere wird bei dieser Übertragung die Ebene bewusster menschlicher Entscheidungen ausgeblendet; dass Entscheidungen auch falsch oder sogar kriminell sein können, bestätigt den Unterschied.[14]

Die Erfinder des Black-Scholes-Modells bekamen dafür den Nobelpreis und damit eine höhere Weihe, die in der Finanzbranche gern gesehen wurde. Aber nicht zuletzt der Bankrott des von Myron Scholes und dem Finanzmathematiker Robert Merton mitbegründeten Hedgefonds Long Term Capital Management (LTCM) zeigte die Unbrauchbarkeit des Modells recht praktisch (vgl. Seite 122).

Der Haken ist nämlich: Die jeweilige kapitalistische Situation bleibt nicht dieselbe. Wegen der ständig weitergehenden Deregulierung, der Erfindung neuer Finanzprodukte und wegen der zunehmenden Verschuldung ändern sich die Anfangsbedingungen. Auch die den neoliberalen Akteuren so verhassten Gewerkschaften könnten intervenieren, neue Regierungen bringen eventuell gute oder schlechte Veränderungen, Weltmarktkonkurrenten könnten erstarken. Somit laufen die Modelle erstens den ständig bewusst vergrößerten Risiken und zweitens den externen Faktoren immer hinterher, weil sie sich nur auf die bisherige Erfahrung beziehen.

Das bedeutet: Die Agenturen sind blinde Akteure eines Systems, dessen fundamentale Gesetze sie gar nicht kennen, nicht kennen wollen oder, besser gesagt, gezielt professionell verleugnen. Der Horizont der Agenturen ist das Ende der letzten Krise, nach der im neuen Spiel in einer bestimmten Region oder Branche (Asien, Europa, IT-Branche, Immobilienbranche) eine Zeit lang ein Gleichgewicht herrscht oder zumindest vorgegaukelt und medial produziert wird. Die Agenturen arbeiten als professionelle Verdränger und Illusionisten. Motto: Nach der letzten Krise beginnt der Kapitalismus unschuldig und ganz neu.

---

14 | Wolfram Elsner: Der Beitrag des ökonomischen Mainstream zum Kasino-, Krisen- und Katastrophen-Kapitalismus, www.nachdenkseiten.de, gelesen 15.11.2011.

BANKEN-RATING: STAATSHILFE IST GUT

Die neoliberale Doktrin besagt unter anderem, dass die Privatwirtschaft am besten funktioniert und Wohlstand für alle bringt, wenn der Staat sich heraushält. Bekanntlich ist das aber eine Aussage, die einem etwas einfältigen Werbespruch ähnelt. Denn wenn als wichtig erachtete Banken und Unternehmen bankrott zu gehen drohen, dann ruft niemand lauter und selbstverständlicher als sie selbst nach der staatlichen Intervention. Das ist etwa in Deutschland nicht nur nach der Finanz- und Wirtschaftskrise 2007/2008 der Fall, sondern war auch 1931 schon so, als die Reichsregierung die Dresdner Bank, die Deutsche Bank und die Commerzbank rettete.[15] Der US-Finanzkonzern Citigroup und die Investmentbank Goldman Sachs wurden seit der Weltwirtschaftskrise 1928 insgesamt vier Mal staatlich gerettet.[16]

Deshalb gehört auch die Aussicht auf staatliche Hilfen zu den Rating-Kriterien. Die staatlichen Rettungspakete nach 2007 hatten die Agenturen zu positiven Ratings für eigentlich bankrotte Banken und Konzerne veranlasst. Und nach demselben Kriterium stufte Moody's 2011 die Bank of America, die Citigroup und Wells Fargo herab. Die Begründung lautete: Der US-Staat ist inzwischen durch die vorherige Bankenrettung so hoch verschuldet, dass er jetzt wahrscheinlich nicht mehr so viele Steuergelder zur Rettung bereithalten wird.[17]

Gegenüber den Staaten wird das Kriterium umgekehrt gehandhabt. So stuften die Agenturen den Staat Portugal herunter, nachdem in der Europäischen Union überlegt worden war, die privaten Kreditgeber zu einem (Teil-)Verzicht ihrer Forderungen zu zwingen. Ebenfalls werden Staaten herabgestuft, wenn sie wie Portugal und Griechenland staatliche Hilfen aus dem Rettungsschirm der EU erhalten oder erhalten sollen.[18] Banken werden somit anders und für sie vorteilhafter bewertet als Staaten.

---

15 | Werner Rügemer: 1931 wurden Dresdner Bank und Commerzbank schon einmal verstaatlicht – unter Hitler wurden sie profitabel reprivatisiert, in: junge welt 17.1.2009.

16 | Nouriel Rubini/Stephen Mihm: Das Ende der Weltwirtschaft und ihre Zukunft. Frankfurt a.M./New York 2010, S. 303f.

17 | www.moodys.com/research, gelesen 21.9.2011.

18 | www.moodys.com/Moodys-downgrades-Portugal-to-Ba2-with-a-negative-outlook, gelesen 5.7.2011.

Staaten-Rating

Wie schon erwähnt, waren seit Ende des 19. Jahrhunderts nur die Anleihen und Aktien von Privatunternehmen Gegenstand professioneller
Bewertung. Dies änderte sich endgültig seit Mitte der 70er Jahre des 20.
Jahrhunderts. Auch Staaten beziehungsweise Staatsanleihen werden seitdem von den Agenturen bewertet. Dafür kamen folgende Entwicklungen
zusammen:

Erstens verstanden die »westlichen« Regierungen nach der neoliberalen Lehre zunehmend auch den Staat und die Städte als Konzerne, die
nach kommerziellen Prinzipien geführt werden müssen. Auch die Entwicklungsländer sollten sich dieser Auffassung anschließen beziehungsweise wurden durch die Kreditgeber und den Internationalen Währungsfonds (IWF) dazu gezwungen.

Zweitens legten die Regierungen seit den 80er Jahren eine wesentliche
Quelle staatlicher Einnahmen weitgehend trocken. Steuern auf Unterneh-
mens- und Bankgewinne, auf hohe Einkommen, Vermögen und Erbschaften wurden radial abgesenkt. Zum anderen gewährten die Regierungen
– auch in den untergeordneten Einheiten wie den Bundesländern und
Städten – den Privatunternehmen bei den Privatisierungen zahlreiche Ge-
winngarantien und vergaben verschiedenste Zuschüsse und Subventionen
an Unternehmen, zum Beispiel für Neugründungen, Auslagerungen und
für Forschung und Entwicklung.

Immer häufiger wurden und werden gescheiterte Unternehmen mit
staatlichen Mitteln gerettet. Entgegen der neoliberalen Theorie, aber folge-
richtig, entwickelten sich Staat und Privatwirtschaft deshalb zum Subven-
tions-Kapitalismus auf Kosten der lohnabhängigen Steuerzahler.[19] Eine galoppierende Verschuldung der Staaten und eine sich ständig ausweitende
Kreditaufnahme auf allen Ebenen war und ist die Folge.

---

19 | Vgl. Werner Rügemer: Privatisierung in Deutschland. Eine Bilanz. Münster
2008; ders.: Public Private Partnership. Anatomie eines globalen Finanzinstruments. Bielefeld 2011.

KOMMUNEN-RATING

Die Agenturen sind ständig auf der Suche, um für sich und ihre Kunden neue Kreditformen zu entwickeln und neue Kreditnehmer zu erschließen. Deutsche Bundesländer werden schon seit längerem mit Ratings versehen. Das gilt für die Kreditvergabe, aber auch beispielsweise für das sogenannte Cross Border Leasing mit Großstädten (vgl. Seite 124). Weil die Bundesländer für die Kommunen haften, machten die Investoren vertraglich ein regelmäßiges Rating der Bundesländer zur Bedingung: Wenn sich das Rating nicht nur der beteiligten Banken, sondern auch des jeweiligen Bundeslandes verschlechtert, müssen die Kommunen zusätzliche Sicherheiten beibringen. Dieser Fall trat inzwischen verschiedentlich ein, mit zusätzlichen Kosten für die Kommunen.[20]

Standard & Poor's fördert seit 2003 gemeinsam mit der Deutschen Bank in Deutschland die Einführung von Ratings auch für Kommunen und kommunale Unternehmen. Auch die anderen Rating-Agenturen drängen die städtischen Kämmerer: Die sollen sich für 50.000 oder 100.000 Euro ein Rating kaufen, damit sie zukünftig trotz wachsender Verschuldung noch Kredite bekommen.

So erwarb die Rating-Agentur Fitch vom Bundesamt für Statistik die Finanzdaten der 12.304 deutschen Kommunen (inbegriffen sind Kreise und Gemeinden) und hat für 11.426 von ihnen Bonitätsnoten in sechs Stufen zwischen »außerordentlich stark« und »sehr schwach« erteilt.[21] Den Kommunen soll nach US-Vorbild zudem der Weg eröffnet werden, selber Anleihen auf den Markt zu bringen. Die Agenturvertreter putzen nun die Klinke in den Rathäusern, um an Aufträge zu kommen. Auch die Vereinbarung Basel III fordert ein Kommunen-Rating.

Wie oberflächlich und verzerrend solche Ratings erstellt werden, macht der genannte Bericht von Fitch deutlich. Die Agentur erstellte die Ratings aufgrund der Daten der staatlichen Statistik zu Verschuldung, Einwohnerzahl, Einnahmen, Länderzuschüssen und ähnlichem. Aber, wie Fitch selbst erwähnt, fehlen wesentliche Daten: Zum einen fehlen die Anteile an den Schulden, die durch Finanzprodukte der Investmentbanken ver-

---

20 | Werner Rügemer: Cross Border Leasing. Lehrstück zur globalen Enteignung der Städte. Münster 2005, S. 27ff.

21 | Fitch Ratings. International Public Finance: Deutschland Special Report. Deutsche Kommunen – wichtige Rolle im Föderalen System 19.2.2009.

ursacht wurden und weiter verursacht werden, so die Cross Border Leasing Verträge und die Derivate-Verträge (Zinswetten).[22] Fitch stellt zwar wahrheitsgemäß, aber etwas nebulös fest, dass diese Verträge insgesamt »unvorteilhaft« für die Kommunen seien und »zu nicht unerheblichen Eventualverbindlichkeiten und einer zusätzlichen Belastung für die ohnehin desolaten Haushalte geführt« habe.[23]

Die Agentur gesteht weiter ein, dass sie die Bonität der Kommunen auch ohne einen weiteren, wesentlichen Schuldenfaktor beurteilt habe, der von Banken und Beratern forciert wird: Der steigende Trend zu Schattenhaushalten, also die Kreditaufnahme durch privatrechtliche Tochtergesellschaften der Kommunen wie Stadtwerke und Müllentsorgungsfirmen. Das führe, so Fitch, zu Intransparenz, der wirkliche Schuldenstand werde im kommunalen Haushalt deshalb nicht sichtbar.

Leider habe man all das aber nicht berücksichtigen können, stellt Fitch fest, weil das zu viel Arbeit gemacht hätte: Es hätte nämlich »zusätzliche Daten sowie einen Besuch der einzelnen Schuldner erfordert«.[24]

Aber man kann ja schon mal Noten verteilen und zart damit drohen, dass es in Zukunft wohl keine Kredite mehr geben wird, wenn nicht vorher das Gütesiegel einer Agentur gekauft wurde. Auf den auch sonst sehr geringen Arbeitsaufwand der Agenturen werden wir noch zurückkommen.

---

22 | Zu den Zinswetten vgl. Werner Rügemer: Kommunen wurden von Banken zu hochriskanten Zinswetten gedrängt, in: junge welt 13.9.2011.

23 | Fitch Ratings a.a.O., S. 5.

24 | Ebd.

VII. Rating: Die Arbeitsweise

Die Einseitigkeit der Agenturen zeigt sich auch in einer Fülle von spezifischen Praktiken. Von Objektivität kann keine Rede sein.

KREDITGEBER BEZAHLT DAS RATING

Wie schon erwähnt, gab die US-Finanzaufsicht SEC den drei großen Agenturen 1975 die Volllizenz. Dazu gehörte auch die Erlaubnis, die Finanzierung der Ratings umzustellen: Seitdem geben die Kreditgeber und die Emittenten von Wertpapieren das Rating in Auftrag und bezahlen dafür (Issuer-Pays-Modell). Die Gebühren pro Erst-Rating liegen in der Größenordnung zwischen 50.000 und 500.000 US-Dollar. Das Rating eines deutschen DAX-Konzerns kostet etwa eine Million. Ein jährliches oder zwischendurch erforderliches Monitoring wird je nach Aufwand berechnet, auch die Vertragskündigung kostet extra. In wichtigen, auch gesetzlich festgelegten Fällen sind die Ratings zweier Agenturen erforderlich, so dass die Gebühren doppelt anfallen.

Besonders hohe Gebühren zahlten die Emittenten für das Rating strukturierter Finanzprodukte und der dafür eingesetzten Structured Investment Vehicles (SIV). Sie sind das bevorzugte und routinemäßig eingesetzte juristische Konstrukt, mit dessen Hilfe Investmentbanken sowie Hedge- und Investmentfonds strukturierte Finanzprodukte wie CDO (Collateralized Debt Obligations) und CDS (Credit Default Swaps) aus den Bilanzen auslagern und vor dem Aufsichtsrat, der Finanzaufsicht und der Öffentlichkeit (ganz legal) verstecken.[1] Der juristische Standort eines

---

1 | Wer sich genauer informieren will, wie »strukturierte Finanzprodukte« funktionieren und wie mit ihnen zum Beispiel gleichzeitig auf Auf- und Abstieg von

SIV ist eine der üblichen Finanzoasen im US-Bundesstaat Delaware, den Cayman Islands oder dem Großherzogtum Luxemburg. Über SIV wurden und werden auch die Wertpapiere mit verbrieften Hypotheken- und Konsumentenkrediten ausgegeben. Für das notwendige Rating konnten 300.000 bis eine Million US-Dollar an Gebühren anfallen, wenn der Transaktionsumfang zwischen 300 Millionen und einer Milliarde lag. Das leisteten sich die Emittenten offensichtlich gerne, weil hier die erhofften Gewinne mithilfe eines guten Ratings besonders hoch waren.

Unter diesen Voraussetzungen – verbunden mit den im Folgenden geschilderten Praktiken – sind keine objektiven Urteile möglich. Das wäre in etwa so, wie wenn bei einem Basketball- oder Fußballspiel die eine Seite den Schiedsrichter mitbringen und bezahlen würde. Aus guten Gründen wird im Sport der Schiedsrichter von einer übergeordneten Sportorganisation bestimmt und auch bezahlt. Sogar kapitalismusfreundliche Ökonomen kritisieren den Bezahlmodus beim Rating: Es sei so, »als würde ein Professor Geld dafür nehmen, dass er seinen Studenten sagt, was sie lernen sollen, um in der Prüfung die besten Noten zu bekommen.«[2]

Diese Kritik wird seit vielen Jahren immer wieder vorgebracht. Doch sie hat die Finanzaufsichten und Regierungen genauso wenig wie die Wächter über die internationalen Regularien (Security and Exchange Commission, IWF, Bank of International Settlements (BIS), Europäische Kommission) zu Änderungen veranlasst.

SUGGESTIVES RATING

Die Agenturen greifen in die Gestaltung der von ihnen bewerteten Finanzprodukte ein. Die Kunden, zum Beispiel Investmentbanken, konnten in Vorbereitung der letzten Finanzkrise ihre Finanzprodukte solange ändern und nachbessern, bis freundlicherweise die Bestnote Triple A gewährt wurde. Die Agenturen unterstützen ihre Kunden, die Wertpapiere und Kredite auf das Ziel der besten Verkäuflichkeit und des besten Ratings hin zu ge-

---

Immobilienwerten gewettet wurde und wird, dem empfehle ich unter anderem Michael Lewis: The Big Short. Frankfurt a.M./New York 2010.

2 | Nouriel Roubini/Stephen Mihm: Das Ende der Weltwirtschaft und ihre Zukunft. Frankfurt a.M./New York 2010, S. 265.

stalten. Diese bekannte Verbindung von »Bewerten und Beraten« wird als »indicative rating« bezeichnet (suggestiv, hinweisend).

So halfen die Agenturen ihren Auftraggebern, die unterschiedlichen Tranchen von verbrieften Hypothekenkrediten – unterschiedlich nach der Zahlungsfähigkeit der Kreditnehmer – so zu mischen und zu gestalten, »dass dabei ein möglichst großes Volumen an AAA-Tranchen und folglich ein möglichst hoher Erlös aus dem Verkauf von CDO-Papieren entstand«.[3] »Oft probiert eine Bank zusammen mit ihrer Ratingagentur verschiedene Mischungen von Subprime-Hypotheken, angereichert mit besseren Wertpapieren wie Unternehmensobligationen, am Modell aus. Ergibt das Bewertungsmodell nach mehreren Versuchen immer noch ein unbefriedigendes Rating, wird es angeglichen, bis die neue Note dem Gusto des Kunden entspricht«, so der Topmanager einer Agentur.[4]

Die Agenturen haben diese Vorgehensweise auch nach dem Ausbruch der Finanzkrise nicht grundsätzlich infrage gestellt. Wir müssen deshalb davon ausgehen, dass diese Praxis allgemeinen Charakter hat.

RATING-ALCHEMIE

Die geschilderte Beratung enthält Praktiken, die als gezielte Täuschung bezeichnet werden können, beispielsweise die künstliche Aufwertung schlechter zu bewertender Hypothekenbündel. Das geschah etwa dadurch, dass die Agenturen »empfahlen«, für riskante Teile des Hypothekenbündels, denen sie eigentlich eine schlechte Note geben müssten, eine Kreditversicherung abzuschließen, damit sie eine bessere Note geben können. Dabei war der Agentur wie der Bank bewusst, dass die Kreditversicherung nur »symbolisch« war und die Versicherer, zum Beispiel die American International Group (AIG), gar nicht so viele Rücklagen bildeten, um im Versicherungsfall für den Schaden eintreten zu können.

Eine andere Verschönerungsmethode bestand darin, schlecht benotete Kredite aus verschiedenen Bereichen (zum Beispiel Immobilien, Autos, Kreditkarten) im selben Wertpapier miteinander zu mischen, weil es unwahrscheinlich sei, dass sie gleichzeitig nicht zurückgezahlt werden könn-

---

3 | Hans-Werner Sinn: Kasino-Kapitalismus. Berlin 2010, S. 179.

4 | Der Mechanismus der gegenwärtigen Finanzkrise. Wie kleine Kredite zum Milliardenrisiko werden, in: Wirtschaftswoche 7/2008, S. 49.

ten. Mit derselben Begründung wurden schlecht benotete Hypothekenkredite aus verschiedenen Regionen der USA miteinander in ein Wertpapier verpackt. Begründung: Die Situation in den Regionen sei so unterschiedlich, dass der Kreditausfall nicht gleichzeitig geschehen könne. Dafür fanden die Agenturen einen Fachbegriff: »squared« CDO, »quer-verpackte« CDO. Dass aber bei einer ökonomischen Rezession, die im Kapitalismus und auch in den USA bekanntlich regelmäßig eintritt, die Rückzahlung der Kredite für Häuser und Autos in verschiedenen Regionen eines Landes gleichzeitig ins Stocken gerät, ist ein wiederkehrendes Phänomen.

Mithilfe solcher Fiktionen erklärten die Agenturen »faule Kredite als sicher, die dann wiederum als Sicherheit für weitere Kredite hinterlegt werden konnten«.[5] So entstanden »überwiegend AAA-Tranchen, obwohl die ursprünglichen Kredite an die Hauseigentümer keinesfalls nur dieser Kategorie zuzurechnen waren«, stellt Wolfgang Hetzer fest, Leiter der Abteilung Strategic Assessment and Analysis im Europäischen Amt für Betrugsbekämpfung (OLAF).[6]

Efraim Benmelech und Jennifer Dlugosz, die 4000 CDO-Papiere durchforstet haben, kamen zu dem Ergebnis: 70 Prozent der Wertpapiere wurden mit Triple A bewertet, obwohl die zugrunde liegenden ABS-Papiere (Asset Backed Securities, Zahlungsansprüche, die durch Forderungen gedeckt sind) nur ein Rating von B+ hatten, also »non investment grade«; was bedeutet hätte, dass sie eigentlich nicht zu verkaufen gewesen wären. Benmelech und Dlugosz sprechen deshalb von der »Rating-Alchemie«.[7] Die Alchemie war im Mittelalter der geheimnisumwobene Versuch, mithilfe des »Steins der Weisen« Metalle in Gold zu verwandeln. Im Mittelalter ist dieser Betrugsversuch bekanntlich nicht erfolgreich gewesen, im »modernen« Kapitalismus scheinbar schon – das ist eben Fortschritt.

Gegenüber der nach jeder Krise aufkommenden Kritik argumentieren die Agenturen: Wir haben uns auf die Angaben der Kunden verlassen, wir sind nicht der Staatsanwalt und wir spielen nicht den Detektiv. Das wür-

---

5 | Wolfgang Hetzer: Finanzmafia. Wie Banker und Banditen unsere Demokratie gefährden. Frankfurt a.M. 2011, S. 152.

6 | Ebd., S. 157.

7 | Efraim Benmelech/Jennifer Dlugosz: The Alchemy of CDO Credit Ratings, in: Journal of Monetary Economics 7/2009, S. 617ff.

de aber bedeuten: Das Gütesiegel der Agenturen ist »nur ein Abklatsch« dessen, was die Kunden über sich selbst und ihre Wertpapiere behaupten.[8]

Rating ohne Kundenauftrag

Es sind aber nicht nur der Bezahlmodus und die Suggestivmethode, die ein objektives Urteil verhindern. Denn die Agenturen nehmen sich auch die Freiheit, Bewertungen ohne Auftrag und ohne Bezahlung zu erteilen. Der Fachgebriff lautet »unsolicited rating« (ungebetenes Rating, ohne Auftrag).

Da stellt sich die Frage, aus welchen Gründen, in welchem Interesse und in welcher Situation die Agenturen von ihrem verbissen verteidigten Issuer-Pays-Modell gezielt abweichen? Es ist offensichtlich, dass die Agenturen eine »eigene« Politik verfolgen. Was aber bedeutet »eigen«?

Ungebetene Ratings haben eine größere Wirkung, obwohl ihre Verlässlichkeit am geringsten ist. Denn die bewerteten Unternehmen und Staaten rücken in diesem Fall keine Informationen heraus und wissen gar nichts vom Rating-Verfahren. Deshalb relativieren die Agenturen den Aussagewert vorsichtshalber selbst: »Dieses ungebetene Rating wurde von S&P initiiert. Es mag begründet sein lediglich auf öffentlich zugänglichen Informationen und kann ohne Beteiligung des Bewerteten (issuer) zustande gekommen sein. S&P [...] garantiert nicht die Korrektheit, Angemessenheit oder Vollständigkeit irgendeiner der benutzten Information«, so heißt es beispielsweise im Rating, mit dem S&P den Staat Italien mitten in der Krise im Herbst 2011 ein weiteres Mal herunterstufte.[9]

Ungebetene Ratings liegen in der Regel bei der Bewertung tiefer als in Auftrag gegebene Ratings. So berichtet der Vertreter des Unternehmens British Insurance, dass sein ungebetenes schlechtes Rating wie in anderen Fällen die Aufforderung darstelle: Das Unternehmen solle mit der Rating-Agentur in Kontakt treten, um ein neues Rating auszuhandeln und zu bezahlen, das dann besser ausfalle.[10]

Während bei S&P und Moody's etwa ein Prozent der Ratings ohne Kundenauftrag erfolgen, sind es bei Fitch etwa fünf Prozent. Die Agentu-

---

8 | Wolfgang Hetzer: Finanzmafia. Wie Banker und Banditen unsere Demokratie gefährden. Berlin 2011, S. 154.

9 | Standard & Poor's, Global Credit Portal, Ratings Direct, September 19, 2011: Republic of Italy, S. 5.

10 | Who rates the raters?, in: The Economist 23.5.2005.

ren suchen sich, wenn sie es für erforderlich halten, selbst aus, wann sie wen wie bewerten. Da sie mehr noch als andere Privatunternehmen auf hohe Gewinne achten, dürfen wir annehmen, dass sie ungebetene Ratings nicht aus Spaß erstellen. Eine naheliegende Vermutung lautet: Die Interessen der Eigentümer und Kunden der Agenturen sind ausschlaggebend. Dies wird sich noch weiter klären.

Feindliches Rating

Die Agenturen können ungebetene Ratings auch als Strafaktion und als Erpressungsinstrument einsetzen. Wie schon erwähnt, finanzieren sich in den USA Einzelstaaten sowie regionale und lokale öffentliche Einheiten traditionell mithilfe von Anleihen. So tut es auch der School District von Jefferson County. Bis 1993 ließ er seine Anleihen durch Moody's bewerten. Dann kündigte er den Vertrag, zahlte an Moody's keine Gebühr mehr, ließ sich von zwei kleineren Agenturen bewerten und gab neue Anleihen aus.

Zwei Stunden nachdem diese Anleihen auf dem Markt waren, erstellte Moody's – ohne den School District zu informieren – ein ungebetenes Rating. Es fiel schlechter aus (verbunden mit »Ausblick negativ«) als das Rating der anderen Agenturen. Moody's verschickte das Rating an Medien und Kunden. Innerhalb von Minuten war es durch das elektronische Informationssystem des Dow Jones (Aktienindex der Wall Street) weltweit verbreitet. Das hatte aufgrund der Autorität von Moody's zur Folge, dass der Jefferson County School District nun höhere Zinsen zahlen musste und einen Verlust von 769.000 Dollar erlitt.

Der School District klagte gegen Moody's wegen Vertragsbruchs; man habe den Rating-Vertrag fristgemäß gekündigt. Die Klage lautete auch auf falsche Bewertung; die Agentur habe gar nicht über die notwendigen Kenntnisse verfügen können, da sie seit dem letzten vertraglichen Rating keine Informationen mehr bekommen habe.

Das Revisionsgericht wies die Klage insgesamt ab; es beurteilte das Verhalten von Moody's als durch die Verfassung der Vereinigten Staaten gedeckt, nämlich durch den Ersten Verfassungszusatz über die »Freiheit der Meinung«. Deshalb sei die Agentur auch nicht zu Schadenersatz verpflichtet.[11] Das Gericht hat somit die staatliche Funktion der Rating-Agen-

---

11 | United States Court of Appeals, Tenth District: Jefferson County School District v. Moody Investor Services Inc. Nr. 97-1157, 4.5.1999.

turen ausgeblendet und das zudem ohne sachliche Kenntnis erstellte und folgenreiche Rating als zulässige »freie Meinungsäußerung« gerechtfertigt. Diese Rechtslage gilt auch heute noch. Strafbar war in einem vergleichbaren Fall lediglich, dass Moody's Dokumente vernichtet hatte; die Agentur wurde hier zur Strafzahlung von 195.000 US-Dollar verurteilt.[12]

Ein bekannter Fall von unbeauftragtem Rating ist Hannover Re, eines der größten Rückversicherungsunternehmen. Das Unternehmen hatte Ende der 90er Jahre Rating-Verträge mit S&P und der kleineren, auf Versicherungen spezialisierten Agentur A.M. Best. Da bot Moody's ebenfalls einen Rating-Vertrag an. Hannover Re lehnte ab. Daraufhin stufte Moody's Hannover Re im Vergleich zur bisherigen Note von S&P im Laufe der folgenden drei Jahre schrittweise viermal herunter bis auf Ramschniveau, teilte aber bei der Veröffentlichung nicht mit, dass es sich um ein Rating ohne Kundenauftrag handelte. S&P blieb beim hohen Rating, aber die Autorität von Moody's führte zu einem Kursverlust der Hannover Re-Aktie um zehn Prozent.[13] Man könnte, nicht unbegründet, eine Ursache für dieses Verhalten darin sehen, dass damals die Holding Berkshire Hathaway des US-Milliardärs Warren Buffet nicht nur Hauptaktionär von Moody's war, sondern auch Aktionär der anderen großen Rückversicherer General Re (USA), München Re und Zürich Re.[14]

POLITISCHE INTERVENTIONEN

Neben den Ratings gehören auch Ankündigungen, Kommentare und Sonderkommentare zum Handwerkszeug der Agenturen. Auch sie erfolgen ohne Kundenauftrag. Damit werden mögliche Veränderungen des bisherigen Ratings angedeutet und auch angedroht. Auch werden Bedingungen genannt, unter denen kommende Ratings erteilt werden.

So veranstaltete S&P im Dezember 2002 eine Pressekonferenz in Berlin und erklärte, der Staat Deutschland könne nur dann weiter mit der

---

12 | Credit Rater's Power Leads to Abuses, Some Borrowers Say, in: Washington Post 24.11.2004; im November 2011 ging Jefferson County bankrott – der bisher größte Bankrott einer US-Kommune.

13 | Credit Rater's Power Leads to Abuses, Some Borrowers Say, in: Washington Post 24.11.2004.

14 | Bruno Wagner: Business ist wie Kriegführen. Frankfurt a.M. 2004, S. 207ff.

Bestnote AAA rechnen, wenn der »Reformstau« insbesondere auf dem Arbeitsmarkt beseitigt werde. Diese Androhung stand im Kontext der dem Deutschen Bundestag zur Entscheidung vorliegenden »Hartz«-Gesetze (erweiterte Leiharbeit, Niedriglohn-Jobs, niedrigeres Arbeitslosengeld). Die Herabstufung hätte bedeutet, dass die Bundesrepublik höhere Zinsen für zukünftige Anleihen hätte zahlen müssen.[15] Auch so wurde die Zustimmung zu den Hartz-Gesetzen erpresst.

Dabei wird auch deutlich, dass es den Agenturen gar nicht nur um die Zahlungsfähigkeit des Staates geht, sondern um eine umfassende, neoliberale Praxis zugunsten der Privateigentümer. Denn etwa die von den Agenturen routinemäßig geforderte Niedriglöhnerei führt ja durch ausfallende Steuern und zusätzliche staatliche Aufstockungsleistungen sogar zur schlechteren Zahlungsfähigkeit des Staates!

Im November 2011 kündigte S&P die mögliche Herabstufung Frankreichs an.[16] Die Agentur verschickte die Mitteilung nachts gegen vier Uhr (mitteleuropäische Zeit). Sie kursierte nur kurz, S&P nahm sie nach zwei Stunden als »irrtümlich« zurück.[17] Sie bewirkte aber eine weiter anhaltende Verteuerung der französischen Anleihen. Wie dieser Irrtum zustande gekommen sein soll, erklärte die Agentur nicht. Klar ist jedenfalls, dass das Rating fertig erstellt war. Und klar ist auch, dass das Klientel der Agenturen jeden bewussten, aber auch jeden »irrtümlichen« Kommentar zu seinen Gunsten nutzt.

Im November 2011 verschickte Moody's an mehrere Medien einen Kommentar zum Vorhaben der österreichischen Regierung, nach deutschem Vorbild eine Schuldenbremse in die Verfassung aufzunehmen. Moody's forderte einen verschärften Sparkurs, sonst könne die Schuldenbremse nicht umgesetzt und das Triple A für den Staat Österreich nicht gehalten werden. Vor allem bei den Pensionen der Rentner müsse »gespart« werden, Österreich liege bei den Pensionskosten international ganz vorne. Moody's erwarte auch, dass die Opposition der Schulden-

---

15 | Wolfgang Däubler: Rechtskontrolle von Rating-Agenturen?, in: Kritische Justiz 1/2012, S. 5.

16 | Standard & Poor's Global Credit Portal: Ratings Alert. Downgrade France (Republic of) (Unsolicited Rating) 10.11.2011, 03:57 PM ECT.

17 | Eine Panne mit Folgen, in: Süddeutsche Zeitung 12.11.2011.

bremse zustimme und somit die notwendige Zweidrittelmehrheit im Parlament sichere.[18]

Ebenfalls im November 2011 veröffentlichte Moody's einen »Sonderkommentar« zur Eurokrise. Die Agentur tadelte die Regierungen der starken Euroländer: Sie würden nicht die strikte Überwachung der Haushalte der schwachen Länder vorantreiben und zu wenig tun, um das Vertrauen der Investoren wieder herzustellen. Die Agentur forderte politische Reformen nach dem Muster einer zentralen EU-Haushaltskontrolle.[19]

Im Dezember 2011 drohte S&P gezielt drei Tage vor dem anstehenden EU-Gipfeltreffen zur Eurokrise an, gleichzeitig 15 Euro-Staaten herabzustufen, einschließlich der bisher geschonten Bundesrepublik Deutschland, wenn die Beschlüsse nicht eindeutig ausfallen.[20]

Hier wird deutlich, dass die Agenturen nicht nur neoliberale Praktiken ihrer Kunden stützen, sondern auch selbst durch gezielte politische Interventionen erzwingen wollen. Ziel ist der machtvolle, nach innen und außen gerüstete Staat, der die Löhne und Sozialtransfers niedrig hält und die Kapitalgewinner privilegiert.

UNGLEICHE RATINGS

»Wir hatten immer einen einheitlichen Maßstab, den wir versucht haben, auf alle unterschiedlichen Wertarten anzuwenden«, verteidigte sich Deven Sharma, damaliger Präsident von S&P. Die Börsenaufsicht hatte moniert, dass die Ratings keinem einheitlichen Standard unterliegen. Wortgleich argumentierten die Vertreter der anderen beiden Agenturen.[21]

Diese ständige Behauptung widerspricht den Tatsachen. Eine Forschergruppe verglich die Ratings von Moody's im Zeitraum 1980 bis 2010. Sie verglich alle Anleihen, die das Rating A erhalten hatten, mit der Häufigkeit

---

18 | Ratingagentur treibt die Regierung an: Mehr sparen bei Pensionen, in: Die Presse 22.11.2011.

19 | Moody's Global Credit Research: Rising Severity of Euro Area Sovereigns Crisis Threatens EU Sovereign Ratings. London 28.11.2011.

20 | Standard & Poors: Ratings On Eurozone Sovereigns On Credit Watch With Negative Implication, www.standardandpoors.com/ratings/articles, gelesen 6.12.2011.

21 | www.sec.gov/comments/4-622/4-622.shtml, gelesen 10.8.2011; Die Statements stammen alle aus dem Jahr 2010.

ihres Zahlungsausfalls: Bei den Kommunalanleihen fielen 0,49 Prozent aus, bei den Staaten 0 Prozent, bei den Unternehmensanleihen waren es 1,8 Prozent, bei den einfachen Finanzanleihen 4,9 Prozent und bei den strukturierten Finanzprodukten (Derivaten) 27 Prozent.[22]

Auch die Ratings, die fünf Jahre später für dieselben Papiere vergeben wurden, hatten sich sehr unterschiedlich geändert: Abgewertet wurden 3 Prozent der Staats- und 6 Prozent der Kommunalpapiere, 17,8 Prozent der einfachen Finanzpapiere, 27,4 Prozent der Unternehmenspapiere und schließlich am häufigsten mit 33,3 Prozent die strukturierten Wertpapiere.

Die Studie belegt auch, dass Staaten und Kommunen am strengsten und strukturierte Produkte am großzügigsten bewertet wurden. Deshalb müssen Staaten und Kommunen vergleichsweise höhere Zinsen zahlen als etwa Unternehmen.[23] Ein weiterer bedeutsamer Unterschied besteht darin, dass die Agenturen für Kommunal- und Staatsanleihen die niedrigsten und für strukturierte Produkte die höchsten Gebühren berechneten, für Unternehmensanleihen lagen die Gebühren in der Mitte. »Die Standards ändern sich entsprechend der Höhe der Gebühren.«[24] Hoch bezahlte Ratings werden freundlicher benotet als niedrig bezahlte.

Zusammenspiel der Agenturen

In nationalen und internationalen Regularien heißt es häufig, dass die Bewertung dann verbindlich ist, wenn sie von zwei verschiedenen Agenturen vorliegt. In Verbindung mit dem führenden »Duopol« (Vorherrschaft von zwei Akteuren) aus S&P und Moody's hat das arbeitsteilige Zusammenspiel dieser beiden Agenturen so etwas wie rituellen Charakter angenommen. Aber auch Fitch bewegt sich brav in diesem Geleitzug – manchmal an der Spitze, manchmal in der Mitte und manchmal am Ende.

Man könnte das damit vergleichen, dass bei wichtigen Messen in der katholischen Kirche mehrere Kardinäle und Bischöfe in leicht voneinander abweichenden, aber gleichzeitigen Armbewegungen den Segen erteilen. Auch das Kartell der großen Mineralölkonzerne agiert ähnlich: Shell,

---

22 | Jess Cornaggia u.a.: Credit Ratings Across Asset Classes: A = A? Rice University, in: Social Science Research Network 30.10.2011, S. 15.

23 | Ebd., S. 16 und 20.

24 | Ebd. S. 26.

Exxon, Total & Co erhöhen oder senken die Benzinpreise immer leicht zeitlich verzögert, aber traumwandlerisch sicher in dieselbe Richtung.

Das bedeutet keineswegs, dass die Bewertungen identisch sind. Vielmehr unterscheiden sie sich in den allermeisten Fällen um eine Nuance. Meist prescht die eine Agentur vor und die andere folgt zwei Wochen später. So lief die Bewertung des Staates USA im Jahre 2011 wie folgt: Bis Anfang Juli bewerteten die drei Agenturen die USA gleichermaßen mit Triple A, und zwar »seit Ewigkeiten«. Weil sich die beiden großen politischen Parteien im US-Kongress lange nicht einigen konnten, um wie viel das Schuldenlimit heraufgesetzt wird und welche Sparmaßnahmen ergriffen werden, senkte S&P die Note AAA um den kleinstmöglichen Schritt auf AA+. Moody's blieb einige Tage später bei AAA, versah aber die Note mit »Ausblick negativ«, Fitch tat etwas später ebenso.

Auch bei den Herabstufungen von Staaten, Banken und Wertpapieren nach der Finanz- und Wirtschaftskrise 2007/2008 agierten die drei Agenturen nach dem Geleitzugprinzip, etwa im Falle der Hypotheken-Schrottpapiere und der Staaten Portugal, Irland, Italien, Griechenland und Spanien.

Es mag hinter den Kulissen Auseinandersetzungen zwischen den Agenturen geben, aber sie werden wie in der katholischen Kirche und in Großkonzernen geheim gehalten. So ist erklärlich, dass die einzigen Konflikte, die öffentlich wurden, sich um Marktanteile drehten und dass sich die kleinste und jüngste Agentur (ein bisschen) gegen die zwei Großen wehrt. So warf Fitch den anderen beiden vor, ungebetene Ratings über Wertpapiere dann zu veröffentlichen, wenn sich die Emittenten nachhaltig weigern, ein Rating zu bestellen.

Dies betraf vor einiger Zeit das Geschäft mit US-Bundesstaaten und US-Städten: Sie finanzieren sich traditionell mit Anleihen. Dafür sind Ratings nötig; hier ist vor allem Fitch gut vertreten, während S&P und Moody's solche kleineren Aufträge lange vernachlässigt haben. Jetzt drängen sie sich hinein und, so kritisierte Fitch, sie veröffentlichen, wenn sie keine Rating-Aufträge bekommen, ungebetene (und meist niedrige) Ratings, um die Bundesstaaten und Städte zu bestrafen und Aufträge zu erzwingen.[25]

---

25 | Financial Policy Forum: Credit Agencies. Washington April 2003, S. 8.

INSZENIERUNGEN

Die Agenturen beurteilen nicht gutes Wirtschaften oder gutes Haushalten. Sie achten nicht darauf, ob es den Beschäftigten oder Kunden eines Unternehmens oder den Bürgern eines Staates gut geht. Sie achten nicht auf den Wohlstand und die Sicherheit der Bevölkerung. Sie achten nicht darauf, ob mit den Krediten sinnvolle Dinge bezahlt werden und wie hoch die Schulden sind. Sie achten nicht darauf, ob Gesetze und Schuldenregeln, beispielsweise die Maastricht-Kriterien der Europäischen Union, eingehalten werden. Sie achten nicht darauf, ob Kredite, wie im Falle Griechenlands, erschwindelt wurden (vgl. Seite 145ff.). Sie achten nur darauf, wie bereits dargestellt, wie sicher oder unsicher ein Unternehmen oder ein Staat dem Kreditgeber seine Schulden abzahlen und zu welchen Bedingungen dieser weitere Kredite bekommen kann. Dabei beobachten die Agenturen nicht nur, sie greifen ein.

Ein Insider hat das gut beschrieben: »Dabei sieht das Drehbuch folgenden Ablauf vor: Bevor auf dem weiten Parkett der Weltbörsen eine große Aufführung geboten wird, treffen sich hinter der Bühne still und heimlich ein Bonitätswächter und ein Spekulant. Der Bonitätswächter kündigt an, ein Land in der Kreditwürdigkeit herabzustufen. Daraufhin verkauft der Spekulant blitzartig große Pakete der betroffenen Staatsanleihen ›leer‹. Das heißt, er verkauft heute zu hohen Kursen Staatsanleihen, die er noch gar nicht besitzt, die er später, wenn die Kurse gefallen sein werden, zu günstigen Preisen kaufen wird.

Dann öffnet sich der Vorhang, es folgt der erste Akt. Nun gibt der Bonitätswächter einem gebannt zuhörenden Weltpublikum die Herabstufung der Kreditwürdigkeit eines Landes öffentlich bekannt. Der zweite Akt ist durch allgemeine Hektik und Panik geprägt. Er beginnt mit der Erwartung fallender Kurse und endet mit einer Selbsterfüllung genau dieser Prognose. Im dritten Akt kauft der Spekulant zu günstigen Kursen jene Staatspapiere, die er vor Vorstellungsbeginn bereits weiterverkauft hatte. Im Epilog treffen sich – wiederum außerhalb des Scheinwerferlichts – Bonitätswächter und Spekulant und freuen sich diebisch über den Gewinn, der durch die erfolgreiche Wette auf Kursverluste, die sie selber angeheizt hatten, möglich wurde.« Soweit der »konservative« oder auch zynische Ökonom Thomas Straubhaar, Chef des Instituts der Weltwirtschaft und prinzipieller Verteidiger eines neoliberalen Kapitalismus.[26] An diesem Text müssen wir nur eine kleine, aber entscheidende Korrektur vornehmen: »Spekulant« ist zu ersetzen durch »Eigentümer und Kunde der Ratingagentur«.

Die inszenierte Euro-Krise

Die seit Ende 2009 von Agenturen und Kreditgebern angegriffenen europäischen Staaten erhielten lange Jahre ein gutes Rating, deshalb konnten sie ohne Probleme und zu niedrigen Zinsen immer wieder Anleihen verkaufen und sich verschulden, obwohl sie gar nicht in der Lage waren, ihre Altschulden zu tilgen. Es änderte sich nichts Wesentliches an der Höhe der Überschuldung, an den Ausgaben, an den geringen Einnahmen aus Gewinn-, Vermögens- und Erbschaftssteuern. Aber etwas änderte sich ziemlich plötzlich: Die Ratings, und zwar die unbeauftragten.

So hatte Italien vor der Herabstufung im Jahre 2011 seit neun Jahren das Triple A. Griechenland, Portugal und Spanien hatten bis weit nach der letzten Finanzkrise bis Mitte 2010 eine A- oder AA-Note, Irland sogar ein Triple A, bevor diese Staaten in kurzen Abständen innerhalb weniger Monate mehrere Stufen und teilweise auf Schrottniveau herabgestuft wurden.[27]

Ein Team des Internationalen Währungsfonds (IWF) dokumentierte: Chirurgisch präzise senkten die drei Agenturen im Geleitzug die Ratings gerade immer dann, wenn die Regierungen das nächste Sparpaket ankündigten oder beschlossen hatten. So verkündeten S&P und Moody's ihre »downgrades« im Dezember 2009 und April 2010 beide Male und gemeinsam in schneller Abfolge innerhalb einer Woche.[28] Fitch zog nach. »Reicht nicht!«, tönte es von den Agenturen, die wie die großen Ölkon-

---

26 | Thomas Straubhaar: Wie man einen Crash inszeniert, in: Der Stern 11.8.2011.

27 | Moody's Investors Service: Moody's Downgrades Portugal to Ba2 with a Negativ Outlook from Baa1 5.7.2011; gleichlautend Standard & Poor's Report: Looks At How The EU's Debt Restructuring Package Could Impact Ratings 27.7.2011; Irland und EU über Herabstufung verärgert, in: Frankfurter Allgemeine Zeitung 14.7.2011.

28 | Rabah Arezki u.a.: Sovereign Rating News and Financial Markets Spillovers: Evidence from the European Debt Crisis, Internationaler Währungsfond, Working Paper 11/68, Washington 2011, S. 7.

zerne mit knapper Verzögerung von einigen Tagen ihre in der Tendenz gleichlautenden Noten vergaben.

Hinzu kommt die Gruppenbildung. Sie wurde schon bei der »Asienkrise« geübt. Schnell wurde 2010 die Formel »PIGS-Staaten« gefunden: Pigs = Schweine. Dabei handelt es sich um eine psychologisch-mediale Herabstufung schon vor der realen Herabstufung. Es betraf die schwächsten, am leichtesten angreifbaren Staaten: Portugal, Irland, Griechenland und Spanien, deren Anfangsbuchstaben PIGS ergeben. Entsprechend der zeitlichen Abfolge der absinkenden Ratings hätte man die Buchstabenfolge IGPS wählen müssen. Das klang aber nicht so gut. Schweine-Staaten klingt, jedenfalls in bestimmten Ohren, besser.

Eine Forschergruppe der Schweizer Universität St. Gallen hat die Wirtschafts- und Schuldendaten von 26 Mitgliedsstaaten der OECD aus den Jahren 1999 bis 2010 verglichen. »Es gibt andere Länder [als die PIGS-Staaten, WR], die ähnliche Fundamentaldaten aufweisen, aber ein deutlich besseres Rating erfahren haben.«[29] Die Agenturen hätten mit gleicher Begründung auch Belgien, Österreich oder Großbritannien herabstufen können, was aber psychologisch nicht so leicht gewesen wäre. So kann man, folgern die Schweizer Ökonomen, »unschuldige Lämmer in Schweine verwandeln«.[30]

Der oberste Bankenaufseher in Deutschland, Raimund Röseler im Bundesamt für Finanzaufsicht (BaFin), der die Agenturen nicht grundsätzlich kritisiert, stellt fest: »Das Timing der Ratingentscheidungen wirkt trendverstärkend«,[31] andere Aufseher sprechen von »Brandbeschleunigern«. Diese Kritik greift zu kurz: Die Agenturen verstärken nicht nur einen Trend, sie können ihn auch inszenieren.

29 | Universität St. Gallen: Ratingagenturen als Krisenbeschleuniger?, in: Pressemitteilung 29.6.2011.

30 | Manfred Gärtner u.a.: PIGS or Lambs? The European Sovereign Debt Crisis and the Role of Rating Agencies, in: International Advances in Economic Research 3/2011, S. 289.

31 | BaFin warnt vor Flächenbrand in Europa, in: Handelsblatt 2.8.2011.

DER »STARKE STAAT« DER KAPITALMACHT

Die Agenturen erstellen nicht nur Bewertungen. Sie greifen damit auch in die bewerteten Unternehmen und Staaten ein und führen zu deren Umgestaltung im Interesse der Kreditgeber.

Ein Unternehmen und seine Aktien werden umso besser bewertet, je höher der aktuell erwirtschaftete Gewinn ist und nach allen Umständen auch in der Zukunft sein wird. Damit wird beispielsweise nicht in erster Linie die Güte der Produkte und Dienstleistungen bewertet, auch nicht der Eingriff in die Umwelt oder der Beitrag zur Festigung der Gemeinschaft. Und der Gewinn ist umso höher, je niedriger die Löhne sind. All dies ist im westlichen Kapitalismus der Gegenwart ebenso systemisch wie normal und letztlich banal.

Bei den Staaten wirkt sich die Einseitigkeit der Kriterien noch heftiger aus. Wenn Staaten gut bewertet werden, dann spielen Höhe und Grad der Verschuldung keine Rolle. Ebenso fällt den Rating-Analysten nicht negativ auf, wenn in einem Staat wie etwa in den USA hohe Dauerarmut herrscht, wenn ein Staat Kriege führt, wenn er bei Banken, Konzernen und Vermögenden wenig oder gar keine Steuern einzieht. Ebenso hat noch nie eine Agentur von einem Staat verlangt, er solle Kapitalgewinne und Vermögen höher besteuern. Auch die systematische Umgehung nationaler Gesetze durch die Nutzung von Finanzoasen ist den Agenturen keine Beachtung wert, haben sie doch selbst und ihre Eigentümer dort ihren Sitz.

Und noch nie hat eine Rating-Agentur wesentliche Einschnitte im Rüstungs-, Geheimdienst- und Überwachungsetat eines »Entwicklungsstaates« oder eines »entwickelten« Staates verlangt. Bei Griechenland etwa läge es nahe, die Kürzung des auch für kapitalistische Verhältnisse ungewöhnlich hohen Rüstungsetats zu verlangen – doch natürlich werden die U-Boote, Panzer und Kampfjets auf Kredit gekauft, vor allem in Deutschland und Frankreich.[32]

Wenn ein Staat stark heruntergestuft wird, wenn dann die Zinsen steigen und der Staat die Kredite nicht mehr aus seinen laufenden Einnahmen bedienen kann, dann lauten dagegen die Forderungen der Agenturen: Einschnitte bei den Sozialtransfers! Entlassungen aus dem öffent-

---

32 | Griechenland gibt drei- bis viermal so viel für Rüstung aus wie der Durchschnitt der anderen EU-Staaten. Siehe: Kalter Krieg am Rande Europas, in: Süddeutsche Zeitung 15.3.2010.

lichen Dienst! Senkung von Löhnen und Renten! Verkauf öffentlichen Eigentums! Man müsste auch fragen, was die Höhe der Löhne mit der Sanierung des Staatshaushalt zu tun hat. Es ist eher andersherum: Hohe Löhne bringen dem Staat hohe Steuern.

Diese Forderungen stimmen mit denen der Finanzindustrie, der Konzerne, des IWF und der neoliberalen Lehre nahtlos überein. Die Kriterien der Rating-Agenturen unterscheiden sich also in keiner Hinsicht von denen der kapitalistischen Hauptakteure. Das läuft auf den »starken Staat« hinaus, der die »Starken« in ihrer globalen Expansion und aggressiven Mächtigkeit fördert und vor den »Schwachen« schützt.

VIII. Kriminogene Bedingungen

Schon die bisher geschilderte Arbeitsweise der Agenturen deutet auf eine »kriminogene Situation« hin. Das bedeutet: Die Umstände erleichtern und ermöglichen Kriminalität, laden zu ihr ein. Die Eigentümerstruktur, die mehrfach verfilzte staatliche und private Macht in Verbindung mit Monopolstellung, legitimierter Willkür und eigenem Profitinteresse bedeuten praktisch eine Einladung, geschriebene und ungeschriebene Gesetze zu verletzen, und zwar ohne Angst vor Strafe, Ansehensverlust und Geschäftseinschränkung. »Kriminogen« bedeutet: Man muss nicht kriminell werden, aber es ist leicht und verführerisch, es zu werden.

So bezeichnet der US-Ökonom, Nobelpreisträger und Kommentator der New York Times, Paul Krugman, die Großen Drei als »zutiefst korruptes System«.[1] Starökonom Nouriel Roubini spricht von »korrupten Ratingagenturen«.[2] Der Leiter der Abteilung Intelligence Strategic Assessment and Analysis im Europäischen Amt für Betrugsbekämpfung (OLAF), Wolfgang Hetzer, rechnet die Agenturen zur »Finanzmafia«.[3] Schauen wir uns die kriminogenen Bedingungen näher an.

GLEICHZEITIGE WEITERE DIENSTLEISTUNGEN

Die Rating-Agenturen erstellen Ratings, deshalb heißen sie so. Aber sie verkaufen ihren Kunden und anderen Finanzakteuren mithilfe von dut-

---

1 | Der Spiegel 18/2010, S. 66.

2 | Nouriel Roubini/Stephen Mihm: Das Ende der Weltwirtschaft und ihre Zukunft. Frankfurt a.M./New York 2010, S. 364.

3 | Wolfgang Hetzer: Finanzmafia. Frankfurt a.M. 2011, S. 147ff., Abschnitt »Strukturierte Finanzprodukte und Strafrecht«.

zenden Tochterfirmen gleichzeitig weitere Dienstleistungen. Dies fördert die Verfilzung der Agenturen mit ihren Kunden.

Standard & Poor's liefert unter dem Titel Kreditanalyse (Credit Research) Daten zum möglichen Zahlungsausfall (default) und Aufschwung (recovery) an 13.000 private Unternehmen und 100 staatliche Einheiten, an die Emittenten von 115.000 Wertpapieren und 130.000 strukturierten Finanzprodukten. Ebenso erstellt eine Tochterfirma Risikoanalysen (Risk Adjusted Return of Capital, RAROC) für Banken,[4] Investment-Recherchen für mehr als 1000 Finanzinstitute, darunter die führenden Banken, Versicherungen und Wertpapier-Emittenten, dazu Software für Modellrechnungen, Fortbildung für die Mitarbeiter von Finanzinstituten sowie Markterkundungen auf Bestellung. Die Tochterfirma Capital IQ wertet die Daten von weltweit 58.000 öffentlichen und 1,7 Millionen privaten Unternehmen aus und bietet sie Interessenten an.[5]

Ähnliches machen auch die anderen zwei Großagenturen. Aber eine Besonderheit von Standard & Poor's sind die Aktien-Indexe, und zwar insgesamt 36. Der bekannteste ist der Index S&P 500: Er wird seit 1957 veröffentlicht und ist der weltweit führende Aktienindex. Darin wird heute im Sekundenrhythmus die Aktienkursentwicklung der 500 wichtigsten Unternehmen abgebildet, die an einer US-Börse notiert sind. Jedenfalls sind es die Unternehmen, die S&P selbst für die wichtigsten hält.

1964 beendete die Börsenaufsicht SEC den von ihr bis dahin erstellten Aktien-Index und übernahm den S&P-Index. Er erfasst nicht das wirtschaftliche Gesamtergebnis der Unternehmen (Produkte, Preise, Umsatz, Dividenden, Steuern, Arbeitsplätze, Löhne und Gehälter, Ressourcenverbrauch), sondern die isolierte Wertentwicklung der Aktie.

Der Index bildet die Grundlage für den spekulativen Handel der Banken, der Hedgefonds, der großen Vermögensverwalter und ähnlichen sowohl mit den Aktien selbst, aber immer mehr auch mit Index-Optionen (Wetten auf die Kursentwicklung der Aktien). Alle 500 Unternehmen sind Kunden von S&P und den anderen Rating-Agenturen, mehr als 40 Prozent der Unternehmen sind Finanzakteure.[6]

---

4 | The McGraw Hill Companies: Annual Report 2009, S. 7.

5 | Ebd., S. 18.

6 | Nouriel Roubini/Stephen Mihm: Das Ende der Weltwirtschaft und ihre Zukunft. Frankfurt a.M./New York 2010, S. 256.

Gleichzeitig betreibt S&P 35 weitere solcher Indexe. Sie machen etwa die Kursentwicklung mittelständischer, kleiner und internationaler Unternehmen (S&P MidCap 400, S&P SmallCap 600, S&P Global 1200 und anderer) und von Infrastrukturfonds zur Grundlage von darauf aufbauenden Finanzwetten. Auch Branchen-Indexe werden erstellt, zum Beispiel über die Aktienentwicklung von Unternehmen, die mit Rohstoffen handeln, wie der S&P Tiefsee- und Öl-Index und der S&P-Index für den Bereich Bauen und Ingenieurdienstleistungen.

Tochterfirmen von Moody's erstellen zahlreiche Informationsdienste, zum Beispiel Weekly Credit Outlook, Aaa Sovereign Monitor, CLO Interest, Credit Insight oder Speculative Grade Liquidity Monitor. Sie beraten S&P Emittenten von Wertpapieren, Versicherungen und auch Staaten in Risikomanagement.

Zu Fitch gehören die Tochterunternehmen Fitch Solutions (Vermarktung von Risikoanalysen, Design von strukturierten Finanzprodukten, Datensammlung, Recherche), Fitch Training (Training von Bankern, Brokern und ähnlichen) und Fitch Algorithmics (Risikoanalyse und -management für Unternehmen und Banken).[7]

Diese Dienstleistungen überschneiden sich inhaltlich mit dem Rating-Geschäft und werden gleichzeitig angeboten. Damit verdichtet sich die finanzielle und strategische Interessenverflechtung der Agenturen mit ihren Kunden und mit der Finanzindustrie insgesamt, weit über die Rating-Aufgabe hinaus.

REGULATORY CAPTURE

Die US-Börsenaufsicht vergibt zwar die Lizenzen für die Nationally Recognized Statistical Rating Organisations, aber sie übt keine inhaltliche Aufsicht aus. Es ist wie bei den Wirtschaftsprüfern: Sie bekamen im New Deal Anfang der 30er Jahre die hoheitliche Aufgabe, die Bilanzen der Unternehmen zu prüfen und zu testieren. Bilanzfälschungen sollten vermieden und ein Grund für Finanz- und Wirtschaftskrisen sollte ausgeschaltet werden. Auch die Wirtschaftsprüfer unterliegen formal der Aufsicht der SEC, inhaltlich ist dies aber bedeutungslos. Die Aufsicht hat sich auf die Seite der

---

7 | www.fitchratings.com/jsp/creditdesk/AboutFitch.faces?context=1&detail=19, gelesen 29.7.2010.

Beaufsichtigten geschlagen. In der Wissenschaft wird dies als Regulatory Capture bezeichnet, zu übersetzen etwa als »Kapern, Entern, Gefangennahme, Durchsetzung« der Aufsichtsbehörde, die mit den zu Beaufsichtigenden kollaboriert.[8]

Denn die inhaltlichen Vorgaben der SEC sind vage, sowohl für die Wirtschaftsprüfer wie auch für die Rating-Agenturen. Die Kriterien, wonach sie ihren gesetzlichen Auftrag erfüllen sollen, schreibt die SEC nicht vor. Die Agenturen haben – wie die Wirtschaftsprüfer – das Recht auf Selbstverwaltung. Sie dürfen die Regeln, nach denen sie ihre jeweils hoheitliche Aufgabe erfüllen, selbst bestimmen.[9]

Der SEC ist es nach dem Gesetz ausdrücklich verboten, in die Kriterien und Rating-Verfahren einzugreifen.[10] So konnten beispielsweise Standard & Poor's und Moody's 2004 und 2005 eigenmächtig die Bewertungsregeln für Collateralized Debt Obligations (CDO) ändern, um ihnen leichter und schneller ein besseres Rating geben zu können.[11]

Es kommt hinzu, dass wie die US-Börsenaufsicht SEC auch keine Finanzaufsicht anderer Staaten über die Großen Drei irgendeine inhaltliche Aufsicht führt. Die Europäische Kommission hat zwar nach einem Beschluss des Europäischen Parlaments 2009 die Agenturen einem Lizenz- und Aufsichtsverfahren unterstellt,[12] das aber ebenfalls keine inhaltlichen Vorgaben vorsieht.

»Wie ein Rating tatsächlich zustande kommt, ist ein gut gehütetes Geschäftsgeheimnis [...] Einen Sorgfaltsverstoß nach inhaltlichen Gesichtspunkten auszumachen ist daher kaum denkbar, zumal Außenstehende

---

8 | M.E. Levine/J.L. Forrest: Regulatory Capture, Public Interest and the Public Agenda, in: Journal of Law Economics & Organization 6/1990, S. 167ff.

9 | Werner Rügemer: Die Berater. Ihr Wirken in Staat und Gesellschaft. Bielefeld 2004, S. 83ff.

10 | Section 15E(c)(2) des SEC-Gesetzes, vgl. U.S. Securities and Exchange Commission: 2011 Summary Report of Commission's Staff Examinations of Each Nationally Recognized Statistical Rating Organization, Washington September 2011, S. 2.

11 | Simon Johnson/James Kwak: 13 Bankers. The Wall Street Takeover and the Next Financial Meltdown. New York 2010, S. 140.

12 | Europäische Kommission, in: Pressemitteilung IP/09/629 23.4.2009.

tatsächlich keinerlei Einblick in das Zustandekommen von Ratings beziehungsweise in Entscheidungsprozesse der Agenturen erhalten.«[13]

Regulatory Capture ist wesentliches Merkmal eines »failed state«, eines
gescheiterten Staates. Die Aufsicht kollaboriert mit den Beaufsichtigten
und lässt ihnen freie Hand. Dieser Zustand wird vielfach auch als Korruption bezeichnet. Insbesondere die USA und ihre engen Verbündeten auf
dem Gebiet von Wirtschaft und Finanzen sind gescheiterte Staaten; dies
wird für die Rating-Agenturen auch durch die weiteren Umstände belegt.[14]

HAFTUNGSFREISTELLUNG

Jedes Rating enthält am Ende im Kleingedruckten eine Haftungsfreistel-
lung: »Unter keinen Umständen wird Moody's irgendeine Verantwortung
gegenüber jeglicher Person oder rechtlichen Einheit übernehmen für (a)
jegliche Verluste oder Schäden, die ganz oder teilweise verursacht sind,
resultieren oder in Beziehung stehen zu jeglichem Irrtum (fahrlässig oder
anderer Art) oder Umständen oder Zusammenhängen innerhalb oder
außerhalb der Kontrolle von Moody's oder jeder seiner Direktoren, Manager, Angestellten oder Beauftragten in Verbindung mit der Zurverfügung-
stellung, Veröffentlichung oder Lieferung jeder solcher Information, oder
(b) jegliche, direkte, indirekte, spezielle, daraus folgende, kompensatori-
sche oder zufällige Schäden (einschließlich ohne Begrenzung, verlorene
Gewinne), selbst wenn Moody's im vorhinein von der Möglichkeit solcher
Schäden informiert wurde, die aus der Verwendung oder der Unmöglich-
keit der Verwendung jeglicher Information entstehen.«

Bei Fitch heißt das so ähnlich: »Ratings sind keine Fakten und können
deshalb nicht als richtig oder unrichtig bezeichnet werden. Ratings enthalten keine Garantie für Vollständigkeit und Genauigkeit. Ratings stellen
keinen finanziellen oder rechtlichen Rat dar, keine Wirtschaftsprüfung,
keine Bewertung, keine Schätzung und keine Versicherungsempfehlung.

---

13 | Gerhard Wildmoser u.a.: Haftung von Ratingagenturen gegenüber Anle-
gern?, in: Recht der internationalen Wirtschaft 10/2009, S. 660.
14 | Vgl. die ausführliche Darstellung »Regulatory Capture« bei Wikipedia.

Ein Rating stellt keine Zustimmung der Agentur dar, ihren Namen als den eines Experten zu verwenden.«[15]

Hier wird mit ausgefeilter juristischer Professionalität jegliche Haftung für jede mögliche, direkte oder indirekte Nutzung oder Folge eines Ratings verneint. Rechtlich stellt dies eine treuwidrige Schutzbehauptung dar, da Ratings gesetzlich und faktisch ein flächendeckend gehandhabtes Regulationsinstrument sind.[16]

Gegen Ratings – seien sie beauftragt oder unbeauftragt – haben die Bewerteten keine rechtliche Rekursmöglichkeit. Kein beurteiltes Unternehmen und kein beurteilter Staat kann ein Rating gerichtlich überprüfen lassen. Jedenfalls ist das bisher so vorgesehen und übliche Praxis. Die Agenturen behandeln ihre Bewertungs-Matrix als Betriebsgeheimnis und stellen sie weder der Finanzaufsicht noch den Gerichten zur Verfügung. Die De-Facto-Norm eines Ratings kann keiner wirksamen gerichtlichen Normenkontrolle unterworfen werden.[17]

Als die Europäische Union in der Überschuldungssituation Griechenlands, Portugals, Irlands, Italiens und Spaniens ankündigte, die Agenturen in Zukunft für ihre Bewertungen haftbar zu machen, drohten sie damit, EU-Staaten überhaupt nicht mehr zu bewerten.[18]

Auch wenn die Agenturen im Nachhinein »Fehler« eingestehen, sehen sie keinen Grund für Haftung und Schadenersatz. So erhalten die Agenturen den Status der Immunität. Sie sind »sanktionsimmun«.[19] Sie erklären sich rechtlich und moralisch als unberührbar. Jedem möglichen Irrtum erteilen sie von vornherein selbst einen Freispruch, als wären sie in eigener Sache auch ihre eigenen Richter. Sie haben somit denselben Status wie US-Militärs und CIA-Mitarbeiter bei ihren Auslandseinsätzen.

---

15 | www.fitchratings.com/creditdesk/public/ratings/ratings_definitions/index.cfm, gelesen 6.8.2010.

16 | Wildmoser ebd., S. 667.

17 | Wolfgang Däubler: Unternehmensrating als Rechtsproblem, in: Winfried Huck (Hg.): China und Deutschland. Hamburg 2008, S. 101.

18 | Noten vom Feind, in: Süddeutsche Zeitung 8.4.2011.

19 | Uwe Blaurock: Verantwortlichkeit von Ratingagenturen, in: Zeitschrift für Unternehmens- und Gesellschaftsrecht 2007, S. 642.

DIE FINANZOASEN-KETTE

Die Agenturen haben ihre rechtlich entscheidenden Sitze in Finanzoasen. Das trifft nicht nur auf die Zentralen in New York zu, sondern auch auf die Niederlassungen in den USA und in den anderen Staaten (vgl. Seite 41f.).

Das sind zudem dieselben Finanzoasen, in denen auch die Eigentümer der Agenturen ihren juristischen Sitz haben. Und es sind dieselben Finanzoasen, in denen auch die meisten privaten Kunden der Agenturen – Unternehmen, Hedgefonds, Investmentbanken und -fonds, traditionelle Banken und ähnliche – juristische Sitze haben. Und natürlich sind hier auch die Zweckgesellschaften, Special Purpose Entities (SPE), Special Investment Vehicles (SIV) und ähnliche Konstrukte beheimatet, über die die verbrieften Kredite und andere strukturierte Finanzprodukte wie ABS, RMBS, CDO oder CDS gehandelt werden.

Seit der Entmachtung der traditionellen Finanzaufsicht gehört dies zur legalisierten Standardausstattung von Weltkonzernen und der Finanzindustrie. Wirtschaftsprüfer, Unternehmensberater und Wirtschaftsanwälte haben diese Konstrukte entwickelt, Regierungen und Parlamente billigen und fördern diese. Etwa 50 von der Weltgemeinschaft anerkannte Staaten sind heute ja selbst Finanzoasen und Mitglied der UNO. Vielfach- und Großkunden der Agenturen wie die Deutsche Bank haben etwa 400 verbundene Unternehmen, Zweckgesellschaften, Beteiligungen und Niederlassungen in den heute wichtigsten Finanzoasen, also zum Beispiel im US-Bundesstaat Delaware, in Luxemburg, auf den Cayman Islands oder in Singapur.[20] Wirtschaft und Finanzwesen wurden also gar nicht »dereguliert«, sondern haben sich unter eigener Regie neu und anders reguliert.

Agenturen, ihre Auftraggeber und Kunden entziehen sich somit professionell, systematisch, nachhaltig und mit finanzaufsichtlicher, staatlicher Förderung den klassischen Regularien der kapitalistischen Staaten oder was von diesen übrig geblieben ist. Die sich selbst demokratisch und bürgerlich nennenden Staaten haben damit ein vielgestaltiges Dunkelreich mitgeschaffen, vom dem aus sie unterwandert, ausgehebelt und schließlich beherrscht werden können.

---

20 | Deutsche Bank: Verzeichnis des Anteilsbesitzes 2010. Frankfurt a.M. o.J.

Lobbyisten im Finanznetzwerk

Die Agenturen betätigen sich als Lobbyisten für die Finanzprodukte ihrer Kunden und agierten seit Beginn der 2000er Jahre auch außerhalb der USA als Lobbyisten für verbriefte Kredite. So waren die Deutschlandchefs Torsten Hinrichs von S&P, Detlef Scholz von Moody's und Jens Schmidt-Bürgel von Fitch in Deutschland Mitglied der Lobbyorganisation True Sale International GmbH (TSI, Frankfurt a.M.). Sie präsentierte sich als Verbriefungsplattform, die sich zugleich für die Zulassung und steuerliche Bevorzugung des strukturierten Finanzprodukts »Verbriefung« (schneeballartiger, steuerbegünstigter Weiterverkauf von Krediten) einsetzte und schließlich auch zum Erfolg kam, insbesondere durch die parlamentarische Aktivität der CDU-Fraktion im Bundestag unter Angela Merkel, aber auch mit ungeteilter Zustimmung von SPD, CSU, FDP und Grünen.

In der TSI saßen die Rating-Vertreter unter Leitung des Deutsche Bank-Chefs Josef Ackermann neben den Vertretern der deutschen Niederlassungen von Citibank, Bank of New York Mellon, Royal Bank of Scotland, Société Générale, BNP Paribas, Commerzbank und anderen. Ebenso saßen hier die Vertreter der vier großen Wirtschaftsprüfungs-Konzerne Ernst & Young, Price Waterhouse Coopers, KPMG und Deloitte. Vertreten war auch der Wilmington Trust, der größte Zweckgesellschaften-Verwalter in der US-Finanzoase Delaware, über die die meisten Verbriefungen abgewickelt werden.

Selbstverständlich war in der TSI auch die Bundesregierung durch ihren Finanzstaatssekretär Jörg Asmussen und mit der Staatsbank KfW vertreten,[21] um selbst dabei zu sein, wenn die Finanzindustrie den Staat vor sich hertreibt. Weitgehend dieselben Akteure kannten sich auch schon aus der einige Jahre früher gestarteten Lobbyorganisation Initiative Finanzstandort Deutschland (IFD).

Die drei Agenturen werden von den immer gleichen Wirtschaftsprüfern geprüft: Ernst & Young, KPMG und Price Waterhouse Coopers, mit denen sie in den genannten Lobbyrunden und vielen anderen solcher Gelegenheiten zusammensitzen. In den großen Banken und Unternehmen, die von den Agenturen bewertet werden, treffen die Agenturen natürlich wieder auf dieselben Wirtschaftsprüfer.

---

21 | www.tsi-gmbh.de, gelesen 20.9.2010.

Da hackt ein Lobbyist dem anderen kein Auge aus. Nach dem Parmalat-Bankrott ebenso wie nach dem Enron-Bankrott und vergleichbaren Ereignissen (vgl. Seite 130f.) erklärte S&P, man sei vom Enron-Vorstand und dessen Beratern hinters Licht geführt worden; dafür sei man aber nicht verantwortlich, denn eine Agentur sei keine Aufsichtsbehörde und stelle auch das nicht infrage, was Wirtschaftsprüfer über Buchhaltung und Bilanz darstellen. So bestätigen die Blinden sich gegenseitig ihre unschuldige Blindheit.

REVOLVING DOOR

In den höheren Ebenen der globalen Finanzindustrie findet sich ein Ausstattungsgegenstand besonders häufig: Die Drehtür. Sie wird als »revolving door« bezeichnet, weil in den USA das Phänomen am frühesten und massivsten auftrat.

Die Börsenaufsicht SEC stößt immer wieder darauf, dass Rating-Analysten in besser bezahlte Arbeitsplätze der bewerteten Unternehmen wechseln. Des Weiteren wechseln Wirtschaftsprüfer in den Konzernvorstand und in die Rating-Agentur, Rating-Analysten in die Bank, von der Bank in die Rating-Agentur usw.[22] Schon traditionell kamen die Topmanager der Agenturen aus der Wall Street, also von den Finanzakteuren, deren Produkte sie dann bewerten sollen. Mit dem Aufkommen der strukturierten Finanzprodukte stellten die Agenturen bevorzugt Leute der Investmentbanken ein.[23]

Nehmen wir den Vorstand von Moody's. Mark Almeida, Präsident von Moody's Analytics, kommt von der Investmentbank Chase Manhattan. Robert Fauber, Vizepräsident, kommt von der Investmentbank Citigroup, vorher war er bei der Investmentbank Salomon Smith Barney. Lisa Westlake, Senior Vizepräsident, kommt von Lehman Brothers. Linda Huber, Executive Vice President, kommt von PepsiCola, zuvor war sie bei Bankers Trust.

22 | U.S. Securities and Exchange Commission, Office of Inspector General, Office of the Audits: The SEC's Role Regarding and Oversight of Nationally Recognized Statistical Rating Organizations (NRSRO), Public Version, Report Nr. 458, Washington August 27, 2009, S. 50f.

23 | Kevin Hall: How Moody's sold its ratings – and sold out investors, in: McClatchy Newspapers 18.10.2009.

Michel Madelain, Präsident von Moody's Investors Service, kommt vom Wirtschaftsprüfer Ernst & Young. John Goggins, Executive Vicepresident, kommt vom Unternehmen Dow Jones, dort zuständig für die Verbindung zur Börsenaufsicht SEC. Richard Cantor, Chief Risk Officer, wechselte zur Agentur aus der US-Zentralbank Federal Reserve (Fed). Schließlich der Chairman Raymond McDaniel: Er ist offenbar der einzige, der seine Karriere innerhalb der Agentur gemacht hat, er weist einen Aufsichtsrats-posten bei John Wiley & Sons aus.[24] So haben wir hier ein breites und inzestuöses Spektrum der Finanzindustrie; es umfasst Rating-Agenturen, Banken, Wirtschaftsprüfer, die Börse und auch die Börsenaufsicht und die Zentralbank.

Wie eng und zugleich unverfroren eine Agentur mit ihren Top-Kunden verbunden sein kann, zeigte sich im August 2011: Der S&P-Chef Deven Sharma musste zurücktreten. Sein Nachfolger wurde Douglas Peterson, bis dahin leitender Geschäftsführer der Citibank,[25] also einer der Groß- und Dauerkunden von S&P.

Shopping & Hopping

Gerade für hochspekulative Finanzprodukte ist ein gutes Rating, also ein staatlich geschütztes Gütesiegel, das beste Verkaufsargument, jedenfalls aus Sicht der Emittenten. Die zwei Marktführer vergaben von Anfang 2006 bis Juni 2007 etwa 10.000 Bestnoten für Wertpapiere, die auf min-derwertigen Hypothekenkrediten von zahlungsschwachen Häuslebauern beruhten. Das bedeutete: Die Papiere sind »investment grade«, offiziell zum Kauf empfohlen.[26] Die Spekulation lief auf Hochtouren, die Papiere wurden weltweit auf Kredit gekauft.

Nach dem kurzen Vorpreschen einer Agentur senkten die anderen im verfilzten Geleitzug ab Juli 2007 plötzlich die Ratings massenhaft auf Ramschniveau. 91 Prozent der 2007 erteilten AAA-Ratings und 93 Pro-

---

24 | http://ir.moodys.com/management.cfm, gelesen 27.7.2011.

25 | Handelsblatt 23.8.2011.

26 | RMBS: Residential Mortgage Backed Securities (Finanzprodukte, die auf Hyoptheken-Rückzahlungen basieren).

zent der 2006 erteilten AAA-Ratings bekamen innerhalb weniger Monate Ramschstatus.[27]

Die Emittenten wie Lehman Brothers, Goldman Sachs, Citigroup, United Bank of Switzerland und Deutsche Bank hatten sich zuvor die gefälligste Agentur aussuchen können; sie gingen sozusagen in derselben Straße auf Shopping-Tour: Welche Agentur das günstigste Rating-Angebot machte, dort kauften sie ein.

In den Agenturen herrschte das Prinzip: »Die Kundenwünsche sind das Wichtigste« und »Der Kunde muss zufrieden sein – und bleiben«. Wenn eine Agentur zu viele Fragen stellte, drohten die Kunden mit dem Wechsel zur nächsten Agentur und wechselten manchmal tatsächlich. Goldman Sachs zum Beispiel machte sich Moody's gefügig durch die Behauptung: Euer Konkurrent verlangt diese Information nicht, die Ihr haben wollt.[28] So senkte der Wettlauf um Kunden das Rating-Niveau, berichtete Richard Michalek, Ehemaliger Vizepräsident von Moody's.[29]

Um ihren Gewinn zu erhöhen, stellten die Agenturen in den Boomjahren weit weniger Personal ein, als dem steigenden Umsatz entsprochen hätte. Das Rating zu einem strukturierten Finanzprodukt erfordert nach den eigenen Standards der Agenturen eine Beschäftigungsaufwand von vier bis acht Wochen und mündet in ein Gutachten von 120 bis 280 Seiten.

Doch die Zeit wurde auf ein paar Tage oder weniger verkürzt, die Gutachten wurden voneinander abgeschrieben beziehungsweise textgleich – mit Austausch einiger Namen – aus dem Computerspeicher geholt: copy and paste. Statt den vorgeschriebenen zwei Analysten wurde nur einer eingesetzt. Zudem wurden solche Analysten eingestellt, die gerade von der Uni kamen, keine Erfahrung hatten, von den Vorgesetzten leicht beeinflusst werden konnten und durch Boni verführbar waren. Unter den Mitarbeitern herrschte eine Atmosphäre zwischen Geldgier, Angst und Einschüchterung.[30] Der ehemalige Vizepräsident von Moody's sprach vor

---

27 | U.S. Senate Permanent Subcommittee on Investigations, Hearing »Wall Street and the Financial Crisis: The Role of Credit Rating Agencies«, Washington 23.4.2010, Statement Senator Tom Coburn S. 1; Statement Senator Carl Levin, S. 2 und 4.

28 | Ebd., Statement Richard Michalek, S. 16.

29 | Ebd.

30 | Ebd., S. 10ff.

dem US-Kongress von einer »Tradition der Einschüchterung und Schika-
nierung der Analysten«.[31]

Das Shopping und Hopping war und ist in der Branche als übliches
Verhalten bekannt. Auch Ökonomen, die den gegenwärtigen Kapitalismus vehement verteidigen, benennen offen die zynischen, rechtswidrigen
Praktiken: »Die Spieler – die Banken und andere Investoren – schauen
sich vor dem Spiel verschiedene Schiedsrichter – die Ratingagenturen – an
und lassen sich von ihnen verschiedene Angebote machen, bevor sie jenen
aussuchen, der ihnen am besten gefällt.«[32]

WENIG ARBEIT, HOHE RENDITE

Die Agenturen verschanzen sich hinter hochkomplexen und objektiven
Bewertungssystemen. Doch die Bewertungen werden ohne viel Aufwand
wie am Fließband und offenbar vielfach in automatisierter Weise vorge-
nommen.

Eric Kolchinsky, ehemaliger Managing Director in der Derivate-Abteilung von Moody's, berichtete vor dem US-Kongress: Im Vorstand der
Agenturen kursieren täglich die Listen mit den Umsätzen der einzelnen
Abteilungen. Schon bei einem Absinken des Umsatzes um den Bruchteil
eines Prozents gegenüber den Konkurrenten üben die Vorstände Druck
aus, den Rückstand aufzuholen. Die Analysten müssen sich rechtfertigen,
wenn der Umsatz gesunken ist; sie werden unter Druck gesetzt, um den
Umsatz zu erhöhen, koste es, was es wolle.[33]

Im Bericht der Börsenaufsicht SEC werden Mitarbeiter zitiert, die sich
in den Jahren vor der Finanzkrise 2007 über die zu geringe Personalbe-
setzung beschwerten: »Es ist schwierig, die Qualität zu liefern, die unsere
hohen Gebühren rechtfertigt.« Ein anderer Mitarbeiter schrieb: »Es gibt

---

31 | Zitiert nach William Harrington: Comment on SEC Proposed Rules for Na-
tionally Recognized Statistical Rating Organizations. SEC File Number S7-18-11,
8.8.2011, S. 8.

32 | Thomas Straubhaar: Warum Rating-Agenturen verramscht werden müssen,
in: Spiegel Online 5.5.2010.

33 | U.S. Senate Permanent Subcommittee on Investigations, Hearing »Wall
Street and the Financial Crisis: The Role of Credit Rating Agencies«, Washington
23.4.2010, Statement Eric Kolchinsky, S. 1f.

starke Spannungen. Es gibt zu viel zu arbeiten, nicht genügend Leute, Druck vom Management.« Ein weiterer: »Das Unternehmen setzt voraus, dass wir 60 Stunden in der Woche arbeiten. Die Analysten arbeiten noch länger als das und wir bringen sie zum burn out. Mehrere sind schon ausgeschieden und es werden sicher noch mehr.«[34]

Wenige Analysten produzieren viele Ratings. Standard & Poor's, Moody's und Fitch sind vergleichsweise kleine Unternehmen. Sie machten im Jahr 2010 zusammengerechnet einen Umsatz von etwa fünf Milliarden US-Dollar. Darin sind neben den Ratings auch die vielfachen Serviceleistungen enthalten. Sie verkauften im Jahre 2010 insgesamt 2,734 Millionen Ratings. Zusammen beschäftigten die Großen Drei im selben Jahr 3598 Rating-Analysten und Rating-Supervisoren.[35]

Im Durchschnitt hat somit ein Analyst in einem Jahr 760 Ratings erstellt, also etwa zwei an jedem Tag – Weihnachten, alle Feiertage und alle Wochenenden als Arbeitstage eingerechnet. Wenn man bedenkt, dass ein vollständiges Gutachten für das Rating eines strukturierten Finanzprodukts, einer Bank, eines Konzerns und eines Staats bis zu 300 Seiten stark ist, dann kann man die Qualität dieser Fließband-Produktion erahnen.

Der verwendete Arbeitsaufwand ist somit äußerst gering. Das zeigt sich auch darin, dass die Agenturen zwar jährliche Monitoring-Gebühren kassieren, dafür aber meist »Null Ressourcen« bereithalten.[36]

Die Umsatzrenditen bei S&P und Moody's sind so hoch wie in keinem anderen Bereich der Finanzindustrie und verlaufen zudem parallel auf gleicher Höhe. Anfang der 2000er Jahre stieg die Rendite auf über 50 Prozent.[37] Sogar bei den gesunkenen Umsätzen nach der Finanzkrise bewegte sich die Rendite in den Jahren 2008 bis 2010 bei S&P zwischen 46,8 und 41,3 Prozent, bei Moody's zwischen 47,3 und 45,0 Prozent.[38]

---

34 | U.S. Securities and Exchange Commission: Summary Report of Issues in the Commission Staff's Examinations of Select Credit Rating Agencies, Juli 2008, zitiert nach der Schadenersatzklage des Pensionsfonds CalPERS gegen Moody's und andere vom 9.7.2009, S. 14.

35 | U.S. Securities and Exchange Commission: 2011 Summary Report of Commission's Staff Examinations of Each Nationally Recognized Statistical Rating Organization, Washington September 2011, S. 6ff.

36 | Harrington ebd., S. 55.

37 | Who rates the raters?, in: The Economist 23.5.2005.

38 | Manager magazin 9/2011, S. 10.

Der Fall des Pensionsfonds CalPERS

CalPERS (California Public Employees' Retirement System) wurde 1932 gegründet und ist der Pensionsfonds der öffentlich Beschäftigten im US-Staat Kalifornien. Für 1,6 Millionen Rentenversicherte – 1,1 Millionen Aktive und 480.000 Rentner – verwaltet er 173 Milliarden US-Dollar (Stand 2009). 2006 kaufte er für 1,3 Milliarden Dollar Anteile an drei strukturierten Finanzprodukten, die von drei Hedgefonds emittiert wurden: von Cheyne Capital Management und Gordian Knot (beide London) sowie Stanfield Capital Partners (New York). Die Finanzprodukte hießen Cheyne SIV, Stanfield Victoria SIV und Sigma SIV.[39] Alle drei bekamen von den drei großen Agenturen bis August 2007 die Bestnote, kollabierten jedoch in den Folgemonaten schnell und verursachten für CalPERS einen Verlust von etwa einer Milliarde. Die Einzelheiten sind hier deshalb bekannt, weil CalPERS 2009 eine ausführliche Schadenersatzklage gegen Moody's, S&P und Fitch eingereicht hat.[40] Es gibt noch kein rechtskräftiges Urteil. Laut Anklage erstellten insbesondere die beiden führenden Agenturen Moody's und S&P die Ratings, wobei die Hedgefonds die höchstmögliche Gebühr nur unter der Bedingung bezahlten, dass es zur Bestnote kam. Die Agenturen erstellten aber nicht nur die Ratings, sondern gestalteten die Finanzprodukte mit, wählten beispielsweise die einzelnen Bestandteile mit aus und arbeiteten an den Verkaufsprospekten mit. Die Agenturen bewerteten also ihr eigenes Werk. Die Hedgefonds boten die Produkte nicht auf dem freien Markt an, sondern nur ausgewählten Kunden, die gesetzlich als Qualified Institutional Buyers (geeignete institutionelle Erwerber) infrage kamen. Die Belege für die AAA-Ratings wurden den Kunden nicht offengelegt. Die Finanzprodukte waren nicht staatlich registriert. Mitarbeiter der Agenturen setzten sich bei CalPERS für den Kauf ein, waren also auch als Anlageberater und Werber tätig. Nachdem die Bestnote bis August 2007 bestand, senkten die Agenturen die Note innerhalb weniger Monate auf Ramschniveau, einmal sogar um sechs Stufen innerhalb eines einzigen Tages.

---

39 | SIV steht für Special Investment Vehicle, ähnlich wie Special Purpose Entity (SPE) und Special Purpose Vehicle (SPV), außerbilanzielle Zweckgesellschaften mit Sitz meist in einer Finanzoase, verwaltet von einem Treuhänder, der allein die Eigentümer kennt.
40 | CalPERS v. Moody's, McGraw Hill, Fitch, 9.7.2009, Superior Court of California, County of San Francisco, Case Nr. CGC-09.490241.

BETRUG

Wie schon dargestellt, verlangten die Agenturen von den Emittenten als Sicherheit den Abschluss von Kreditversicherungen, obwohl alle Beteiligten wussten oder jedenfalls wissen konnten, dass die Versicherungen nur »symbolisch« waren und nur eine Art Ablasszahlung darstellten.

Emittenten wie Goldman Sachs verlangten das Auswechseln widerständiger Analysten, die auf korrekter Bewertung bestanden. Die Agenturchefs erfüllten solche Wünsche. Zum Betrug gehören zwei Seiten: Die Emittenten zahlten ihren Mitarbeitern Boni, wenn sie bei den Agenturen vorteilhafte Ratings herausholten.[41] In den Agenturen mobbten Vorgesetzte korrektere Mitarbeiter, während die unkorrekten Mitarbeiter mit Beförderung und Boni belohnt wurden – so berichtet Eric Kolchinsky, der ehemalige Managing Director in der Derivate-Abteilung von Moody's; er wurde 2007 entlassen, als er die interne Revision der Agentur über Rechtsverstöße informierte.[42]

Geschäftsführende Manager sind nach den internen Regeln der Agenturen von den Abteilungen der Analysten streng getrennt. Dennoch griffen sie in Rating-Verfahren ein und »verbesserten« die Ratings, die von den zuständigen Analysten erstellt worden waren. Die betreffenden Analysten wurden als »Störer« bezeichnet, versetzt oder entlassen.[43]

Seit dem Jahr 2000 wandten sich mehrere Organisationen von Schätzgutachtern gemeinsam an die Öffentlichkeit. Sie wiederholten ihre Proteste bis ins Jahr 2007. Sie präsentierten eine Petition mit 11.000 Namen, Adressen und Unterschriften von Gutachtern. Sie beschwerten sich, dass sie von Kreditgebern unter Druck gesetzt werden, um die Preise für Häuser und Eigentumswohnungen künstlich hoch anzusetzen. In der Petition hieß es, dass die Kreditgeber schwarze Listen führen, auf denen korrekte Gutachter vermerkt sind, die man besser nicht beauftrage. Kreditgeber hätten die Gutachter mit Extra-Provisionen für gefälschte Immobilienwerte

---

41 | William Harrington: Comment on SEC Proposed Rules for Nationally Recognized Statistical Rating Organizations, SEC File Number S7-18-11, 8.8.2011, S. 6.

42 | U.S. Senate Permanent Subcommittee on Investigations, Hearing »Wall Street and the Financial Crisis: The Role of Credit Rating Agencies«, Washington 23.4.2010, Statement Eric Kolchinsky, S. 1f.

43 | Harrington ebd., S. 8f.

belohnt, heißt es zusammenfassend im Bericht der US-Regierung über die Ursachen der Finanzkrise.[44]

Seit 1999 ermittelte das Bundeskriminalamt FBI gezielt im Bereich des sich ausbreitenden Betrugs bei Hauskrediten. Zu den Straftaten gehörten gefälschte Gutachten mit überhöhten Hauspreisen, vorgetäuschte Identität des Kreditnehmers (identity theft, Identitätsdiebstahl), gefälschte Angaben über Einkommen oder falsche Adressen. In den jährlichen Berichten des FBI über Finanzkriminalität hatte der Hypothekenbetrug einen festen Platz, und die Behörde informierte die Finanzindustrie gezielt über das Massenphänomen.[45] Seit 2004 berichteten auch die Mainstream-Medien – darunter das Wall Street Journal, die tägliche Pflichtlektüre in der Finanzindustrie – darüber. Im November 2006 veröffentlichte das US-Finanzministerium einen Bericht über Hypothekenbetrug.[46]

So war lange bekannt, dass eine großer Teil der Kredite »liar loans« waren, Lügenkredite. Die Medien berichteten, dass Kreditvermittler Fantasie-Einkommen der Häuslebauer in die Verträge eintrugen und Unterschriften fälschten oder dauerhaft niedrige Zinsen versprachen, obwohl die Zinsen laut Vertrag nach ein oder zwei Jahren angepasst wurden.[47] Die kreditgebenden Banken zahlten den Vermittlern dafür hohe Provisionen.[48]

Die Rating-Agenturen, denen das bekannt sein musste, wenn sie auch nur einen geringen professionellen Anspruch hatten, berücksichtigten diese Betrügereien nicht. Sie waren allerdings in guter, beziehungsweise schlechter Gesellschaft. Auch Kreditvermittler, Wertgutachter, Banken, Anwälte und Wirtschaftsprüfer kassierten für ihre Mittäterschaft Honorare im »Wucherbereich«. Das »amerikanische System der Immobilienfinanzierung mitsamt der Verbriefung war offenbar ein großer institutioneller

---

44 | Financial Crisis Inquiry Commission: The Financial Crisis Inquiry Report. New York 2011, S. 18.

45 | The Federal Bureau of Investigation: Financial Crimes Report to the Public. Fiscal Year 2002ff.

46 | U.S. Department of the Treasury: Mortgage Loan Fraud. An Industry Assessment Based upon Suspicious Activity Report Analysis. Washington November 2006.

47 | Arturo Cifuentes: Statement beim Hearing 23.4.2010, S. 7.

48 | William Black: Why Nobody Went To Jail During the Credit Crisis, www.new-economicperspectives.blogspot.com, gelesen 19.9.2011; (Website des Economics Department at the University of Missouri, Kansas City).

Schwindel«.[49] Die Agenturen stellten keine Kontrollinstanz dar, sondern verhielten sich als Mittäter.

»WIR HABEN KEIN REZEPT GEGEN BETRUG«

»Vor Betrug sind wir nicht gefeit. Eine Ratinganalyse ist sehr komplex. Wir hinterfragen natürlich, ob die Zahlen, die wir bekommen, plausibel sind [...] Aber auch wir haben noch kein Rezept gegen Betrug.« So rechtfertigte im Jahre 2003 der Präsident von S&P Deutschland, Torsten Hinrichs, das Verhalten seines Unternehmens, das damals bei Enron Betrügereien nicht bemerkt hatte.[50] So lautet auch die Standard-Formulierung, die nach jeder »überraschenden« Insolvenz oder Krise von den Vertretern der Rating-Branche vorgetragen wird. Hinrichs ist auch heute noch in seiner Funktion.

Da wäre zu fragen: Wie kann eine Plausibilitätsprüfung bei einem Bündel von 10.000 verschiedenartigen Hypothekenkrediten überhaupt aussehen? Wie soll da im Fließbandverfahren von einigen Dutzend Ratings pro Tag etwas nachgeprüft werden?

Hinrichs sagt aber auch, dass seine Agentur mögliche Falschangaben und auch Betrügereien gar nicht nachgehen will und nach der eingeführten Arbeitsweise auch nicht nachgehen kann und darf: »Ein Rating ist nicht dazu da, um nachzuzählen, ob die Daten, die uns präsentiert werden, richtig sind. Wir sind kein Bilanz-TÜV.«[51] Selbst wenn man dies gelten lassen würde, dann bleibt immer noch die Tatsache, dass Betrügereien, Indizien für Insolvenzen, abstürzende Immobilienpreise und Minderwertigkeiten von Wertpapieren von anderen Akteuren – FBI, Medien, Berufsverbänden – sozusagen auf dem Präsentierteller an die Öffentlichkeit gebracht wurden und die Agenturen trotzdem nicht darauf reagierten.

Auch das Mobben und Hinausdrängen von Mitarbeitern, die unkorrekte Ratings kritisierten, sind deutliche Hinweise auf Betrug. Die SEC veröffentlichte dutzende von E-Mails, in denen sich Mitarbeiter zum Beispiel so austauschten: »Lass uns hoffen, dass wir alle reich und im Ruhestand

49 | Hans-Werner Sinn: Kasinokapitalismus. Berlin 2010, S. 175.

50 | Interview mit Torsten Hinrichs, Deutschlandchef von Standard & Poor's, über den schlechten Ruf der Ratingagenturen, in: Die Welt 11.8.2003.

51 | Ebd.

sind, wenn dieses Kartenhaus zusammenbricht« und »Es könnte von Kühen strukturiert sein und wir würden dem ein gutes Rating verpassen«.[52]

Monate nach Ausbruch der Krise resümierte Fitch solche Betrügereien, die danach bekannt wurden. Auf die zahlreichen Veröffentlichungen vor der Krise ging Fitch nicht ein. Vielmehr schiebt die Agentur die Schuld allein den Kreditnehmern und »unqualifizierten Vermittlern« zu.[53] Selbst wenn man die Schuld hier sieht, ist das keine Begründung dafür, dass die Agentur dies unberücksichtigt ließ.

Wir haben es also mit Kriminalität in verschiedener Hinsicht zu tun: Erstens verstoßen die Agenturen gegen eigene Vorschriften. Zweitens verstoßen sie gegen geltende Gesetze (Billigung von Betrug, Anlegertäuschung, Beihilfe zur Bilanzfälschung, Verschwörung – »conspiracy« im Wirtschaftsleben ist in den USA eine Straftat). Drittens handeln sie kriminell – nicht nach den geltenden anachronistischen Gesetzen, aber nach demokratischen Prinzipien: Mittäterschaft bei der Vorbereitung einer Finanz- und Wirtschaftskrise, Mithilfe bei Überschuldung und Enteignung von Unternehmen, Staaten und Verbrauchern, Verarmung bestimmter Gruppen der Gesellschaft.

---

52 | Zitiert nach The Guardian 26.1.2009.

53 | Fitch Ratings, Structured Finance, Diane Pendley: The Impact of Poor Underwriting Practices and Fraud in Subprime RMBS Performance 28.11.2007.

IX. Ratingfreie Zonen

Alle Finanzakteure und alle Wertpapiere unterliegen dem Rating – so heißt es. Doch das ist nicht der Fall. Es gibt Ausnahmen. Das Rating-Verfahren gehört einem Regulationstyp an, der für wichtige Finanzakteure nur noch eine untergeordnete oder gar keine Rolle mehr spielt.

WERTPAPIERE OHNE RATING

So machte die Investmentbank Goldman Sachs im September 2011 einem bevorzugten Kundenkreis ein internes Angebot. Die angesprochenen Kunden waren Hedgefonds. Zu diesem Zeitpunkt hatte sich die drohende Zahlungsunfähigkeit des Staates Griechenland bereits zwei Jahre hingezogen und wurde nun konkret greifbar.

Das Angebot bestand aus verschiedenen Wetten, die vom Bankrott Griechenlands, weiterer EU-Staaten und dem Wertverfall des Euro ausgingen.[1] Weil die möglichen Käufer erstens die Eigentümer der Rating-Agenturen waren, weil sie zweitens das Risiko selbst abschätzen konnten und weil drittens die Geschäfte nicht bekannt werden sollten, waren Ratings für die betreffenden Wertpapiere weder notwendig noch sinnvoll.

Dabei wird deutlich: In der Top-Etage der Finanzindustrie werden finanzielle Entscheidungen gefällt, die sich auf die Weltwirtschaft und die Staaten auswirken. Aber gerade hier spielen die Ratings keine Rolle. Wir wissen nicht, wie oft dies der Fall ist, das genannte Angebot von Goldman Sachs wurde nur zufällig bekannt.

---

1 | Goldman Sachs, Hedge Fund Strategies Securities Division: State of the Markets. Long and Short Risks Strategies 16.8.2011.

Ratings sind offensichtlich auch etwas für das öffentliche Schauspiel und das Schüren von Angst auf der Vorderbühne. Währenddessen geht es auf der Hinterbühne um das, was wichtig ist.

FINANZAKTEURE MIT EIGENEN RATING-VERFAHREN

Hedgefonds haben geringes Eigenkapital und entfalten dennoch eine große Hebelwirkung. Ihre großvolumigen Transaktionen können sie nur mithilfe von Krediten ausführen, die sie von den traditionellen Banken, Pensionsfonds, Versicherungen und Immobiliengesellschaften erhalten.

Deshalb nehmen die traditionellen Banken, die den Hedgefonds die Kredite geben, das Rating selbst vor. Banken wie Goldman Sachs, Citigroup, Deutsche Bank, United Bank of Switzerland, Crédit Suisse und Merrill Lynch, Versicherungen wie American International Group (AIG) und Spekulations-Holdings wie Berkshire Hathaway – sie hatten ohne offizielles Rating dem Hedgefonds Long Term Capital Management (LTCM) Kredite gegeben und sind auch heute ständige Kreditgeber für Hedgefonds: Sie alle haben interne Rating-Prozeduren entwickelt, um sich gegenseitig und auch Hedgefonds zu bewerten.[2]

LTCM hatte kurz vor dem Zusammenbruch im Jahre 1998 nur vier Milliarden US-Dollar an Eigenkapital, hatte aber 100 Milliarden an Krediten aufgenommen. Der Spekulationsumfang betrug somit 1,25 Billionen; das waren etwa fünf Prozent des gesamten Weltfinanzmarktes. LTCM verspekulierte sich und drohte, bei den genannten »systemrelevanten« Banken, Versicherungen, Holdings und weiteren solcher Kreditgeber 1998 eine Kettenreaktion auszulösen – eines der Vorspiele der Finanzkrise 2007/2008. Deshalb übernahmen die Federal Reserve Bank of New York und die anderen Hauptkreditgeber einen Teil der Verpflichtungen, mehrere Kredite schrieben sie ab.[3]

Hieran wird auch deutlich, dass Ratings in entscheidenden Finanzsituationen keine Rolle spielen, wenn die Verantwortlichen das so wollen. Ebenfalls wird deutlich, dass Banken, wenn sie dies für günstiger halten,

---

2 | William Tracy/Mark Carey: Credit Risk Rating at Large U.S. Banks, Federal Reserve Bulletin November 1998, zitiert nach Hedge Funds, Leverage, S. 115.
3 | www.erisk.com/Learning/CaseStudies/Long-TermCapitalManagement.asp, gelesen 28.9.2011.

auf Kreditrückzahlungen verzichten können – bei ihren Hedgefonds, die häufig insolvent werden, verzichten sie schon mal, bei Staaten verzichten sie nicht.

Aus denselben Gründen nehmen große Banken, Versicherungen, Vermögensverwalter, Investment- und Hedgefonds ihre Bewertungen von Unternehmen, Staaten und Wertpapieren selbst vor und halten sich keineswegs an die Ratings der Agenturen. Sie kennen die Kunden, denen sie Kredite geben oder von denen sie Anleihen kaufen, in der Regel sowieso viel besser; so sagt der Chef des größten Hedgefonds Blackrock.[4] Auch andere Hedgefonds bestätigen, dass sie sich lieber auf die eigenen Ratings als auf die der Agenturen verlassen.[5]

So trennte sich auch die Tochtergesellschaft des Versicherungskonzerns Allianz, PIMCO, von US-Staatsanleihen, lange bevor die USA von S&P im August 2011 vorsichtig auf AA+ heruntergestuft wurden. PIMCO ist weltweit einer der wichtigsten Käufer und Verkäufer von Staatsanleihen. Ratings bedeuten »immer weniger«, sagt PIMCO-Manager Andrew Bosomworth.[6]

So bewertet etwa die Deutsche Bank schon seit 2005 Städte und Bundesländer nach einem eigenen Rating-Verfahren. Es ist den Agenturen nachempfunden, wird aber von der Deutschen Bank selbst durchgeführt. Die Ratings werden nicht veröffentlicht.[7]

Das hindert dieselben Akteure allerdings keineswegs, die offiziellen Ratings weiter für ihre Zwecke einzusetzen, wenn es für sie von Vorteil ist.

KREDITE ZWISCHEN BANKEN

Durch gegenseitige Kredite (»Interbankengeschäfte«) schöpfen Banken und Finanzakteure untereinander und ohne staatliche Kontrolle neues Kapital. So kann Bank I bei Bank II, III und IV Geld leihen und mit einem höheren Zins, als sie selbst zahlen muss, zum Beispiel an Staaten und Kommunen verleihen – das war etwa das Modell der fusionierten Ban-

---

4 | Die Zeit 5.5.2011.

5 | Schlussverkauf, in: Der Spiegel 50/2011, S. 48 und 58.

6 | Handelsblatt 11.6.2011.

7 | Deutsche Bank provoziert Kämmerer. Institut verteilt Noten an Kommunen, in: Financial Times Deutschland 23.5.2011.

ken Depfa und Hypo Real Estate (HRE), die 2008 der größte Insolvenz-fall in der Bankenkrise Deutschlands wurden. So kauften auch zahlreiche Banken mithilfe von Krediten, die sie bei anderen Banken aufgenommen hatten, die vor der letzten Finanzkrise so begehrten Schrottpapiere aus ge-bündelten und verbrieften US-Hypothekenkrediten.

So lieh sich etwa beim strukturierten Finanzprodukt namens Cross Border Leasing die US-Bank I Geld bei der englischen Bank II und der deutschen (Landes-)Bank III, um Anlagen der öffentlichen Infrastruktur (zum Beispiel Kanalisationen, Nahverkehrssysteme, Rathäuser, Messehal-len, Müllverbrennungsöfen) in Europa zu kaufen und zurückzuvermieten; dabei reichte Bank I das geliehene Geld an die Banken IV, V und VI in England, Deutschland und der Schweiz weiter. Die sollten als Schuldüber-nahme- und Depotbanken das Geld – dreistellige Millionen- und Milliar-densummen – 30 Jahre lang verwalten, die Leasingraten bezahlen und am Ende den Rückkaufpreis an Bank I beziehungsweise deren Zweckgesell-schaft in Delaware zurückzahlen. Jede der beteiligten Banken hatte durch diese Kreislauf-Kreditvergabe einen Gewinn: Bank I bekam einen Steuer-vorteil, Bank IV, V und VI bekamen einen zinslosen Kredit, die Bank II und III kassierten Zinsen, und alle verdienten noch an Depot- und Verwal-tungsgebühren. Zusätzlich dazu verdiente der Versicherungskonzern AIG an den Kreditversicherungen und die Investmentbanken profitierten vom Handel mit den Kreditversicherungen.[8]

Die Zinsen für Interbanken-Kredite ergeben sich nicht auf der Grund-lage von Ratings, sondern werden von einem Gremium der Britischen Bankiersvereinigung BBA in London täglich neu festgelegt, und zwar auf der Grundlage der von den wichtigen Banken gemeldeten Zinshöhen des Vortags. Dieser Interbanken-Zinssatz heißt LIBOR, London Interbank Of-fered Rate.

Dabei ist übrigens aufschlussreich, dass die großen Investmentban-ken, die besonders eifrig im Interbankengeschäft sind, möglicherweise wiederholt gelogen haben. Laut Klagen von Hedgefonds und Wertpapier-händlern haben sich Barclays, Royal Bank of Scotland, Citigroup, Credit Suisse, Bank of America, JPMorgan Chase durch falsche Angaben Vorteile erschlichen, ihre Kreditkosten beschönigt und damit ihre problematische Lage gegenüber Finanzaufsicht, Aktionären und Kunden verheimlicht

---

8 | Vgl. Werner Rügemer: Cross Border Leasing. Ein Lehrstück zur globalen Ent-eignung der Städte. Münster 2005.

und auch so zur Finanzkrise beigetragen. Nicht nur die US-Finanzaufsicht SEC, sondern auch die Behörden in der EU, Japan und Großbritannien ermitteln.[9]

Dazu muss man berücksichtigen, dass diese Banken und ihre Eigentümer auch Eigentümer der beiden großen Rating-Agenturen sind.

WENN RATINGS NICHTS GELTEN

So fest gefügt, wie es dem desinformierten Medienpublikum erscheint, funktioniert das Rating-System gar nicht. Die großen Finanzakteure, wie wir schon gesehen haben, setzen sich ohnehin vielfach darüber hinweg. Das ist vor allem in Krisensituationen so.

Beispielsweise hatten im November 2011 noch acht Staaten der Erde die Bestnote AAA. Das waren Frankreich, Großbritannien, Deutschland, Kanada, Österreich, Niederlande, Finnland, Norwegen, Dänemark, Singapur, Schweiz, Schweden und Luxemburg. Trotzdem lagen die Zinsen für neue Staatsanleihen denkbar weit auseinander: für die Bundesrepublik Deutschland lagen sie unter zwei Prozent, für Frankreich über sieben Prozent.[10]

Eine besondere Vorzugsstellung genießt Großbritannien: Es hat unter den acht AAA-Staaten mit Frankreich die höchste Schuldenquote in Prozent der Wirtschaftsleistung (Frankreich 84,1 Prozent, Großbritannien 83,7 Prozent), die weitaus höchste Neuverschuldung und das weitaus geringste Wirtschaftswachstum und das drittschlechteste Leistungsbilanzsaldo. Die Agenturen, die mit dem angelsächsischen Wirtschaftsmodell verheiratet sind und ihren zentralen, deregulierten Standort in der City of London haben, sind eben auch hier nicht so objektiv, wie sie sich ansonsten präsentieren.

Warum aber hat dann Standard & Poor's die USA im Sommer 2011 trotzdem auf AA+ abgewertet, was einem Tabubruch gleichkommt? Hier wird ein anderes Rating-Motiv sichtbar. Zunächst kündigte die Agentur die Herabstufung an, und zwar als die Regierung Obama und seine Demokratische Partei sich nicht auf die Forderungen der Republikanischen Partei einließen und sich deshalb ein gefährliches Patt anzudeuten schien; wenn

---

9 | Bloomberg 27.11.2011; Neue Zürcher Zeitung 28.11.2011.
10 | Die letzten Länder mit AAA-Rating auf der Welt, in: Die Welt 9.11.2011.

sich die beiden Parteien nicht einigten, drohten die USA zahlungsunfähig zu werden. Die Republikaner forderten heftige Einschränkungen bei den Sozialausgaben, um der Erhöhung des US-Schuldenlimits zuzustimmen.[11]

Als die Parteien sich drei Wochen lang nicht einigten, setzte die Agentur die Note eine Stufe herunter. Die Agentur wartete also nicht die Entscheidung ab, die innerhalb weniger Tage erfolgen musste, sondern übte gezielten Druck auf Obama aus. S&P gilt als besonders eng mit Wall Street und Republikanern verfilzt. Die Absenkung wird vielfach als eine Abstrafung des aus ihrer Sicht allzu sozialen Obama gesehen.

Das zeigte sich auch daran, dass die schlechtere Note gar nichts mit der wirklichen Benotung durch »die Märkte« und die Eigentümer der Agentur zu tun hatte. Denn die Zinsen für neue US-Anleihen stiegen nach der Herabstufung nicht an. Im Gegenteil, sie sanken bei den zehnjährigen Anleihen, die am ehesten hätten betroffen sein müssen, von Mitte Juli 2011 bis zum 7. August – also im Zeitraum zwischen der Ankündigung und der tatsächlichen Herabstufung – von 2,2 auf 2,11 Prozent, nachdem sie schon im Laufe des ganzen Jahres vom Ausgangspunkt 3,7 Prozent gesunken waren.

Gegen die Herabstufung der USA protestierte Warren Buffet, der Miteigentümer der Konkurrenzagentur Moody's ist. Er verkündete öffentlich: Die USA verdienen sogar ein Vierfach A, und wenn sich irgendetwas ändere, dann seine Meinung über S&P. Daraufhin verpasste S&P am nächsten Tag der Buffet-Holding Berkshire Hathaway einen »Ausblick negativ« mit der Androhung, das AA+ abzusenken.[12] Moody's hatte die USA nicht herabgestuft. Dieser kurzzeitige »Zickenkrieg« offenbarte politische Motive, die ansonsten verborgen sind.

Politische Motive werden auch im Vergleich der USA mit Russland und Japan deutlich. Japan und die USA hatten im Jahre 2009 mit 214 beziehungsweise 88 Prozent Schulden im Verhältnis zum Bruttoinlandsprodukt und mit 678 beziehungsweise 302 Prozent Schulden im Verhältnis zum Steueraufkommen das bei weitem schlechteste Verhältnis aller vergleichbaren Staaten, und so ähnlich war es auch noch im Jahre 2011. Die wirtschaftlichen Aussichten von USA und Japan sind vergleichsweise schlecht. Dennoch haben sie eine AA-Note. Dagegen hatte Russland Schulden von nur 12 Prozent im Verhältnis zum Bruttoinlandsprodukt und nur

---

11 | Standard & Poor's, Global Credit Portal: United States of America Ratings Placed on Credit Watch Negative On Rising Risk of Policy Stalemate, 14.7.2011.

12 | Ratingagentur watscht Buffett ab, in: Süddeutsche Zeitung 9.8.2011.

37 Prozent im Verhältnis zu den Steuereinnahmen. Die wirtschaftlichen Aussichten sind besser als die in den USA. Dennoch geben die drei Agenturen Russland nur die Note BBB.[13] Das änderte sich auch nicht, als der IWF und die EU Russland darum baten, Anteile am europäischen Rettungsfonds ESFS zu erwerben.[14]

---

13 | Die größten Wirtschafts- und Schuldenmächte, Tabelle nach Fitch und Bloomberg, in: Welt Online 25.9.2009.
14 | Manager magazin 16.11.2011.

X. Debt Factory Working

Es ist banal festzustellen, dass die großen Rating-Agenturen zu den routinemäßigen Mitverursachern von Unternehmens-, Finanz-, Wirtschafts- und Staatskrisen gehören. Im Folgenden lassen wir einige bekannte und spektakuläre Krisen und die Rolle der Rating-Agenturen Revue passieren. Dabei handelt es sich um Situationen, die den »Normalfall« zuspitzen, in denen aber über die Umstände mehr bekannt wird.

UNTERNEHMENS-KRISEN

Zu einem Kreditverhältnis gehören bekanntlich zwei Parteien. Die Unternehmens- und Staatskrisen könnte man deshalb mindestens genauso gut als Krisen der Banken oder besser der Kreditgeber und ihrer Mittäter (Rating-Agenturen, Wirtschaftsprüfer, Anwälte, Unternehmensberater, Finanzaufsicht) bezeichnen.

Weil die Agenturen gegenwärtig vor allem wegen ihrer Rolle bei der Verschuldung von Staaten beachtet werden, möchte ich zunächst auf ihre Rolle bei den Unternehmen eingehen. Der Umfang der Unternehmensschulden ist zudem wesentlich höher als der Umfang der Staatsschulden.[1]

---

1 | Beispiel Deutschland: 2011 waren die nicht-finanziellen Kapitalgesellschaften mit 3,9 Billionen Euro verschuldet, die monetären Finanzinstitute mit 6,2 Billionen, die sonstigen Finanzinstitute mit 2,0 Billionen, die Versicherungen mit 1,7 Billionen, zusammen also 13,8 Billionen Euro: Der Staat BRD mit Bundesländern und Kommunen war dagegen nur mit 2,12 Billionen verschuldet, die privaten Haushalte mit 1,54 Billionen, www.bundesbank.de, siehe »Finanzierungsrechnungen«, Stand 2. Quartal 2011.

Enron

Am 16. Oktober 2001 gab Enron seine Zahlungsunfähigkeit bekannt. Das Unternehmen mit operativem Hauptsitz in Houston/Texas war in 15 Jahren vom regionalen texanischen Gaslieferanten zum größten Strom- und Gashändler in den USA aufgestiegen und expandierte in Mexiko, Südamerika, Afrika, Asien und Europa, insbesondere in Großbritannien. Möglich wurde dies vor allem durch drei Faktoren: Durch die politische Protektion des republikanischen Gouverneurs von Texas, George W. Bush, durch die internationale Deregulierung des Energiemarktes und durch den Einsatz »innovativer Finanzinstrumente«.

Die Medien verbreiteten bereitwillig den Enron-Slogan »Power to the people«, der geschickt doppeldeutig war: Günstige Energie und zugleich Macht für das Volk. Der wesentliche Indikator des Erfolgs war, dass der Aktienwert sich von 1996 bis Ende 2000 mehr als vervierfachte. Dann verursachte das Vorzeigeunternehmen »überraschend« und »wie aus heiterem Himmel« den bis dahin größten Konkurs der US-amerikanischen Unternehmensgeschichte.[2]

Enron war in der kurzen Zeit seines Aufstiegs einer der Stars der Wall Street und der republikanischen Partei, die mit George W. Bush knapp vor Enrons öffentlich gewordener Zahlungsunfähigkeit die US-Präsidentschaftswahlen gewann. Enron nutzte die Möglichkeiten der Deregulierung, kaufte mit günstigen Krediten öffentliche Energieunternehmen und Energieleitungen auf, bezahlte seine Angestellten mit eigenen Aktien, war weitgehend von Steuern befreit. Enron gründete – was nach der neoliberalen Theorie eigentlich eine Sünde war, übrigens eine sehr beliebte Sünde – mit Staatssubventionen neue Kraftwerke.

Und vor allem: Enrons führende Manager gründeten etwa 5000 Special Purpose Entities (SPE, Einheiten für besondere Zwecke, oft auch Special Purpose Vehicles genannt, SPV)[3] überall auf der Welt, vor allem in einschlägigen Finanzoasen wie den Cayman Islands und auf den Bahamas. Diese juristische Konstruktion der SPE war von den großen Wirtschaftsprüfern KPMG und Price Waterhouse Coopers (PWC) entwickelt worden. Sie diente der Auslagerung von »besonderen Zwecken« aus der Unternehmensbilanz

---

2 | Vgl. Special Investigative Committee of the Board of Directors of Enron Corp.: Report of Investigation. Austin 1.2.2002.

3 | Vgl. S. 116, Fußnote 39.

und somit dem Verstecken vor der Finanzaufsicht und der Öffentlichkeit. Es ist seit den 80er Jahren eine sich ausbreitende, routinemäßige Praxis in der gesamten Finanzindustrie und Konzernpraxis. Die Bilanzregeln wurden »gelockert«; der Wert von Aktien, Investitionen und ähnlichem kann von den Unternehmensvorständen nach ihren »Erwartungen« an die zukünftige Entwicklung festgelegt werden (fair value).

Die Enron-Manager gaben diesen Briefkästen, aus denen nicht ersichtlich war, dass sie Enron gehörten, mithilfe der »renommierten« Wirtschaftsprüfungsgesellschaft Arthur Andersen fantasievolle Namen wie Predator und Condor. Wenn die Namen ausgingen, dann wurden sie mehrfach verwandt, sodass sich im Enron-Stall die Klone Raptor I, Raptor II, Raptor III usw. tummelten.

Einer der »besonderen Zwecke« von Predator und anderer versteckter juristischer Raubtiere bestand nicht darin, mit Gas und Strom zu handeln, sondern mit Gas- und Stromderivaten, also mit zukünftigen Lieferungen (Futures) und Optionen. Den Derivatehandel, auch den mit Energie, hatte die Regierung von US-Präsident William Clinton zu Beginn der 90er Jahre von der Finanzaufsicht befreit.

So gab etwa ein Predator von seinem Sitz auf den Cayman Islands bei der Enron-Zentrale in Houston fiktive Bestellungen auf, zum Beispiel für die Lieferung von 500 Millionen Megawatt Strom im Jahre 2012, und zwar für ein Energieunternehmen in Indien, das Enron dort erst noch bauen wollte. So wuchsen der Umsatz und der Aktienwert.

Die »renommierte« Unternehmensberatung McKinsey unterstützte diese Konzernorganisation. »Renommierte« Anwaltskanzleien erstellten die Lieferverträge. Die »renommierten« Wirtschaftsprüfer testierten die aufgeblähten Bilanzen als korrekt. Die »renommierten« großen Rating-Agenturen erteilten Bestnoten. »Renommierte« Banken gaben auf dieser Grundlage günstige Kredite für die globale Expansion. Konzernchef Kenneth Lay war Freund, Spender, Spendensammler und Energieberater des US-Präsidenten George W. Bush. Viel Gewinn machte Enron dadurch, dass es die von öffentlichen Unternehmen aufgekauften Stromleitungen für andere Lieferanten sperrte, damit beispielsweise im Bundesstaat Kalifornien den Strom verknappte und ihn dann überteuert verkaufte.

Als »Hedgefonds mit einer Abteilung für Gasleitungen«[4] flog das Unternehmen an der Wall Street und in den Wirtschaftsmedien von Er-

---

4 | The Economist Online 29.11.2001.

folg zu Erfolg. Der Konkurs kam für die erfolgreich-betrügerische Tätergemeinschaft natürlich »überraschend«. Als Reaktion auf den Konkurs trat der Vorstand zurück, einer beging Selbstmord, andere wurden verurteilt, einige tauchten unter. Zehntausende Beschäftigte wurden arbeitslos; ein großer Teil ihrer Ersparnisse und Pensionsansprüche war vernichtet, der Teil nämlich, der ihnen in Gestalt von Enron-Aktien ausgezahlt worden war. Millionen Bürger hatten zu hohe Energiepreise bezahlt. Enron verschwand, aber die Deregulierung des Energiemarktes und des Derivatehandels blieb.[5]

Die drei größten Rating-Agenturen hatten in ihrem wie immer nur leicht verschobenen Geleitzug die Zahlungsfähigkeit von Enron bis vier Tage vor der Konkurserklärung als »investment grade« bewertet. Das taten sie noch, obwohl seit Monaten schon Hinweise auf Tricks und Betrügereien öffentlich geworden waren. Das taten sie auch dann noch, als die Börsenaufsicht SEC eine Ermittlung einleitete. Wie nachlässig und arrogant S&P seine Bewertungsarbeit selbst bewertete, geht unter anderem aus folgendem hervor: Als ein halbes Jahr vor dem Bankrott der für Enron zuständige Analyst, Todd Shipman, von Journalisten gefragt wurde, wie Enron eigentlich das viele Geld verdiene, antwortete er: »Wenn Sie das rauskriegen, dann lassen Sie es mich wissen.«[6]

Die Agenturen, so wurde berichtet, »ließen sich vom Enron-Vorstand und den Banken unter Druck setzen« und hielten sich mit der Neubewertung zurück.[7] Die Mitglieder des Enron-Vorstands – kleiner Nebeneffekt – hatten damit auch Gelegenheit, ihre persönlichen Aktien noch vor der Insolvenzerklärung günstig zu verkaufen, während sie der Belegschaft, die deshalb ihre Aktien behielt, noch eine strahlende Zukunft versprachen. An etwa 500 Topmanager wurden noch schnell Boni ausgezahlt.[8]

---

5 | Die Wirtschaftsprüfungsgesellschaft Arthur Andersen, die zu den »Big Five« der Branche gehörte, ging ebenfalls pleite beziehungsweise wurde von den anderen vier großen Wirtschaftsprüfern aufgekauft, sodass seitdem die Branche von den »Big Four« beherrscht wird.

6 | Gunnar Steck: Das System der U.S. Kapitalmarktregulierung: Aufbau, Organisation und strukturelle Änderungen durch den Sarbanes Oxley Act, Trier University, REGEM Analysis Nr.11, 6/2004, S. 14.

7 | The Economist 6.12.2001.

8 | Wasted Energy. Lessons Must Be Learned from America's Largest Corporate Bankruptcy, in: The Economist 6.12.2001.

Als die Präsidentenwahl gelaufen war, das Management sich bedient hatte und nichts mehr zu vertuschen war, werteten die Agenturen plötzlich innerhalb weniger Wochen in schnellen Schritten das Unternehmen auf Ramschstatus herunter: Moody's um fünf Stufen, S&P um sechs Stufen und Fitch um acht Stufen.[9]

Wegen der korrupten Beziehung von Enron mit der republikanischen Partei und mit deren Präsidentschaftskandidat George W. Bush im Besonderen darf angenommen werden, dass das verzögerte »downgrade« auch dazu diente, die Wahl Bushs nicht zu gefährden. Robert Rubin, der Finanzminister unter der vorherigen Regierung William Clintons, versuchte noch nach seiner Amtszeit, die Rating-Agenturen zu einem günstigen Rating zu bewegen – Rubin war vor seiner Amtszeit Manager des Enron-Gläubigers Citigroup gewesen.[10]

So kamen die Agenturen ihrer (angeblichen) Aufgabe als neutrale Gutachter nicht nach. Vielmehr schwammen sie wie der Fisch im Wasser der Wall Street. Sie verließen sich auf die Angaben des Enron-Vorstands. In Kollusion mit ihm und den beteiligten Banken (JPMorgan Chase, Citigroup, Merrill Lynch, UBS, Deutsche Bank, Westdeutsche Landesbank), den Wirtschaftsprüfern (Arthur Andersen), den Unternehmensberatern (McKinsey) und der Anwaltskanzlei (Vinson & Elkins) segneten sie den betrügerischen Aufstieg Enrons ab und verdienten gut dabei. Sie dehnten die Zeit und den Umfang der an Enron vergebenen Kredite so lange wie möglich aus. Sie leisteten Beihilfe zum Betrug und steuerten das Unternehmen in die Insolvenz. Dann machten sie sich der Beihilfe zur Insolvenzverschleppung schuldig.

Sie wurden deshalb anschließend (zeitweise) kritisiert, aber nie bestraft und nie zu Schadenersatz herangezogen. Sie erklärten sich für unschuldig und übernahmen keine Verantwortung. Die politisch Verantwortlichen, die Börsenaufsicht und die Justiz deckten dieses Verhalten.

Enron ist nur der bekannteste, aber keineswegs der einzige derartige Fall. Die Insolvenzen etwa von Parmalat, Vivendi und WorldCom hatten ähnliche Ausmaße, zahlreiche weitere Geschichten von Stars des Dot-

---

9 | The Senate Committee on Governmental Affairs: Financial Oversight of Enron. The SEC and Private Sector Watchdogs. Washington 2002, S. 18ff.

10 | Mark Weisbrot: Rubin Shouldn't Escape Enron Investigation. Center for Economic and Policy Research 17.1.2002.

com-Booms[11] und die Rolle der Rating-Agenturen dabei sind längst wieder dem gnädigen Wirken der kapitalistischen Vergangenheitsvernichtung anheimgegeben. Der Kapital-Himmel war wieder heiter und für die nächsten »Überraschungen« gut, etwa im Immobilienbereich.

Lehman Brothers und andere Banken

2008 ging die Investmentbank Lehman Brothers pleite. Das Gericht, vor dem die Insolvenz verhandelt wurde, ließ das Verhalten der drei großen Rating-Agenturen untersuchen. Obwohl in den Wirtschaftsmedien schon 2007 die Überschuldung der Investmentbanken thematisiert wurde, begannen die Agenturen erst im Juni 2008 mit dem allmählichen »downgrade« von Lehman, aber immer noch im A-Bereich, also »investment grade«. Noch in der Woche vor der Insolvenzerklärung am 15. September 2008 vergaben die Agenturen ein weiteres »downgrade«, immer noch im A-Bereich, allerdings mit negativem Ausblick. Alle Agenturen handelten am selben Tag, dem 9. September 2008, und erst am Tag der Insolvenzerklärung setzten sie Lehman auf »non investment grade«.

Die Agenturen gaben in der gerichtlichen Befragung zu, dass sie noch im Mai 2008 bei den Präsentationen die falschen Darstellungen der Lehman-Manager übernommen hatten. Diese hatten allerdings übliche Methoden der Bilanzmanipulation – außerbilanzielle Kredite über Zweckgesellschaften in Finanzoasen und ähnliches – angewandt, die jedem Mitarbeiter der deregulierten Finanzbranche bekannt waren. Aber die Analysten hakten nicht nach.[12]

Zu den strukturierten Finanzprodukten gehörten solche, die auf der Grundlage von Krediten konstruiert wurden, die an Haus- und Wohnungskäufer, aber auch an andere Konsumenten vergeben wurden, für Kühlschränke, Wohnungseinrichtungen, Urlaubsreisen und ähnliches. Die Kredite wurden von darauf spezialisierten Hypothekenbanken wie Fan-

---

11 | Mit Dotcom-Boom werden die Internet-Unternehmen bezeichnet, die seit etwa 1997 schnell gegründet, mit großen inszenierten Erwartungen an die Börse gebracht wurden und zum größten Teil nach wenigen Jahren in die Insolvenz gingen. Diese massenhafte Insolvenz wurde als »Platzen der Dotcom-Blase« bezeichnet.

12 | http:online.wsj.com/public/resources/documents/LehmanVol1-9.pdf, gelesen 22.2.2012, S. 1467ff.

nie Mae oder Freddie Mac und anderen gewöhnlichen Geschäftsbanken
vergeben, meist über Vertreter, Vermittler oder Broker. Die Investmentbanken kauften solche Kredite, und zwar auf einen Schlag zu tausenden
oder zehntausenden, bündelten sie und machten daraus neue Wertpapiere
namens Mortgage Backed Securities (MBS, Wertpapier auf der Basis von
Hypothekenkrediten). Diese verkauften sie dann an andere Finanzakteure, an deutsche Landesbanken, an US-amerikanische Pensionsfonds und
andere Banken weltweit.

Das ist die bekannte Verbriefung[13] von Immobilienkrediten. Diese
»Wertpapiere«, die man besser Wertlospapiere, Ramschpapiere, Täu-
schungspapiere oder Lügenpapiere nennen muss, wurden zu Tausenden
hergestellt. Sie waren umso besser und teurer zu verkaufen, je besser die
Ratings waren. Ähnliches gilt für andere strukturierte Finanzprodukte,
die von den Agenturen beste Noten erhielten, so Collateralized Debt Obligations (CDO, besicherte Schuldverschreibungen mit Unternehmensanleihen, manchmal mit Hypothekenkrediten gemischt) und Credit Default
Swaps (CDS, Kreditbürgschaften und -wetten). Die bereits geschilderte
Fließband-Gefälligkeits Produktion solcher Ratings durch die Agenturen
löste die Finanzkrise von 2007 aus.[14]

STAATS-KRISEN

Eine andere Folge der herrschenden Sprachregelung, wonach die Kreditgeber niemals eine Schuld an der Krise tragen, ist die Bezeichnung der
Krise nach Staaten oder Regionen: Mexiko-Krise, Asien-Krise, Russland-
Krise, Euro-Krise. Auch hier beschränken wir uns der Kürze halber auf
spektakuläre und bekannte Fälle.

---

13 | Verbriefung bedeutet: Weiterverkauf von Krediten; dabei können die Kredite
nicht nur einmal, sondern kettenartig an immer weitere Käufer, meist Banken, weiterverkauft werden.

14 | Hans-Werner Sinn: Kasinokapitalismus. Berlin 2010, S. 181. Lehman wur-
de in die Insolvenz geschickt, der US-Teil wurde an die englische Barclay's Bank
verkauft, der europäisch-asiatische Teil an die japanische Bank Nomura. Bear
Stearns wurde von JPMorgan Chase aufgekauft, Merrill Lynch von Bank of America,
die US-Zentralbank Fed übernahm dabei einen großen Teil der Verluste.

Asien-Krise

Ab 2. Juli 1997 wurden innerhalb weniger Monate die asiatischen Staaten Thailand, Indonesien, Südkorea, Malaysia und die Philippinen von einer Finanzkrise »erfasst«. Während sie seit einem Jahrzehnt von westlichen Investoren, Regierungen und Medien und vom IWF als erfolgreiche Tigerstaaten glorifiziert wurden, bekamen sie selbstverständlich beste Noten von den Rating-Agenturen. Vor allem Thailand und Südkorea bekamen Triple A.

Genauso selbstverständlich stuften die Agenturen mit Ausbruch der Krise dieselben Staaten in schnellen Schritten auf Ramschniveau herab. Genauso schnell wuchsen die Schulden der Staaten und Unternehmen, die Regierungen setzten auf Druck des IWF die bekannten »Sparprogramme« durch, werteten die Währungen ab, versuchten die heimischen Banken zu retten, lagerten Schulden in Bad Banks aus, die Wirtschaft brach ein, die Staatseinnahmen gingen zurück, die Armut in der Bevölkerung nahm zu – das bekannte Szenario.

Was war geschehen? Die bereits seit den 70er Jahren wirtschaftlich vergleichsweise erfolgreichen Staaten hatten sich Ende der 80er Jahre der neuen westlichen Heilslehre geöffnet beziehungsweise wurden geöffnet. Wesentlicher Antreiber war der IWF. Die Staaten deregulierten, liberalisierten, privatisierten wie in den USA, Großbritannien und in der Europäischen Union: Die nationalen »Märkte« wurden für internationale Investoren aufgebrochen. Devisen- und Kapitalverkehrskontrollen wurden abgeschafft. Man argumentierte, dass »effiziente Finanzsysteme« und möglichst niedrige Kreditkosten der einheimischen Wirtschaft zu einem endgültigen wirtschaftlichen »Aufschwung« verhelfen würden.[15]

Vor allem die neuen Finanzakteure wie Investmentfonds, Immobilienfonds, Pensionsfonds, Versicherungsgesellschaften und die ersten Hedgefonds vergaben schnelle und günstige Kredite an die Staaten, an einheimische Unternehmen und an neu gegründete Unternehmen (start ups). Dabei konnten die neuen Finanzakteure einen Großteil der Kredite nur vergeben, weil sie selbst zuvor bei Banken Kredite aufgenommen hatten. Einheimische Banken holten sich Kredite bei ausländischen Banken und spekulierten mit.

---

15 | Die Darstellung folgt weitgehend Heribert Dieter: Die Asienkrise. Marburg 1998.

Mit neuen Bürohochhäusern, Hotels, Villen für Aufsteiger und Eigentumswohnungen für die neuen Mittelschichten wurde nach bekanntem Muster ein Immobilienboom entfacht. Boni für Fondsmanager und einheimische Akteure beförderten Kredite und Investitionen, die nicht auf Nachhaltigkeit, sondern auf kurzfristige Superrendite ausgerichtet waren. Innerhalb weniger Jahre wurden in schneller Folge neue Chip- und Softwarefirmen an die Börse gebracht, ihre Aktienwerte schossen in die Höhe, genauso wie im gleichzeitigen Dotcom-Boom der westlichen Aktien-Werte-Gemeinschaft. Die überschuldeten Tigerstaaten und Tigerunternehmen schwammen im Erfolg.

Wir erkennen hier ein routinemäßiges Muster. Auch die künstlich aufgeblähten Tiger brachen zusammen. Neu gegründete Unternehmen, die sich eine üppige Etage in einem der modernen Büro-Glaspaläste gemietet hatten, konnten ihre Mieten auf Dauer ebenso wenig bezahlen wie die Angestellten, die sich mit anfänglich billigem Kredit eine Eigentumswohnung geleistet hatten. Von den tausenden Software- und Internetfirmen wurden auf längere Sicht nur ein paar Dutzend wirklich gebraucht.

Die Grundlagen des Kartenhauses waren bekannt, so die galoppierende Staatsverschuldung, das geringe Eigenkapital der einheimischen Unternehmen und Banken und die am Boom nicht teilhabende Kaufkraft der Bevölkerungsmehrheit. Schon 1996 gingen die Geldspritzen aus dem Ausland stark zurück. Die Investoren fingen an, gegen die ständig abgewerteten Währungen und auf die kommende Zahlungsunfähigkeit der Staaten zu wetten.[16]

Auch als Thailand 1997 den IWF um Hilfe bat und in den Zeitungen vermehrt über Firmenzusammenbrüche berichtet wurde, hielten die Rating-Agenturen an den guten Bewertungen fest. Die neuen Investoren, die in den deregulierten Staaten keine Bindungen hatten eingehen müssen und über Briefkastenfirmen in fernen Finanzoasen operierten, konnten ihr Kapital schnell zurückziehen, schneller als dies traditionelle Banken hätten tun können.

Erst als die Krise im September 1997 nicht mehr unter dem Teppich zu halten war, fingen die Rating-Agenturen an – nur S&P und Moody's waren beteiligt, Fitch war noch nicht im großen Geschäft –, plötzlich und in schneller Folge die Tigerstaaten herabzustufen. Die Staaten wurden zu

---

16 | Marc Piazolo: Why the Official Rating Agencies Failed in the Past, and will they in the Future? University of Applied Sciences Kaiserslautern 2007, S. 7.

Einsparungen gezwungen, um möglichst viele einheimische Banken, also die Kredite der ausländischen Investoren, zu retten. Von September bis Dezember purzelten die Noten der Agenturen um bis zu sechs Stufen.[17]

Nach der Asienkrise 1998 lief nach demselben Muster die Russland- und Brasilienkrise ab. Die nach der neoliberalen Lehre deregulierten und aufgebrochenen Staaten wurden mit spekulativen Krediten überschwemmt. Inländische und ausländische Investoren beziehungsweise Spekulanten kauften damit ehemaliges Staatsvermögen. Der jeweilige Finanzsektor erlebte eine kurze Blüte mithilfe korrupter inländischer Regierungen und Krisengewinnler und ließ nach kurzer Zeit überschuldete Staaten, durch Insolvenz enteignete Unternehmen und verarmte Bevölkerungsteile zurück – nach UN-Angaben kosteten die Krisen in den betroffenen Ländern 13 Millionen Menschen den Arbeitsplatz.[18] Auch hier reagierten die Rating-Agenturen erst kurz vor dem öffentlich wahrgenommenen Absturz mit »downgrade«.[19] Danach blieben die deregulierten Strukturen und die Krisengewinnler erhalten und die relative Erholung bleibt bis heute davon geprägt.

Der IWF agierte als Gläubigerkartell und schützte die Interessen, das heißt die faulen Kredite der neuen Finanzakteure. Der stellvertretende IWF-Direktor Stanley Fisher bezeichnete die Kreditnehmer als Sünder, die Krise sei »hauptsächlich hausgemacht«.[20]

---

17 | Giovanni Ferri/Joseph Stiglitz u.a.: The Procyclical Role of Rating Agencies: Evidence from the East Asian Crisis, Economic Notes by Banca Monte dei Paschi di Siena 3/1999, S. 335ff.; Giovanni Ferri u.a.: The Role of Rating Agency Assessments in Less Developed Countries: Impact of the Proposed Basel Guidelines, University of Bari April 2000, S. 7ff.

18 | Ernst Hillebrand: Schlüsselstellung im globalisierten Kapitalismus: Der Einfluss privater Rating-Agenturen, in: Tanja Brühl u.a. (Hg.): Die Privatisierung der Weltpolitik. Bonn 2001, S. 163.

19 | Eine Liste derartiger, als fehlerhaft bezeichneter Ratings der beiden Agenturen S&P und Moody's siehe: United Nations Conference on Trade and Development (UNCTAD): Marwan Elkhoury: Credit Rating Agencies and their Potential Impact on Developing Countries. Discussion Paper Nr. 186, 1/2008, S. 10.

20 | Zitiert nach Heribert Dieter: Ostasien nach der Krise, in: Aus Politik und Zeitgeschichte 37-38/2000.

BANKEN-KRISE 2007/2008

Die als global bezeichnete Krise begann in Deutschland im Juni 2007 mit der Insolvenz der vergleichsweise kleinen Bank IKB. Sie hatte eigentlich die Aufgabe, mittelständische Unternehmen mit Krediten zu versorgen, doch sie begab sich auf das spekulative Terrain der privaten Geldschöpfung zwischen den Banken.

Industriekreditbank (IKB)

Die IKB war im Mischeigentum des Staates (über die staatliche Kreditanstalt für Wiederaufbau, KfW) und privater Finanzakteure, darunter die Bank Sal. Oppenheim und die Stiftung des Bundesverbandes der Deutschen Industrie (BDI). Im Aufsichtsrat waren deshalb Vertreter beider Seiten: Hans-Olaf Henkel, ehemalige Präsident des BDI, der Unternehmer Roland Oetker, Ulrich Hartmann vom Energiekonzern E.ON als Vorsitzender sowie der Staatssekretär aus dem Bundesfinanzministerium, Jörg Asmussen.

Die Deutsche Bank hatte den aus der IKB-Bilanz ausgelagerten Briefkastenfirmen Rhinebridge und Rhineland Funding (juristischer Sitz: US-Finanzoase Delaware) im April 2007 US-Hypotheken-Derivate verkauft, und zwar noch kurz bevor die Krise ausbrach.[21] Und weil die kleine IKB nicht genügend Kapital hatte, hatte ihr die Deutsche Bank dafür auch die Kredite gegeben.

Moody's und Fitch hatten die Derivate mit Bestnoten versehen. Als die IKB wegen des Werteverfalls schon drei Monate später die Kredite an die Deutsche Bank nicht mehr bedienen konnte, rief die Deutsche Bank eine Krise aus und verlangte Staatshilfe. Bundesregierung und private Eigentümer verhinderten die genaue Rekonstruktion der Krisenursachen und Verantwortlichen. Das Gutachten eines von den Kleinaktionären beauftragten Wirtschaftsprüfers durfte nicht veröffentlicht werden. Die Bundesregierung rettete die IKB – und auf diesem Umweg letztlich die Deutsche Bank – unbesehen mit knapp zehn Milliarden Euro und ohne Parlamentsbeschluss.

Im Falle der IKB findet sich folglich die typische Mischung der Täter und Mittäter, der Verursacher und Mitverursacher, die typischen Finanz-

---

21 | Information Memorandum: Rhineland Funding Capital Corporation. Euro Commercial Paper Notes issued pursuant to the Asset Backed Commercial Papers Conduit Program 3.4.2007.

produkte und das typische Szenario der Krise.[22] Die hochrangige private
Besetzung des Aufsichtsrates verhinderte die unseriösen Geschäfte nicht.

Das Beispiel IKB zeigt übrigens, dass es entgegen der offiziellen Behauptung gar nicht darum ging, in der Krise solche Banken staatlich zu
retten, die »systemrelevant« seien. Die kleine IKB war und ist nach den
offiziellen Kriterien nicht systemrelevant. Den Ausschlag gaben die Interessen der Deutschen Bank und der Banken, die einen Verlust hätten hin-
nehmen müssen.

Die Euro-Staaten-Krise

Durch die Bankenrettung seit 2007 und die Konjunkturprogramme zur
Dämpfung der zahlreichen Unternehmenskrisen verschuldeten sich die
Staaten zusätzlich zu ihrer ohnehin schon bestehenden, nicht mehr rück-
zahlbaren Alt-Überschuldung.

Die Unternehmen nutzen die weiter verschlechterte Lage auf dem
Arbeitsmarkt für weitere Lohnsenkungen und für die Ausweitung staatlich subventionierter Niedriglohn-Arbeitsplätze. Die Staaten reduzieren
die Sozialleistungen. Die Kaufkraft der Mehrheit stagniert oder schwindet
weiter. Die Unternehmen produzieren zu viel. Die Finanzakteure machen
ungehindert weiter wie vor der sogenannten »Krise«. Das geschah und geschieht, mit einigen Unterschieden, in allen westlichen Staaten und Volkswirtschaften, in den USA und Großbritannien ebenso wie in Griechenland
und Portugal, in Deutschland wie in Italien.

Griechenland hatte 2010 bei einem Haushaltsdefizit von 11 Prozent lediglich 24 Milliarden Euro zu viel Schulden im Vergleich zu dem, was
nach den »Maastricht-Kriterien« der EU zulässig ist. Doch als Folge der
abgesenkten Ratings stiegen die Zinszahlungen innerhalb kurzer Zeit von
10 auf 56 Milliarden jährlich. Damit stiegen Griechenlands Schulden in
eine Höhe, die, verbunden mit dem wirtschaftlichen Abstieg, der von den
Sparmaßnahmen verursacht wurde, auch beim besten »Sparwillen« eine
Rückzahlung unmöglich machte.[23]

---

22 | Vgl. Handelsblatt, Financial Times Deutschland, Süddeutsche Zeitung,
Frankfurter Allgemeine Zeitung, Rheinische Post 17.3.2010, Frankfurter Allgemeine Zeitung 28.4.2010.
23 | Manfred Gärtner u.a.: PIGS or Lambs? The European Sovereign Debt Cri-
sis and the Role of Credit Rating Agencies, in: International Economic Re-

Rating und Spillover

Spillover heißt »ausdehnen, übertragen, anstecken«. Das Rating eines Unternehmens und besonders eines Staates löst einen solchen Spillover aus. Deshalb kann aus dem »downgrade« eines verhältnismäßig winzigen Staates wie Griechenland – seine Wirtschaftsleistung beträgt im Euroraum 2,5 Prozent, seine Staatsverschuldung ist im Vergleich ebenso winzig – eine »Krise« entstehen, die ungleich größere Dimensionen hat.

Das hat zwei Gründe: Erstens sind die Ratings tief in verschiedenen nationalen und internationalen Regelwerken und Finanzpraktiken verankert. Deshalb löst die Veränderung des Ratings eines Staates nicht nur die Veränderung der Kreditkonditionen für diesen Staat aus. Gleichzeitig verändern sich die Konditionen für die Versicherungen dieser Kredite, dann für den Handel mit diesen Kreditversicherungen, dann für die diversen Index-Wetten auf die weitere Entwicklung der Kreditkonditionen wie zum Beispiel auf die Ausfallwahrscheinlichkeit der griechischen Kredite oder auf die Wertentwicklung des Euro im Verhältnis zum US-Dollar, zum Yen, zum Schweizer Franken und zu anderen Währungen, also für diese und viele weitere »strukturierte Finanzprodukte«.[24] Ebenso ändert sich damit etwa die Möglichkeit der Europäischen Zentralbank, Staatsanleihen von EU-Mitgliedsstaaten und anderen Staaten aufzukaufen, und es ändern sich die Bedingungen der europäischen Rettungsschirme ESFS und ESM.

Das Rating eines Staates bedingt fragwürdigerweise auch die Einstufung der Banken und Unternehmen in diesem Staat und der ausländischen Banken und Unternehmen, die mit diesen in einer Geschäftsbeziehung (Kredite, Aufträge und anderes) stehen. Deshalb wirken sich Staaten-Ratings auch auf die Wertentwicklung von Aktien aus, selbst wenn die Schulden des Staates gar nichts mit den Schulden der betroffenen in-

---

search 3/2011, www.springerlink.com/content/p7102pv/44172k117/, gelesen 3.9.2011.

24 | Die Darstellung folgt Rabah Arezki u.a.: Sovereign Rating News and Financial Markets Spillovers: Evidence from the European Debt Crisis. International Monetary Fund, Working Paper 11/68, March 2011; Rainer Rupp schätzt, dass ein erheblicher Teil der gegenwärtigen Kreditausfallversicherungen im Gesamtwert von 32,2 Billionen US-Dollar sich auf die griechische Staatsschuld von nur 350 Milliarden Euro bezieht. Siehe: Kreditausfall unbezahlbar, in: junge welt 8.2.2012.

oder ausländischen Aktiengesellschaften zu tun haben und sie in keiner Geschäftsbeziehung zueinander stehen.

Zweitens nutzen »die Märkte« diese Zusammenhänge aus, beziehungsweise »spielen« mit ihnen. Zutreffender gesagt: Sie arbeiten mit diesen Kenntnissen zu spekulativen Gewinnzwecken. Sie setzen ihre Derivate (Kreditversicherungen, Indexwetten und anderes) als sich gegenseitig verstärkende Hebel ein und geben sich im Interbankengeschäft dafür gegenseitig Kredite. Niemand anderes kennt diese Mechanismen, Zusammenhänge und Instrumente besser als eben »die Märkte«, also Hedgefonds, Investmentbanken, weitere Finanzakteure und nicht zuletzt die Rating-Agenturen, aus denen sich das geheimnisvolle Wesen zusammensetzt, das anonymisierend »die Märkte« genannt wird.

Dabei spielen auch die gezielten zeitlichen Platzierungen der Ratings und die Arten ihrer Ankündigung (outlook stable, outlook negative, on watch etc.) eine Rolle, beispielsweise die konzentrierte Vergabe mehrerer (unbeauftragter) Ratings innerhalb kurzer Zeit. Aber auch die räumliche Platzierung, die räumliche Konzentration der Ratings und der Einsatz der Derivate spielen eine Rolle. So nutzen die Finanzakteure Transmissionskanäle (transmissions channels) und Eintrittspunkte (entry points) zwischen den unterschiedlichen Finanzebenen und Finanzprodukten.

Aus der Chaostheorie stammt die auf das Wetter bezogene Erkenntnis, dass der Flügelschlag eines Schmetterlings in Brasilien irgendwo weit weg auf dem Planeten Erde einen Wirbelsturm verursachen kann[25] – so ähnlich ist es auch im globalen Finanzsystem.

Besonders lukrativ: Krisen

Auch wegen des Spillover-Effekts sind Krisen besonders lukrativ. Zu Beginn der Griechenland- und Eurokrise murmelte der Chef der »Eurogruppe«, der luxemburgische Premierminister Jean-Claude Juncker, dass »Spekulanten gegen Griechenland und gegen den Euro« spekulieren. Juncker drohte den Spekulanten sogar »Folterwerkzeuge« an, »wenn sie Griechenland weiter in die Enge treiben«.[26] Juncker sagte nicht, wer denn die geheimnisvollen »Spekulanten« seien. Einige Monate später sprach er

---

25 | Vgl. Edward Lorenz: The Essence of Chaos. Seattle 1993.

26 | Finanzaufsicht jagt Euro-Spekulanten, in: Financial Times Deutschland 1.3.2010.

von ihnen gar nicht mehr, und die EU hat auch keine »Folterwerkzeuge« aus dem Keller geholt – abgesehen davon, dass dort auch keine vorhanden sind. Das Verhalten von Juncker kann man vielleicht verstehen, wenn man sich vergegenwärtigt: Er ist autokratischer Herrscher der größten Finanzoase in der Europäischen Union und der zweitgrößten der Welt.[27]

Goldman Sachs, JPMorgan Chase, United Bank of Switzerland, Credit Suisse, Société Générale und Deutsche Bank, sowie vor allem ihre Hedgefonds, spekulieren auf die Zahlungsunfähigkeit ausgewählter EU-Staaten. Sie kaufen sich beispielsweise Versicherungsschutz für den Ausfall griechischer, portugiesischer oder italienischer Staatsanleihen, auch dann, wenn sie gar keine solche Anleihen selber besitzen. Dafür zahlen diese Finanzakteure einer anderen Investmentbank, einem anderen Hedgefonds oder einer anderen Versicherungsgesellschaft eine monatliche oder jährliche Versicherungsprämie.

Solche Wetten werden auf alle Bewegungen der Staats- und Unternehmensschulden und auch auf den Wert der Euro-Währung abgeschlossen. Sie haben ein Vielfaches mehr an Umfang als die paar Milliarden Staatsschulden etwa Griechenlands, die nur als Anlass und Basis für die darauf aufgesetzten Derivate benutzt werden.

Wenn die Staatsschuldenkrise etwa Griechenlands durch plötzlich sinkende Ratings offenbar gemacht beziehungsweise deklariert wurde, kommt es aus Sicht der Kreditgeber darauf an, die Krise zunächst zu verlängern. Die Investmentbanken verdienten etwa daran, für neue griechische Staatsanleihen unter den erschwerten Bedingungen (höheres Risiko, zurückhaltende Investoren) Käufer zu finden. Deshalb steigen die Prämien für die Banken. So haben die Deutsche Bank und andere in einem kurzen Zeitraum für den Verkauf neuer griechischer Anleihen 400 Millionen Euro verdient.[28]

Je mehr und je häufiger sich Ratings, Zinsen, Versicherungsprämien, Regierungsbeschlüsse und politische Entscheidungen auf EU-Ebene ändern beziehungsweise hinauszögern, desto mehr Gelegenheiten finden die Finanzakteure für derivative Spekulationen. Wenn die griechische

---

27 | Werner Rügemer: Europas Ausverkäufer, in: Peter Sodann (Hg.): Lügenbarone und Ganoven. Berlin 2011, S. 85-88; zur Rangliste der Finanzoasen siehe www.taxjustice.net, gelesen 16.9.2011.

28 | Griechenland. Wie die Banken den überfälligen Staatsbankrott hinauszögern. ARD/Monitor 6.10.2011.

Regierung einen weiteren Kürzungs- und Privatisierungsplan verkündet und die Rating-Agenturen ihn wieder für unzureichend beurteilen und das Rating senken, dann dient dies als Auslöser für derivative Transaktionen zwischen den Finanzakteuren.

Je länger Griechenlands, Irlands, Spaniens, Portugals, Italiens und im Prinzip die »Schuldenkrise« aller EU-Mitgliedsstaaten dauert, je tiefer die Ratings sinken, je wahrscheinlicher die hinausgezögerten Staatsbankrotte erscheinen oder inszeniert werden, desto weniger sind die alten und neuen Anleihen auf dem Markt wert. Da lohnt es sich für »Investoren«, die Anleihen billig aufzukaufen und darauf zu spekulieren, dass sie durch die staatlichen Kompensationen wieder an Wert gewinnen.[29]

Für diese Erkenntnis des profitablen Bankrotts gab es schon Preise: George Akerlof, Clinton-Berater und Wirtschaftsprofessor an der University of California in Berkeley, wurde 2001 mit dem Nobelpreis ausgezeichnet. Er hatte mehrere Krisen seit den 70er Jahren untersucht und herausgefunden: Bei lascher Bilanzierungspraxis, geringer Regulierung und niedrigen Strafen gegen Missbrauch ist der Anreiz hoch, dass sich die Manager und Eigentümer mehr auszahlen, als das Unternehmen wert ist, nach dem Motto: Die einfachste Art, die Gesellschaften und die Staaten auszuplündern, ist es, eine Bank zu betreiben. »Die Manager handeln so, als ob ihre künftigen Verluste das Problem anderer Leute wären.«[30]

Auch in heutigen Finanzkreisen werden solche üblichen Praktiken gelegentlich offen angesprochen: »Die Spekulation auf einen schrittweisen Kollaps der Eurozone kann sehr lukrativ sein.«[31] Je mehr Angst die Finanzakteure verbreiten können, desto besser für das Geschäft: »Zeiten der größten Angst sind die beste Gelegenheit für Investoren«[32] – das ist ein bewährtes Werkzeug, insbesondere wenn auch die Regierungen als desinformatorische Angstverstärker mitagieren.

Der Spekulationsklumpen ist nach Art und Umfang in der Öffentlichkeit unbekannt. Nicht nur die Rating-Agenturen, ihre Eigentümer und Mittäter, sondern auch die Regierungen machen ihn unsichtbar.

---

29 | Greek Bonds Lure Some. Despite Risk, in: New York Times 28.9.2011.

30 | George Akerlof u.a.: Looting. The Economic Underworld of Bankruptcy for Profit. Brookings Papers on Economic Activity Nr. 24. Washington 1993.

31 | Riskantes Spiel der Pleite-Spekulanten, in: manager magazin 26.2.2010.

32 | Time of Greatest Fear Represents Opportunity for Value Investors, in: Financial Times 8.10.2011.

Die Rückkehr des Gouverneurs

Loukas Papadimos hatte, wie ein Großteil der Kinder der griechischen Elite, in den USA studiert. Er war dann zunächst Chefökonom der Federal Reserve Bank-Filiale in Boston/USA. 1985 wurde er Chefökonom und 1994 Gouverneur der griechischen Zentralbank. 2000/2001 war er der noch heute viel bewunderte »Architekt des griechischen Euro-Beitritts«.[33]

Griechenland war damals überschuldet, erfüllte nicht die »Maastricht-Kriterien« und konnte zunächst nicht Mitglied der Eurozone werden. Doch die Investmentbanken, Bau-, Supermarkt- und Versicherungskonzerne wollten, unterstützt von IWF, EU-Kommission und Europäischer Zentralbank, auch Griechenland in der Eurozone haben. Dazu organisierte Papadimos einen »Kraftakt«, von dem die Frankfurter Allgemeine Zeitung auch jetzt noch schwärmt. Und der Kraftakt ging so: Die Investmentbanken Goldman Sachs, J.P. Morgan und United Bank of Switzerland packten ihr Handwerkszeug aus. Goldman Sachs fungierte zudem als Berater der Regierung.

Sie gaben damals in Zusammenarbeit mit der griechischen Zentralbank und der griechischen Regierung dem Staat Milliardenkredite, die aber im Staatshaushalt nicht auftauchten: Zukünftige Einnahmen aus Autobahn- und Flughafenmaut und aus der Staatslotterie wurden gegen die Kredite »weggetauscht«. Dabei kamen die eigens gegründeten Special Purpose Vehicles (Zweckgesellschaften) mit den anheimelnden griechischen Benennungen Aeolos und Ariadne zum Einsatz. Über die Londoner Briefkastenfirma Titlos wurden Schulden des Staatshaushaltes auf die Zentralbank übertragen. Schulden in Dollar und Yen wurden in einen langfristigen Euro-Kredit umgewandelt, der erst Jahre später zurückgezahlt werden musste. Dafür kassierte Goldman Sachs ein Honorar von 300 Millionen US-Dollar.[34] Das ging umso leichter vonstatten, als sich die griechische Zentralbank unter Papadimos 1998 mit Petros Christodoulou einen Manager geholt hatte, der für die internationalen Märkte zuständig war und darin Erfahrung hatte – er kam von Goldman Sachs.

So wurde der griechische Staatshaushalt manipulativ in Ordnung gebracht, Griechenland durfte Mitglied der Eurozone werden. Die Rating-

---

33 | Der Retter, in: Frankfurter Allgemeine Zeitung 11.11.2011.

34 | Defizit-Kosmetik. Griechenland zahlte 300 Millionen Dollar an Goldman Sachs, in: Spiegel Online 14.2.2010.

Agenturen gaben gute Noten. Die Banken und Unternehmen waren nun sicher, dass ihre Kredite und Rechnungen in Euro bezahlt wurden, denn Griechenland konnte seine Währung Drachme nun nicht mehr wie früher bei Bedarf abwerten.

In den Folgejahren verkaufte Goldman Sachs bei zehn Platzierungen griechische Anleihen im Gesamtwert von 15 Milliarden Euro an Investoren,[35] deutsche und französische Banken taten ebenso. So konnten die Athener Regierungen die Reichen unbesteuert lassen, Panzer und U-Boote kaufen, die Olympischen Spiele 2004 organisieren usw. Darin wurden beide großen »demokratischen« Parteien auch durch Schmiergelder etwa des deutschen Siemenskonzerns gefördert.[36]

Die absichtlich verzögerte Schuldenrückzahlung konnte die Zahlungsunfähigkeit natürlich nicht verhindern. Die Swap-Geschäfte, die 2000 abgeschlossen wurden, haben Laufzeiten zwischen 10 und 15 Jahren; zudem hat Goldman Sachs die Papiere schon 2005 an eine griechische Bank verkauft. Deshalb begannen ab Ende 2009 die Rating-Agenturen, Griechenland herabzustufen. Die Banken, die EZB mit ihrem Vizepräsidenten Papadimos, der IWF und die EU verlangten die Rückzahlung der Kredite und kräftiges »Sparen« in der Bevölkerung.

Deshalb setzten sie im November 2011 die bisherige Regierung ab und ihren ehemaligen, nun anglisierten Zentralbankgouverneur Lucas Papademos (zuvor: Loukas Papadimos) als Gouverneur des Staates Griechenland ein. Sie nannten ihn Ministerpräsident. Sie gaben dem angeblichen Technokraten als Unterstützung die zwei korrupten Parteien bei, deren Chefs Giorgios Papandreou und Antonis Samaras beide gleichzeitig in Harvard studiert hatten.[37] Samaras hatte in der Opposition die drakonischen »Sparmaßnahmen« abgelehnt, jetzt stimmte er ihnen zu. Und sie

---

35 | Goldmans Desaster, in: Süddeutsche Zeitung 18.2.2010.

36 | Millionen für griechische Parteien, in: Süddeutsche Zeitung 27.6.2005; Ein System kommunizierender Konten, in: Süddeutsche Zeitung 24.11.2006; Griechische Geständnisse, in: Der Spiegel 28/2009, S. 74; Siemens's bribery factory, in: International Herald Tribune 20.12.2008. Die beiden, sich abwechselnden griechischen Regierungsparteien, Sozialisten und Konservative, verlangten und erhielten gleichzeitig Bestechungszahlungen, um beispielsweise dem Verkauf der staatlichen Telekommunikation zuzustimmen.

37 | Der Spiegel 45/2011, S. 103; vgl. ausführlich Stavros Lygeros: Von der Kleptokratie zum Bankrott. Athen 2011.

holten die bisher aussichtslose Oppositionspartei Orthodoxer Volksalarm (Laos) hinzu, deren Chef sich als rechtsextremistischer Antisemit gebärdet (»ich bin kein Jude, kein Kommunist und kein Homosexueller und das können wenige von sich sagen«), die Hetzschrift »Die Weisen von Zion« ins Griechische übersetzen ließ und als Erster dem »Sparpaket« zugestimmt hatte.[38]

So führt das Finanzdirektorat von IWF, EU und Banken zu einer »nationalen Einheitsregierung« beziehungsweise einer oktroyierten Volksgemeinschaft unter Einschluss von rechtsextremen Antisemiten und unter Ausschluss der Gewerkschaften und der linken Kräfte und gegen die Mehrheit des Volkes. Wenn die neoliberale Praxis zum Schwur kommt, sind auch Rechtsradikale und Antisemiten trotz sonstiger gegensätzlicher Bekenntnisse offensichtlich als Hilfspolizisten eines Technokraten nicht ungeeignet.

Papademos schwor außerhalb des Parlaments und ohne Anwesenheit der Parlamentarier einen Amtseid und legte dabei seine rechte Hand auf die Bibel. Der orthodoxe Erzbischof Hieronymos von Athen, dessen Kirche vom Staat alimentiert wird und keine Steuern zahlt, sang beim Amtseid Papademos' das Kyrie Eleison (Gott segne uns) und wünschte dem von den gegenwärtigen Göttern Erwählten »Kraft zur Erledigung Ihrer Aufgaben«.[39]

Zu den Aufgaben des neuen Statthalters gehört die Entlassung von 30.000 öffentlich Beschäftigten, der Verkauf öffentlicher Unternehmen, die Absenkung von Löhnen, Steuernachlässe für Unternehmen, Heraufsetzung des Rentenalters, Einführung von Studiengebühren und dergleichen routinemäßige Auflagen.

Von der damit erkauften »Hilfszahlung« der EU von acht Milliarden Euro bleiben nur 19 Prozent im griechischen Staatshaushalt. 23 Prozent fließen an griechische Banken, die Staatsanleihen halten. 18 Prozent kassiert die Europäische Zentralbank, die griechische Staatsanleihen in Höhe von 55 Milliarden Euro gekauft hat. Es müssen also vier Fünftel der »Rettungssumme« für Zins und Tilgung verwendet werden. Weit über die Hälfte davon fließt zurück an ausländische Investoren.[40]

---

38 | Homophob, antisemitisch, mächtig, in: Frankfurter Allgemeine Zeitung 14.11.2011.

39 | Papademos Takes Reines Amid Haggling, in: Financial Times 12.11.2011.

40 | Wem hilft die Griechenland-Hilfe? Nur ein Fünftel bleibt für griechischen Haushalt übrig, in: Neue Zürcher Zeitung 11.11.2011.

Die führenden West-Medien erwähnen verbissen nicht, dass der neue Gouverneur und Retter zugleich die Not mitverursacht hat. Ihm können wir allerdings eine gewisse Konsequenz nicht absprechen: In beiden so verschiedenen Funktionen dient er denselben Herren.

XI. Debtocracy:
Enteignung, Verfall, Autokratie

Wenn die Rating-Agenturen als das aufträten, was sie wirklich sind, nämlich als Dienstleister, Berater und Lobbyisten der privaten Kreditgeber,
dann wäre daran zunächst nichts auszusetzen. Aber dass sie zugleich
Richter über Unternehmen und Beschäftigte, Staaten und Bürger und
über ganze Volkswirtschaften sind, das kann nicht richtig sein.

ENTEIGNUNG

Den Arbeitnehmern, kleinen Konsumenten und Staaten wird von der
Finanzindustrie und ihren politischen Mietlingen vorgeworfen, dass sie
»über ihre Verhältnisse leben«. Dies ist eine demagogische Umdeutung
der Wirklichkeit. Denn niemand anders lebt so über die eigenen und damit
auch die gesellschaftlichen Verhältnisse wie die Finanzindustrie. Investmentbanken arbeiten mit ein paar Prozent Eigenkapital, die Hedgefonds,
die gleichzeitig Eigentümer der Investmentbanken wie der Rating-Agenturen sind, arbeiten mit einem noch viel größeren »Hebel« aus riskanten
Krediten.

Das Geschäftsmodell der »Debtocracy«, dessen Mittäter die Agenturen sind, bewirkt die Enteignung staatlichen, privaten und individuellen
Eigentums: Staaten müssen Eigentum verkaufen und Bürger in die Armut schicken, um die Ausfälle zu kompensieren. Zugleich nehmen Konzerne und ihre Kreditgeber die öffentliche Überschuldung zum Anlass,
um Staaten, Städte und öffentliche Unternehmen mithilfe des Konstrukts
»Public Private Partnership« (PPP) in eine zusätzliche Verschuldung zu

treiben.[1] So machen sich zum Beispiel der Bundesverband der Deutschen Industrie (BDI) zusammen mit der deutschen Bundesregierung, vertreten durch den Wirtschaftsminister Philipp Rösler, daran, die Überschuldung Griechenlands auszunutzen und noch mehr griechisches Staatseigentum aufzukaufen.[2] Die BDI-Delegation, die aus diesem Grund Griechenland bereiste, wurde vom Geschäftsführer Ludolf von Wartenberg geleitet, der Mitglied im Board of International Advisers von Goldman Sachs ist, die den griechischen Staat zur Überschuldung und Enteignung präpariert hatte.

Enteignet wird nicht nur der Staat, sondern enteignet werden auch private Unternehmen, denen mit dem Absturz des Staaten-Ratings ebenfalls ein schlechteres Rating verpasst wird, die keine Kredite mehr bekommen, die sie sich leisten können, und die ebenfalls verkauft werden müssen oder bankrottgehen.

Der Chef der Eurogruppe, der Luxemburgische Ministerpräsident Jean-Claude Juncker, verlangte, dass Griechenland nach dem Muster der deutschen Treuhandanstalt (Verkauf des ehemaligen DDR-Eigentums an Betrieben, Immobilien und Grundstücken) zu behandeln sei,[3] und so wird inzwischen verfahren.

Enteignet wird auch die lohnabhängige, arbeitende und nicht (mehr) arbeitende Bevölkerung: Rechtsstaatlich und durch Arbeit zustande gekommene Ansprüche auf Lohn, Gehalt, Gesundheitsversorgung und Rente werden ebenso wie staatliche Sozialtransfers gekürzt, Arbeitsplätze werden gestrichen, neue Gebühren für Studium und sonstige Dienstleistungen werden aufgezwungen.

---

1 | Vgl. Werner Rügemer: »Heuschrecken« im öffentlichen Raum. Public Private Partnership – Anatomie eines globalen Finanzinstruments. Bielefeld 2011 (2. Auflage).

2 | BDI: Pressemitteilung zur Griechenland-Reise von Bundeswirtschaftsminister Rösler 5.10.2011; Rösler berät mit Papandreou über stockendes Sanierungsprogramm, in: Hannoversche Allgemeine 7.10.2011.

3 | Juncker will Treuhand für Griechenland, in: Frankfurter Rundschau 21.5.2011.

ÖKONOMISCHER VERFALL

Es ist kein Geheimnis: Die rigorose Unterwerfung unter das Kreditregime ruiniert die Volkswirtschaften und führt zu einer Gesellschaft, die in Gewinner und Verlierer, in Verhungernde und Übersatte, in Kranke und Gesunde, in Arme auf der einen Seite und Reiche auf der anderen Seite gespalten wird.

Dieses Muster wurde seit Ende der 70er Jahre dutzendmal unter der arbeitsteiligen Regie von Kreditgebern, Rating-Agenturen, IWF, Europäischer Kommission und »demokratischen« Regierungen durchgezogen: Kreditrückzahlung auf Kosten der wirtschaftlichen Entwicklung.[4] Der ständige IWF-Vertreter in Griechenland, Bob Traa, warnte die Regierung, der Verkauf öffentlichen Eigentums und die Schließung »unrentabler« staatlicher Unternehmen gehe nicht schnell genug. »Das Bild [Griechenlands, WR] sieht aus wie das Kardiogramm eines Toten, nichts bewegt sich.«[5] Da kann man ja schon mal Herz, Hirn und andere Organe entnehmen.

Alle wissen es, auch die Täter. Starökonomen wie Paul Krugman und Nouriel Roubini wiederholen es in dicken Büchern und in den kapital-demokratischen Leitmedien wie New York Times, Financial Times und Frankfurter Allgemeine Zeitung: Das rigorose Kreditregime stranguliert die wirtschaftliche Entwicklung. Charles Dumas von der Londoner Finanzanalyseagentur Lombard Street Research sagt es so: Die Sparmaßnahmen führen in den weniger mächtigen Staaten zu einem »grotesken Einbruch des Wirtschaftswachstums und exzessiver Arbeitslosigkeit«. Weiter: Die Sparmaßnahmen stürzten die Wirtschaft »mit Volldampf in die Rezession und die Steuereinnahmen nehmen ab«.[6]

Dieser Mechanismus ist, in jeweils anderer und auch abgemilderter Form seit Langem in der gesamten Eurozone, in der EU und im gesamten »entwickelten« Kapitalismus im Gange. Das ist nicht nur in Portugal, Irland, Spanien, Ungarn und Lettland der Fall, sondern seit Jahrzehnten auch in den reichen und überschuldeten Staaten wie USA, Deutschland, Japan, Großbritannien und Frankreich. Laut der Internationalen Arbeits-

---

4 | Vgl. Michel Chossudowsky: Global Brutal. Frankfurt a.M. 2001; Naomi Klein: Die Schockstrategie. Frankfurt a.M. 2007.

5 | Zitiert nach Welt Kompakt 20.9.2011.

6 | Zitiert nach www.nachdenkseiten.de, gelesen 16.11.2011, und www.fund. web.co.uk/home/news/greece, gelesen 17.11.2011.

organisation ILO hat sich in den letzten Jahren in zwei Dritteln der »Industrieländer« die Situation der Beschäftigten und Beschäftigung Suchenden weiter verschlechtert: Hohe Jugendarbeitslosigkeit, Niedriglöhne und hohe Langzeitarbeitslosigkeit werden zum Standard, gerade in den »erfolgreichen« Staaten USA und Deutschland.[7]

Deshalb ist es, nebenbei gesagt, pure Demagogie, wenn Politiker, Ökonomen und Meinungsmacher staatliche »Einsparungen« mit dem Ziel der »Haushaltskonsolidierung« damit begründen, dass »zukünftigen Generationen« keine Lasten aufgebürdet werden dürften. Das Gegenteil ist der Fall: Die Staatshaushalte werden möglicherweise ein bisschen entlastet, aber schon die jetzigen Generationen werden belastet und die Altersarmut wird vorbereitet.[8]

AUTOKRATIE STATT DEMOKRATIE

Das expandierende, von den Rating-Agenturen gestützte Verschuldungsregime führt zur globalen Demontage der Demokratie. Das betrifft sogenannte Entwicklungsländer genauso wie sogenannte entwickelte Staaten. Die Demontage drückt sich auch darin aus, dass die als regierungsfähig angesehenen Parteien sich programmatisch und vor allem praktisch bis zur Ununterscheidbarkeit angeglichen haben; sie hören auf dieselben ökonomischen Ideologen, Berater, Wirtschaftsprüfer und Rating-Agenturen, sie vertreten einseitig die Interessen einer mächtigen Minderheit.

Nicht mehr parlamentarische Wahlen bestimmen den Regierungskurs und das Recht, sondern anonymisierte »Märkte«. Die Bankenrettung nach der letzten »Finanzkrise« 2007/2008 ist der bisherige, unrühmliche Höhepunkt dieser Entwicklung. Die Beschlüsse und vor allem die Ausführung der Bankenrettung wurden und werden weitestgehend aus den Parlamenten ausgelagert. Aber die Entwicklung, einmal losgetreten, treibt weiter: IWF, EU-Kommission, Eurogruppe, EZB und die beiden führenden EU-Regierungen Deutschlands und Frankreichs setzen – in Abstimmung mit den »Finanzmärkten« – Regierungen ab und autokratische Regimes ein,

---

7 | International Labour Organization: World of Work Report 2011. Genf 2011, S. 6ff.

8 | Johannes Steffen: Rente und Altersarmut, www.arbeitnehmerkammer.de, gelesen 23.9.2011; www.armut-und-alter.de, gelesen 23.9.2011.

an deren Spitze Kommissare stehen, die aus keinem parlamentarischen Verfahren hervorgegangen sind.

Diese Kommissare, Gouverneure und Statthalter der »Finanzmärkte« sind Gesandte dieses Milieus. Lucas Papademos in Griechenland wurde schon erwähnt (vgl. Seite 145ff.). Mario Monti, seit November 2011 Ministerpräsident von Italien, war zuvor EU-Kommissar und ist Mitglied im Board of International Advisers von Goldman Sachs und im Aufsichtsrat von Coca Cola,[9] zweier Unternehmen also, die denselben Eigentümern gehören wie diejenigen Rating-Agenturen, die Italien heruntergestuft haben. Im Aufsichtsrat von Coca Cola kann Monti zudem mit Monique Morali, Vizechefin der Agentur Fitch, darüber plaudern, wie das nächste Rating seines Staates aussehen könnte (vgl. Seite 55).

Es gibt gewiss Gründe, mit hartem Besen unter den gegenwärtigen Regierungen und Politikern aufzuräumen. Sie sind korrupt. Diese Bezeichnung könnte manchen Bürgern und Bürgerinnen, die die Missstände beklagen, als eine zu harte Charakterisierung erscheinen. Doch »korrupt« kommt von lateinisch »corrumpere«, das bedeutet »brechen, den politischen Willen brechen«. Diese Feststellung ist ebenso zutreffend wie banal und unbestritten. Die bürgerlichen Medien sind voller Klagen darüber, dass »die Märkte« den politischen Willen der gewählten Regierungen brechen.[10] Doch die Autokraten sind gerade nicht geeignet, die Korruption zu beenden, im Gegenteil. Den harten Besen müssen andere in die Hand nehmen.

---

9 | http://ec.europa.eu/economy_finance/bef2009/speakers/mario-monti/index.html, gelesen 22.2.2012.

10 | Vgl. zum Beispiel die Artikelserie in der Frankfurter Allgemeinen Zeitung im November und Dezember 2011 mit Beiträgen von Albrecht Müller, Michael Hudson, Sarah Wagenknecht u.a.: Unterwegs zur Plutokratie, in: Die Zeit 4.9.2011.

XII. Verrechtlichtes Unrecht

Die Finanzindustrie hat es geschafft, die Funktion und das Verhalten der Rating-Agenturen zu »verrechtlichen«, aber zugleich außerhalb des in einer traditionellen Kapitaldemokratie geltenden Rechts und der geltenden Moral zu stellen, sodass sie sich alle »Fehler« ungestraft leisten können. Es ist keineswegs so, wie oft behauptet wird, dass die Agenturen von ihrer Reputation leben und deshalb peinlichst darauf achten müssten, dass sie gut und korrekt arbeiten. Das Gegenteil ist der Fall: Sie können ihre Reputation in der Öffentlichkeit ruinieren, und zwar immer wieder, trotzdem bleiben sie in ihrer Funktion und werden von Kunden und Gesetzgebern in ihrer Ausnahmestellung gehalten. Sie haben keine Legitimität, sie sind moralisch am Ende – doch sie bleiben an der Macht und werden an der Macht gehalten.

Todesurteil für die Profession

Deven Sharma, Chef von S&P, erklärte nach dem letzten Bankrott des Systems: »Wir sind gründlich daneben gelegen, wir haben die Subprime-Verbriefungen zu gut bewertet. Dabei hat den drastischen Einbruch am US-Immobilienmarkt aber kaum jemand vorausgesehen«.[1] Er gesteht somit ohne Zögern ein, dass die führende Agentur im Mainstream der Ahnungs- und Verantwortungslosen einfach nur mitgeschwommen ist. Sie hat nicht die eigenständige Bewertung abgegeben, die sie ihrer selbst gestellten und staatlich übertragenen Aufgabe nach abgeben müsste. Vielmehr agierte die Agentur nach denselben Kriterien wie ihre Kunden, zu ihnen hatten die hoch bezahlten »Profis« keinerlei Distanz.

---

1 | Handelsblatt 6.7.2010.

Das kümmert den Agenturchef aber nicht. In aller nachlässigen Arroganz und ohne Unrechtsbewusstsein hat seine Agentur eben mal ein paar Fehler gemacht, wie die dümmsten Marktteilnehmer auch. Das ist das moralische Todesurteil über seine Profession, eigentlich.

Harold McGraw III, der Chef des Konzerns McGraw Hill, dem S&P gehört, äußerte sich ähnlich: »Es ist nur ein schwacher Trost, dass beinahe alle Marktteilnehmer – Banken, Rating-Agenturen, Hausbesitzer, Regulierungsbehörden und Investoren – den anhaltenden Verfall des US-Immobilien- und Hypothekenmarktes nicht vorhergesehen haben. Hätten wir – und andere – diese außergewöhnlichen Entwicklungen vorhergesehen, hätten wir ohne Zweifel viele der Ratings, die wir vergeben haben, nicht vergeben.«[2] Auch die Chefs der anderen Agenturen – Raymond McDaniel von Moody's und Stephen Joynt von Fitch – haben sich nach dem Ausbruch der Krise gleicherweise geäußert.[3] Andere Topmanager behalfen sich mit dümmlichen Behauptungen wie »wir haben immer unser Bestes gegeben, um korrekte Ratings zu erstellen, und ich bin stolz auf die harte Arbeit meines Teams«.[4]

Aber auch die Wertpapier-Verkäufer, die die Ratings bestellt und bezahlt hatten, also die Investmentbanken, Hedgefonds und Versicherungen, ebenso die bilanziell und rechtlich testierenden Wirtschaftsprüfer und Anwaltskanzleien, die Wertpapier-Versicherer, die Briefkasten-Treuhänder und die Finanzinformationsdienste – sie alle waren zu einer Kritik an den Agenturen nicht fähig.

Auch die mächtigen Finanzakteure sind mit dem »fehlerhaften« System zufrieden. Ungerührt konstatieren sie pflichtgemäß ein paar technische »Fehler«, die ihnen aber offensichtlich nicht geschadet, sondern einen Extraprofit gebracht haben. So kritisiert Andrew Bosomworth, Topmanager des Finanzakteurs Pimco, Tochterfirma des Versicherungsunternehmens Allianz und einer der größten Anleihehändler der Welt, dass die Agenturen oft daneben liegen. »Da man aber bei vielen Entscheidungen

---

2 | www.mediadb.eu/datenbanken/internationale-medienkonzerne/mcgraw-hill-company, gelesen 11.5.2010.

3 | U.S. Senate Permanent Subcommittee on Investigations, Hearing »Wall Street and the Financial Crisis: The Role of Credit Rating Agencies«, Washington 23.4.2010.

4 | Peter D'Erchia, Managing Director von S&P, ebd., Statement S. 13.

und Regulierungsvorschriften keine andere Wahl hat, greift man dennoch immer wieder auf die Rating-Agenturen zurück.«[5]

WEISSWÄSCHE DURCH FINANZAUFSICHT UND JUSTIZ

Auch nach der Finanzkrise hält die SEC in ihrem kritischen Bericht über die Agenturen noch daran fest, dass Ratings eine unverbindliche Meinungsäußerung darstellen: »A credit rating is an opinion issue by a credit rating agency.«[6]

Auch die Justiz macht mit. Seit den 90er Jahren bis Ende 2011 haben in den USA über 500 Einzelpersonen, Unternehmen, Pensionsfonds und staatliche Einheiten die Agenturen wegen Falschbeurteilung oder wegen feindlichen, unbeauftragten Ratings auf Schadenersatz verklagt.[7] Von der Klage des School Districts von Jefferson County und des Pensionsfonds CalPERS war schon die Rede (vgl. Seite 92 und 116). Doch die Gerichte haben die Klagen bisher zurückgewiesen.

Die Grundlage für diese Urteile bildet der Erste Verfassungszusatz (First Amendment): Er wurde 1791 vom Kongress beschlossen und ist Bestandteil des Grundrechtekatalogs (Bill of Rights) der US-Verfassung. Er lautet:»Der Kongress darf kein Gesetz erlassen, das die Gründung einer Religion und die freie Religionsausübung verbietet, die Rede- und Pressefreiheit oder das Recht des Volkes einschränkt, sich friedlich zu versammeln und die Regierung um die Beseitigung von Missständen zu ersuchen.«

Erkennbar haben Umstände, Inhalte und Formulierung des First Amendments nichts mit professionellen, hoch dotierten, gesetzlich vorgeschriebenen und in der Praxis breit akzeptierten wirtschaftlichen Gutachten wie den Ratings zu tun. Es ist ein makaberer Witz, sie mit Religions- und Pressefreiheit zu vergleichen. Oder soll die Gründung einer Rating-Agentur mit der »Gründung einer Religion« gleichgesetzt werden?

5 | Handelsblatt 11.6.2010.

6 | U.S. Securities and Exchange Commission: The SEC's Role Regarding and Oversight of Nationally Recognized Statistical Rating Organizations (NRSRO), Public Version, Report Nr. 458, Washington August 27, 2009, Executive Summary, S. i.

7 | Wolfgang Hetzer: Finanzmafia. Wie Banker und Banditen unsere Demokratie gefährden. Frankfurt a.M. 2011, S. 153.

Die Justiz stellt sich damit außerhalb des geltenden Rechts. Gerade in den USA sind seit Jahrzehnten die Ratings Bestandteil mehrerer Gesetze, Verordnungen und Satzungen. Wenn die US-Justiz beziehungsweise der Oberste Gerichtshof konsequent wären, müssten sie die einschlägigen Gesetze aufheben und alle Praktiken für verfassungswidrig erklären, die den Ratings eine verbindliche Funktion zuweisen.

Die Agenturen stellen ihre Bewertungen zudem selbst als professionelles Produkt dar, für das sie aufgrund eines Vertrages ein Honorar zu verlangen berechtigt sind und das in streng geregelten Zusammenhängen gewollte Wirkungen auf Unternehmen und Staaten auslöst. Das sind Merkmale, die mit einer »freien Meinungsäußerung« nichts zu tun haben.

Trotzdem haben weder die Börsenaufsicht SEC noch die bisherigen US-Regierungen den Agenturen gegenüber eine Haftung eingefordert.[8] Im Juni 2011 gab die SEC bekannt, dass sie gegen Standard & Poor's und Moody's zivilrechtliche Betrugsklagen »erwägt«.[9] Der Erfolg solcher (möglicher) Klagen vor den Gerichten ist nach den bisherigen Erfahrungen zweifelhaft.

Die Rating-Agenturen sind folglich von der elementaren, zivilgesellschaftlichen Regel ausgenommen, dass Menschen für den Schaden haften, den sie anderen zufügen. Die Juristen sagen dazu seit römischen diktatorischen Zeiten: Legibus solutus – von den Gesetzen befreit.

KREDITGEBER ENTSCHEIDEN

Mit der Unternehmens-, Konsumenten- und Staatsüberschuldung haben sich Banken, Versicherungen, Hedge- und Investmentfonds und nicht zuletzt die Agenturen eine neue, stetige Geldquelle erschlossen. Gerade die öffentliche Überschuldung wurde so beliebt, weil sie ungleich sicherer ist als die der konjunkturanfälligen Privatwirtschaft mit ihren häufigen Insolvenzen. Und die Quelle ist umso ergiebiger, je höher die staatlichen und kommunalen Schulden sind und je weniger sie insgesamt rückzahlbar sind.

---

8 | Spiegel Online 22.4.2011.
9 | US-Aufsicht prüft Klagen gegen Ratingagenturen, in: Financial Times Deutschland 20.6.2011.

Was mit den Staaten, Unternehmen, Konsumenten, Beschäftigten und den Volkswirtschaften passiert, ob dabei die Schulden wachsen und die Wirtschaft stagniert oder auch zerstört wird, ist zweitrangig; es soll nur die Rückzahlungsfähigkeit möglichst lange aufrechterhalten werden. Wenn die Staaten die Kredite mit der Folge zurückzahlen, dass die Wirtschaft einbricht, dann ist dies für die Agenturen und ihre Kunden erstens ein Grund zur Freude und zweitens ein neuer Grund, um die Bonität des Staates weiter herabzustufen.

»Es ist ein Grundgebot der Rechtsstaatlichkeit, dass Gläubiger nicht über ihre eigenen Schulden entscheiden können«, sagt ein bisher einsamer Rufer in dieser rechtlich-moralischen Wüste, Christoph Paulus, Insolvenzrechtler an der Berliner Humboldt-Universität.[10] Er hat recht. Die Mehrheit der Menschen, die heute leben, würde ihm recht geben, so sei gehofft, wenn sie denn gefragt würden.

---

10 | Süddeutsche Zeitung 7.7.2011.

XIII. Reformversuche

Seit ihrer Inthronisierung kommen immer wieder Zweifel auf, ob die Rating-Agenturen korrekt arbeiten. Dem folgten in den USA, auf internationaler Ebene und in Europa zahlreiche Reformversuche, die allerdings bis heute erfolglos blieben.

REFORMEN IN DEN USA

Nicht die vielen von den Rating-Agenturen mitverursachten Finanzkrisen wie in Mexiko, Südamerika und zuletzt Asien, sondern erst der Zusammenbruch des US-Vorzeigeunternehmens Enron im Herbst 2001 führte in den USA zu einer scharfen Kritik. Wie die renommierten Wirtschaftsprüfer Arthur Andersen und die renommierten Unternehmensberater McKinsey hatten sich auch die Agenturen als Komplizen des Enron-Vorstands verhalten (vgl. S. 130ff.).

Reformen nach dem Enron-Bankrott

Nach dem »überraschenden« Zusammenbruch von Enron wurde die Fähigkeit der Agenturen, Unternehmen kritisch zu bewerten, generell infrage gestellt.[1]

Aufgrund weiterer Betrugs- und Insolvenzfälle der Dotcom-Blase beschloss der US-Kongress 2002 ein Reformgesetz.[2] Das Gesetz verlangt die

---

1 | Report of the Staff to the Senate Committee on Governmental Affairs: Financial Oversight of Enron. The SEC and Private Sector Watchdogs. Washington 2002, S. 108 und 126.

2 | Sarbanes Oxley Act 2002.

stärkere Trennung von Analyse und Beratung bei Wertpapierhändlern und Banken, Unternehmensvorstände werden verpflichtet, die Bilanz persönlich zu beeidigen; unrichtige Bilanzangaben können hart bestraft werden.

Gleichzeitig endeten staatsanwaltschaftliche Ermittlungen gegen zehn Investmentbanken mit einem Vergleich: Die Banken, darunter Goldman Sachs, Merrill Lynch und Salomon Smith Barney, waren wegen Irreführung von Anlegern verklagt worden. Die Banken versprachen im Gegenzug, sich zu bessern. Auch den Wirtschaftsprüfern, die die gefälschten Bilanzen dieser Firmen bis zum letztmöglichen Zeitpunkt als korrekt testiert hatten, wurden Auflagen gemacht – was bekanntlich ebenfalls nichts genützt hat, wie die spätere Bankenkrise gezeigt hat.

Obwohl die Rating-Agenturen in gleicher Weise an den genannten Fällen beteiligt waren, genossen sie eine besonders schonende Sonderbehandlung. Im Gesetz heißt es lediglich, dass die SEC über die Agenturen einen Sonderbericht vorlegen soll. Das tat die SEC und deckte ein Jahr später auf, was sie zuvor aus anderen Anlässen auch schon verschiedentlich festgestellt hatte: Die Agenturen sind nicht objektiv, sondern ihre Bewertungen sind von eigenen Profitinteressen geleitet. Sie werden von den bewerteten Unternehmen bezahlt und verdienen zusätzlich durch verschiedene Beratungsdienste an den gleichen Unternehmen.[3]

Reformgesetz 2006

Aus dem Bericht der SEC über die Rating-Agenturen aus dem Jahre 2003 folgte 2006 das Gesetz zur Reform der Rating-Agenturen.[4] Es war ein quälender Vorgang, das Ergebnis war dürftig. Im US-Kongress kamen Stimmen auf, der SEC wegen schon vorheriger Untätigkeit die Aufsicht über die Agenturen zu entziehen: Die SEC brüte schon seit einem Jahrzehnt über der immer wieder geäußerten Kritik, komme aber zu keinen durchgreifenden Maßnahmen, monierten etwa der Vorsitzende des Unterausschusses Kapitalmärkte, Richard Baker und der Abgeordnete Paul Kanjorski.[5]

---

3 | U.S. Securities and Exchange Commission (SEC): Report on the Role and Function of Credit Rating Agencies in the Securities Markets. Washington Januar 2003.

4 | Credit Rating Agencies Reform Act 2006.

5 | Bloomberg 16.9.2004.

Das Gesetz, das schließlich 2006 beschlossen wurde, setzt auf Transparenz, Verantwortung, Kontrolle und Wettbewerb. Wie Wirtschaftsprüfer und Investmentbanken sollen auch die Agenturen ihre Bereiche Bewertung und Beratung besser voneinander trennen, zum Beispiel durch Aufteilung in verschiedene Tochterfirmen. Es dürfe kein Rating veröffentlicht werden, wenn die Analysten an der Strukturierung eines Wertpapiers mitgewirkt haben. Bekanntlich wurde diese Vorschrift nach Verabschiedung des Gesetzes routinemäßig umgangen.

Zudem überlässt das Gesetz die Definition dessen, was Beratung und Strukturierung umfasst, den Agenturen selbst. Das Gesetz verbietet der SEC überhaupt ausdrücklich, »Ratings einer inhaltlichen Regulierung zu unterwerfen sowie in das Verfahren zur Bestimmung von Ratings regulierend einzugreifen«.[6]

Die Agenturen sollen ihre Ratings für Kontrollzwecke dokumentieren. Offen blieb allerdings, wie und von wem das überprüft und gegebenenfalls sanktioniert werden soll. Das Personal der SEC wurde dafür nicht erweitert, sondern vielmehr mit der Begründung, man brauche mehr Personal im Kampf gegen den Terrorismus, abgebaut.

Schon oft zuvor und auch im Falle Enron und der Dotcom-Betrügereien war kritisiert worden, dass die Großen Drei des Rating-Zirkus ein fest gefügtes, undurchdringliches Oligopol darstellten. Außerdem war immer wieder kritisiert worden, dass die SEC den Großen Drei 1975 freihändig die Lizenz verliehen hatte, weil sie ohnehin schon den Markt beherrschten und an der Wall Street am beliebtesten waren. Das hatte die SEC aufgrund der häufigen Kritik schon 1997 ändern wollen, kam aber gegen die Lobby der Wall Street nicht an.[7]

Deshalb war es ein wesentliches Ziel des Gesetzes von 2006, das Dreier-Kartell aufzubrechen. Die Agenturen mussten sich aufgrund eines formalisierten Verfahrens neu um die Lizenz bewerben, auch weitere Agenturen wurden aufgefordert, sich zu bewerben. Deshalb erhielten 2007/2008 nicht nur die bisherigen drei, sondern auch sieben neue Agenturen eine

---

6 | Viktor Schulz: Die internationale Finanzmarktkrise und die Ratingagenturen. Hamburg 2009, S. 33.

7 | Gautam Setty/Randall Dodd: Credit Rating Agencies: Their Impact on Capital Flows to Developing Countries. Financial Policy Forum, Special Policy Report, Washington April 2002, S. 3.

Lizenz. Das änderte aber bisher nichts an der Vorherrschaft der Großen Drei, die nach wie vor 95 Prozent des Rating-Geschäfts beherrschen.[8]

Die US-Börsenaufsicht SEC

Die Security and Exchange Commission (SEC) wurde 1934 im Rahmen des New Deal gegründet. Sie war die erste nennenswerte staatliche Börsenaufsicht in einem kapitalistischen Land und sollte vor allem Bilanzschwindel verhindern, der wesentlich den Börsencrash in den USA 1929 und die nachfolgende Weltwirtschaftskrise verursacht hatte. Sie hat staatsanwaltschaftliche Kompetenzen, kann Razzien durchführen, Anklage erheben, Bußgelder verhängen und den Ausschluss von der Börse verfügen. Seit Beginn der 90er Jahre wurde unter US-Präsident Clinton wegen der Deregulierung Personal abgebaut. Präsident George W. Bush baute Personal aus einem weiteren Grund ab: Kampf gegen den Terrorismus.[9]

Die SEC lizenziert die privaten Rating-Agenturen und die Wirtschaftsprüfer, darf ihnen aber keine inhaltlichen Vorgaben machen. Die Aufsichtsfunktion wird weiter durch den »Drehtür«-Effekt beeinträchtigt: Beschäftigte der SEC wechseln häufig zu den beaufsichtigten Unternehmen. Arthur Levitt, von 1993-2001 SEC Chef, wechselte nach seinem Ausscheiden zum Hedgefonds Carlyle, zu Goldman Sachs und zum Finanzdienst Bloomberg. Robert Khuzami wurde von der Obama-Regierung zum »Top Cop« der SEC ernannt, vorher war er Topmanager der Deutschen Bank New York.[10] Adam Storch, Chef der Beschwerde- und Vollstreckungsabteilung, kam direkt von Goldman Sachs.[11] Die gegenwärtige Vorsitzende Mary Schapiro war seit 1994 im Aufsichtsrat von Duke Energy und Kraft Foods und Vorsitzende des Verbandes der Wertpapierhändler (heute Financial Regulatory Authority, FINRA); dort sind auch die Hedgefonds und Investmentbanken Mitglied. Die SEC

---

8 | Die neu lizenzierten privaten Agenturen sind A.M. Best, Dominion Bond Rating Services, Japan Credit Rating Agency, Rating and Investment Information, Egan Jones Rating, LACE Financial, Realpoint.

9 | Watchdog ignored Madoff warning. BBC News 17.12.2008.

10 | Pressemitteilung der SEC 19.2.2009, www.sec.gov/news/press/2009/2009-31.htm, gelesen 10.11.2011.

11 | Pressemitteilung der SEC 16.10.2009, www.sec.gov/news/press/2009/2009-220.htm, gelesen 10.11.2011.

initiierte unter Schapiro nach der Bankenkrise 2008 hunderte Ermittlungen und Strafanzeigen, darunter gegen Goldman Sachs, vor Gericht
kam aber nur ein Händler aus der dritten Reihe. Sie beauftragte private
Großkanzleien mit den Ermittlungen und dem Aushandeln von Vergleichen. Es gibt keine öffentliche Gerichtsverhandlung, die angeklagte
Bank zahlt hohe Bußgelder in bis zu dreistelliger Millionenhöhe, äu-
ßert sich nicht zur Sache, kann aber mit Billigung des Gerichts und der
SEC erklären, dass sie die Vorwürfe »weder zugibt noch bestreitet«, also
unschuldig und nicht verantwortlich für Drittfolgen ist.[12] Nach jeder Krise beziehungsweise jedem Skandal verfasste die SEC selbstkritische Be-
richte, ohne Folgen in der Praxis.[13]

Reform nach der Finanzkrise 2007

Weil alle Reformen die Mittäterschaft auch der Agenturen bei der Finanzkrise 2007/2008 nicht verhindert hatten, kam der Ruf nach neuen Reformen auf. Sie schlugen sich 2010 im Dodd Frank Act nieder. Er sollte die
gesamte Finanzindustrie reformieren und dabei den Konsumenten einen
besonderen Schutz gewähren.[14]

Auch die Aufsicht durch die SEC sollte wesentlich verbessert werden.
Die vom neuen US-Präsidenten Barack Obama (Demokratische Partei) eingesetzte neue SEC-Führung veröffentlichte zur Vorbereitung des Gesetzes
einen sehr kritischen Bericht über die Arbeitsweise der eigenen Behörde.

Die SEC wirft sich zahlreiche Versäumnisse vor: Sie habe Agenturen
ohne vollständige Unterlagen lizenziert, sie habe sich nicht mit dem häufigen Wechsel von Rating-Analysten in die bewerteten Unternehmen befasst; sie habe sich nicht mit dem Shopping und Hopping (»wer bietet

---

12 | Jürgen Wessing: Im Zeichen des US-Rechts, in: Handelsblatt 29.11.2011.

13 | Zur SEC vgl. Arthur Levitt: Take on the Street. What Wall Street and Corpo-
rate America Don't Want You to Know. New York 2002. Levitt schildert den Druck,
dem die Behörde von Seiten der Regierung, der Finanz- und Konzernlobby ausgesetzt ist. Zu Schapiro vgl. www.sec.gov/about/commissioner/shapiro.htm, gelesen 4.10.2011, und Business Insider 11.10.2010. Zu den Ermittlungen gegen
Goldman Sachs u.a. vgl. Werner Rügemer: Bankster vor Gericht, in: Blätter für
deutsche und internationale Politik 8/2010, S. 73.

14 | The Dodd-Frank Wall Street Reform and Consumer Protection Act 2010.

das beste Rating?«) der Kunden befasst; sie habe nie die Angemessenheit der Rating-Gebühren überprüft; sie habe nie überprüft, ob die bewerteten Kunden untereinander verbunden sind; sie sei dem Interessenkonflikt zwischen Rating und gleichzeitiger Beratung nicht nachgegangen; sie habe nie überprüft, in welchem finanziellen Verhältnis die Agenturen zu ihren Eigentümern stehen. Schließlich habe die SEC ihre Möglichkeiten, die durch das Reformgesetz von 2006 erweitert worden waren, nicht genutzt und ihre eigenen Regeln missachtet.[15]

Aus dieser vernichtenden Kritik wurde eine Liste mit 24 freundlichen Empfehlungen abgeleitet, die teilweise in das neue Gesetz eingingen. Die Agenturen sind dem in mancher Hinsicht entgegengekommen. So haben sie ihre Beratungsdienste in immer mehr Tochterfirmen ausgelagert und behaupten, zwischen ihnen gebe es eine undurchdringliche »Firewall« (Trennwand). Diese Aufspaltung fördert aber in der Praxis die ohnehin schon bestehende, organisierte Intransparenz und erschwert die Kontrolle der neuen Auflagen. Aber auch für die sonstigen neuen Aufgaben wurde das SEC-Personal nicht aufgestockt.

Das Gesetz, das die gesamte Finanzindustrie reformieren soll, reformiert das Wesentliche nicht: Den Hedgefonds werden keine inhaltlichen Auflagen gemacht. Die private Geldschöpfung zwischen den Banken und anderen Finanzakteuren bleibt erlaubt. Die Federal Reserve Bank bleibt in der Hand der Privatbanken. Gefährliche Finanzprodukte werden nicht verboten. Die Bilanzregeln, wonach auch Verluste als Gewinn ausgewiesen werden können, bleiben intakt, ebenso die Auslagerung riskanter Finanzoperationen aus den Bilanzen mithilfe von Zweckgesellschaften in Finanzoasen.

Die Rating-Agenturen werden in ihrer Funktion als Torwächter (Gatekeeper) bestärkt, ihnen wird eine »systemische Bedeutung« zugeschrieben. Sie bekommen aber nicht die Auflagen, die dafür nötig wären: Sie müssen nicht ihre Bewertungs-Matrix veröffentlichen. Die SEC soll überwachen, dass Analysten keine Geschenke annehmen dürfen, die über den Wert von 25 US-Dollar hinausgehen, aber die Eigentümer der Agenturen, somit also die Ursache für den eigentlichen Interessenkonflikt, bleiben ein

---

15 | U.S. Securities and Exchange Commission, Office of the Inspector General, Office of Audits: The SEC's Role Regarding and Oversight of Nationally Recognized Statistical Rating Organizations (NRSRO), Public Version, Washington August 27, 2009, S. 18ff., 22, 36, 51, 55ff.

Tabu.[16] Zwar heißt es im Gesetz, dass Ratings keine freie Meinungsäußerung, sondern Stellungnahmen von Experten sind; ob das die Gerichte zu neuen Urteilen in straf- und zivilrechtlicher Hinsicht führt, wird in juristischen Kreisen jedoch bezweifelt. Sollten die Gerichte sich tatsächlich umorientieren, so würden die Agenturen wohl durch die Instanzen gehen, um den Gesetzgeber vor dem Supreme Court zu einer Änderung zu zwingen.[17]

Die drei Großagenturen, ihre Eigentümer und Kunden sind stärker als der Gesetzgeber: Nach Finanzkrise, Kritik und Reform sind die »Big Three« im Jahre 2011 noch mächtiger geworden. Sie heben ihre Gebühren schneller an als zuvor. Die SEC, die EZB und andere Finanzinstitutionen haben zwar nun einige Agenturen mehr lizenziert, aber die Großen Drei haben jetzt noch mehr Marktanteil. 97 Prozent aller Ratings für Unternehmen, Staaten, Kommunen und Wertpapiere werden nun von ihnen gemacht.[18]

INTERNATIONALE REFORMEN

Seit 2003 befassen sich auch die G8-Staaten mit den Rating-Agenturen. Die Erklärung des G8-Treffens 2003 in Evian les Bains fordert, dass Wertpapieranalysten, Wirtschaftsprüfer, Investmentbanken und Rating-Agenturen für mehr Transparenz sorgen und sich für Integrität und Qualität einsetzen sollen.[19]

Das von den G8-Staaten 1998 gegründete Financial Stability Forum (FSF), das sich mit der Stabilität des Finanzsystems beschäftigt, wurde mit der Bearbeitung des Rating-Problems beauftragt. Dazu tat sich das FSF mit der Internationalen Organisation der Wertpapieraufsichtsbehörden (IOSCO) zusammen; in diesem Zusammenschluss nationaler Finanzaufsichten dominiert die US-Börsenaufsicht SEC, die dann auch die Leitung

---

16 | Vgl. die Zusammenfassung der US-Rating-Reformen bei Thomas Möllers: Regulating Credit Agencies: The New US and EU Law – Important Steps or Much Ado about Nothing?, in: Capital Markets Law Journal 21.8.2009, S. 8ff.

17 | Wolfgang Däubler: Rechtskontrolle von Rating-Agenturen?, in: Kritische Justiz 1/2012, S. 10.

18 | Ratingagenturen bauen ihre Marktmacht aus, in: Börsen-Zeitung 19.11.2011.

19 | G8: Fostering Growth and Promoting a Responsible Market Economy. Evian les Bains 3.6.2003.

der zuständigen Arbeitsgruppe übernahm. Diese legte nach einigen Monaten »Grundsätze für die Tätigkeiten von Ratingagenturen« vor.[20]

Hier begegnen wir wieder den allgemeinen Absichtserklärungen, die seit Jahren produziert werden. So wird das Oligopol der Großen Drei ebenso kritisiert, wie das Fehlen von geeigneten Aufsichtsbehörden in den meisten Staaten, in denen die Agenturen Niederlassungen haben. Die Agenturen sollen sich verpflichten, ihre Verfahren, Methoden und Bewertungen schriftlich zu dokumentieren und hinreichend kompetentes Personal zu beschäftigen. Interessenkonflikte mit den Eigentümern und Kunden sollen vermieden werden. Bei Ratings, die ohne Kundenauftrag erstellt werden, soll dies veröffentlicht werden.

Aus diesen Grundsätzen entwickelte die Arbeitsgruppe einen Verhaltenskodex.[21] Er entstand im engen Kontakt mit dem Ausschuss für Bankenaufsicht der Bank of International Settlements (BIS) in Basel.

Nach dem Muster dieses Kodex sollen die Agenturen jeweils ihren eigenen Verhaltenskodex entwickeln. Darin soll es unter anderem um die Vermeidung von Interessenkonflikten, um Transparenz, um Verantwortung gegenüber Emittenten und Investoren gehen. Die Agenturen sollen eine Stelle einrichten, bei der Marktteilnehmer Vorschläge machen und sich beschweren können.

Nach der Finanzkrise 2007 hat die IOSCO im gleichen Verfahren ihren Kodex noch einmal überarbeitet und im Mai 2008 veröffentlicht. Es wurden Banalitäten hinzugefügt, etwa, dass die Agenturen keine irreführenden Ratings veröffentlichen sollen. Es wurde empfohlen, die Ratings für strukturierte Finanzprodukte anders zu kennzeichnen als für »normale« Wertpapiere.[22] Auch der neue Kodex enthält somit gute allgemeine Absichten, stellt aber, wie es in der Branche beliebt ist, wieder nur eine freiwillige Selbstverpflichtung dar. Die Agenturen haben alle brav einen solchen Kodex beschlossen und werben damit auf ihren Websites.[23]

---

20 | IOSCO Statement of Principles regarding the Activities of Credit Rating Agencies 2003, www.iosco.org/library/pubdocs, gelesen 20.8.2011.

21 | The Technical Committee of the International Organization of Securities Commissions: Code of Conduct Fundamentals for Credit Rating Agencies Dezember 2004, www.iosco.org/library/pubdocs, gelesen. 20.8.2011.

22 | www.iosco.org/library/pubdocs/pdf/IOSCOPD271.pdf, gelesen 20.8.2011.

23 | Vgl. Viktor Schulz: Die internationale Finanzmarktkrise und die Ratingagenturen. Hamburg 2009, S. 33ff; Thomas Möllers: Regulating Credit Rating Agencies:

Financial Stability Board (FSB)

Die G8-Staaten (inzwischen erweitert auf G20) gründeten 1998 das Financial Stability Forum (FSF). Es kümmerte sich aufgrund öffentlicher Kritik zunächst um die etwa vier Dutzend Finanzoasen, die zwischen Liechtenstein, den Cayman Islands, Israel, Panama und Luxemburg einen wachsenden Teil der internationalen Kapitalflüsse verbergen. Das FSF erstellte eine schwarze Liste, wobei allerdings die für die deregulierte Finanzindustrie wichtigste Finanzoase – Delaware/USA – fehlte. Es änderte sich nichts Wesentliches. Danach erweiterten die G8-Akteure die Kompetenzen des FSF zunächst um den Bereich Rating-Agenturen, dann um den Bereich Schattenbanken, über den ebenfalls ein wachsender Teil der internationalen Kapitalflüsse organisiert wird. Das FSF wurde in Financial Stability Board (FSB) umbenannt, seine finanziellen Mittel wurden erweitert. In ihm sind inzwischen nicht nur die G20-Staaten mit ihren Zentralbankern und Beratern vertreten, sondern auch die Europäische Kommission, der Internationale Währungsfonds (IWF) und die Weltbank. Sie haben die FSB-Geschäftsstelle in der Bank for International Settlements (BIS) eingerichtet (vgl. Seite 36). Vorsitzender des FSB ist Mario Draghi, der Europa-Chef der Investmentbank Goldman Sachs war und seit 2011 als Präsident der Europäischen Zentralbank (EZB) fungiert. Diese Gremien und Institutionen schmücken sich mit staatlicher Autorität, sind aber demokratisch nicht legitimiert und verteidigen nur die Finanzindustrie. Der FSB thematisiert zwar in allgemeiner Weise die Gefahren für die »Finanzstabilität«, schützt aber real die Interessen und Strukturen der Finanzoasen und Schattenbanken.[24] Am Rating-Kodex kann man das Funktionieren beziehungsweise Nicht-Funktionieren eines Teils der internationalen, demokratisch nicht legitimierten Finanz-Bürokratie erkennen. Sie zeugt sich ständig aus sich heraus weiter fort.

The New US and EU Law – Important Steps or Much Ado About Nothing?, in: Capital Markets Law Journal 21.8.2009.

24 | Vgl. den Bericht Shadow Banking: Scoping the Issues. A Background Note of the Financial Stability Board. Basel 12.4.2011. Darin wird auf »Gefahren« und das wachsende Volumen des Schattenbankings hingewiesen, allerdings wird mit keinem Wort erwähnt, wer die Akteure sind – man will offensichtlich die Hedgefonds, Investmentbanken, Rating-Agenturen usw. zugleich schützen; www.financialstabilityboard.org/publications/r_110412a.pdf, gelesen 5.11.2011.

EUROPÄISCHE UNION

Seit 2003 befasst sich auch die EU mit einer Reform der Rating-Agenturen. Die EU-Vertreter hatten an der Erklärung von Evian les Bains mitgewirkt. Erster Anlass war auch in der EU der Bankrott des US-Konzerns Enron 2001, der in mehreren EU-Staaten tätig gewesen und von europäischen Regierungen, insbesondere der britischen unter John Major und Tony Blair, gefördert worden war.

Nach dem Bankrott von Parmalat

Den letzten Ausschlag gab allerdings der italienische Konzern Parmalat. Das weltweit tätige Nahrungsmittelunternehmen ging 2003 bankrott. Dabei zeigten sich ganz ähnliche, typisch neoliberale Praktiken wie bei Enron: Briefkastenfirmen in diversen Finanzoasen zwischen den Cayman Islands und Luxemburg, Handel mit Derivaten, Fälschung der Bilanz mithilfe fiktiver Aufträge, zum Beispiel fiktive Lieferung von Milchpulver von Singapur an Kuba (niemand dort hatte etwas bestellt) über eine Zweckgesellschaft auf den Bahamas. Investmentbanken wie die Hausbank Bank of America, die Deutsche Bank (zugleich einer der Parmalat-Großaktionäre), Morgan Stanley, UBS und Citigroup hatten ihre Kredite an Parmalat ungeprüft auf Angaben des Managements gestützt, Wirtschaftsprüfer und Rating-Agenturen hatten bis zuletzt ihre Testate beziehungsweise guten Ratings gegeben.[25]

Am 10. Februar 2004 beschloss das Europäische Parlament aus diesem Anlass eine Resolution zur Rolle der Rating-Agenturen, in der es die Europäische Kommission auffordert, ein förmliches Registrierungsverfahren bei der europäischen Finanzaufsicht Committee of European Securities Regulators (CESR) festzulegen. Dazu solle die Kommission Kontakt zur IOSCO, zum Financial Stability Board FSB und zur US-Börsenaufsicht SEC aufnehmen. Ratings ohne Kundenauftrag sollten veröffentlicht, das Oligopol der drei großen Agenturen sollte überprüft werden.

Allerdings machte das Parlament auch wesentliche Einschränkungen: Die Unabhängigkeit der Agenturen dürfe nicht dadurch beeinträchtigt werden, dass ihnen inhaltliche Vorschriften gemacht werden. Eine zukünftige Regulierung, die von der Kommission auszuarbeiten sei, müsse

---

25 | Vgl. Günter Fritz: Der Parmalat-Skandal. Wien 2004.

sich auf jeden Fall auch an das Abkommen Basel II halten.[26] So hat das Europäische Parlament frühzeitig die Grenzen markiert, die die EU im Umgang mit den Agenturen nicht überschreiten will.

Selbstregulierung der Agenturen statt Aufsicht

Nach langen Beratungen verkündete die Europäische Kommission 2006, dass eine europäische gesetzliche Regelung für die Agenturen nicht nötig sei. Man vertraue auf die »Selbstregulierung der Rating-Agenturen auf der Grundlage des IOSCO-Kodexes«. Die europäische Finanzaufsicht CESR solle mit einer »informellen Expertengruppe« die Einhaltung des IOSCO-Kodexes überwachen.[27] Wunschgemäß bestätigte die CESR zwei Jahre später in einem 277 Punkte umfassenden Bericht, dass alles in Ordnung sei.[28]

Seit 2007 hat die Europäische Union die Basel II-Vereinbarung vollständig umgesetzt. Seitdem ist das Rating der Großen Drei im Regelwerk der Europäischen Zentralbank (EZB) verankert (vgl. Seite 35). Damit verzichtete die EU ausdrücklich darauf, ihre Mitgliedsstaaten selbst zu bewerten.

Nach der Finanzkrise 2007 rüstete die EU ihre Regelungen etwas auf. Im April 2009 beschloss das Europäische Parlament nach dem US-Vorbild, dass die Agenturen eine neue Lizenz beantragen müssen. Dies soll bei der 2010 neu eingerichteten Europäischen Wertpapier- und Marktaufsichtsbehörde (ESMA) geschehen, der Nachfolgerin der CESR.[29] Sie soll

---

26 | Text der Resolution unter www.europarl.eu.int.registre/seance_pleniere/textes_adoptes/definitif/2004/0210/0080/P5_TA(2004)0080_EN.pdf, gelesen 5.11.2011; vgl. www.ec.europa.eu/internal_market/securities/docs/agencies/2004-07-27-advice-annex_en.pdf, gelesen 5.11.2011.

27 | Europäische Kommission: Mitteilung der Kommission über Rating-Agenturen 2006/C 59/02.

28 | CESR's Report to the European Commission on the Compliance of Credit Rating Agencies with the IOSCO Code and The Role of Credit Rating Agencies in Structured Finance Mai 2008, CESR/08-277.

29 | EU: Verordnung 1095/2010 des Europäischen Parlaments und des Rates vom 15.12.2010.

seit dem 1. Juni 2011 auch die Rating-Agenturen registrieren, überwachen und die bisherigen neu lizenzieren.[30]

Die Agenturen sollen Interessenkonflikte vermeiden, sie sollen Rating und Beratung trennen, sie sollen ihre Analysten nicht länger als fünf Jahre für einen Kunden arbeiten lassen, sie dürfen keine Geschenke von Kunden annehmen, sie sollen ihre Bewertungen transparent machen und sie sollen auch für ihre Bewertungen haften. Wenn sie gegen eine der 73 Auflagen verstoßen, kann die ESMA Zwangsgelder und Geldbußen verhängen – so wurde aus der neuen US-Regelung abgeschrieben.[31]

Um die Bedeutung beziehungsweise Bedeutungslosigkeit dieser Regulierungsversuche zu erkennen, muss man auch das finanzpolitische Umfeld einbeziehen. So trat in der EU zum 1. November 2007 die Finanzmarkt-Richtlinie von 2004 in Kraft. Damit wird den Börsen erlaubt, nebenbei private Handelsplattformen einzurichten, sogenannte »dark pools« (dunkle Behälter). Hier können multilaterale Handelssysteme (Multilateral Trade Facilities, MTF) ohne Registrierung und Finanzaufsicht Aktien und alle anderen Wert- beziehungsweise Spekulationspapiere handeln. So heißt beispielsweise das zweitgrößte Aktien-Handelssystem in der EU Chi-X, das den Investmentbanken Nomura (die japanische Bank hatte den europäischen Teil der bankrotten Bank Lehman gekauft), Goldman Sachs, UBS, Société Générale und den zwei Fonds Citadel (USA) und Optiver (Niederlande) gehört. Sogar mächtige Konzerne wie der französische Baukonzern Bouygues beschweren sich: Wir wissen gar nicht mehr, was mit unseren Aktien geschieht.[32]

Europäische Rating-Agentur

Immer wieder mal, bereits seit Mitte der 90er Jahre, kam in der EU die Idee einer Europäischen Rating-Agentur auf, ohne Ergebnis. George Kati-

---

30 | Neben den Großen Drei und der kanadischen DBRS hat die ESMA folgende Agenturen registriert: Euler Hermes Rating, Japan Credit Rating Agency, FeriEuro-Rating, Bulgarian Credit Rating Agency, Creditreform Rating, PSR Rating.

31 | Verordnung 513/2011 des Europäischen Parlaments und des Rates vom 11.5.2011; die Verordnung enthält auch eine Liste von 73 möglichen Verstößen, die mit Geldbußen belegt werden können, zugleich eine Liste mit 11 »Anpassungskoeffizienten«, die einen Verstoß erschweren oder abmildern können.

32 | P. Langneau u.a.: Jenseits der Börse, in: die tageszeitung 30.10.2011.

foris, der Berichterstatter im Europäischen Parlament zum Fall Parmalat, forderte 2003 die Einrichtung einer Europäischen Rating-Agentur, weil die Großen Drei versagt hätten.[33]

Konjunkturbedingt kamen allerdings nach der ständigen Herabstufung der PIGS-Staaten 2009/2010 plötzlich populistische und linksradikale Töne auf. EZB-Präsident Jean-Claude Trichet stellte fest, die Agenturen hätten als »Brandbeschleuniger« der Krise agiert.[34] EU-Kommissarin Viviane Reding forderte gar die »Zerschlagung der amerikanischen Ratingagenturen«: Es dürfe nicht sein, dass ein Kartell dreier US-Unternehmen über das Schicksal der EU entscheide, notfalls müsse eine neue europäische Bonitätsprüfung her.[35]

Als es konkret wurde, wehrte sich Trichet im Namen der EZB energisch gegen eine öffentliche Agentur.[36] Die Europäische Kommission hielt sich zurück. So fiel der Beschluss des Europäischen Parlaments vom 8. Juni 2011 recht zahm aus: Gegen den Antrag der Linken beschloss es, dass die Agentur keine öffentliche Einrichtung sein soll. Vielmehr soll eine »unabhängige Stiftung« gegründet werden, eine private. Niemand anders als die Europäische Kommission erhielt den Auftrag, dafür eine »Durchführbarkeitsstudie« zu erstellen. Die Stiftung soll nur eine kurze öffentliche Anschubfinanzierung erhalten, um die Unabhängigkeit gegenüber staatlichen und politischen Eingriffen zu gewährleisten. So meint also die Mehrheit des EU-Parlaments, dass mit privater Finanzierung – trotz aller bisherigen Erfahrungen – die Unabhängigkeit gesichert wird.[37]

Das Parlament legte auch keine alternativen Bewertungskriterien fest. Alternative beziehungsweise ergänzende Kriterien könnten zum Beispiel sein: Fähigkeit des Staates zur Bestrafung leichtfertiger Kreditgeber, Fähigkeit des Staates zum Eintreiben ausreichender Steuern und zur Bekämpfung von Kapital- und Steuerflucht, Ausbau der Demokratie oder gute Arbeitsverhältnisse. Doch davon ist keine Rede. Vielmehr soll auch für die EU-Agentur die Sicherheit der Investoren und die Rückzahlung der Kredi-

---

33 | Financial Times 20.1.2004.

34 | Frankfurter Allgemeine Zeitung 1.10.2010.

35 | Die Macht der Rating-Agenturen zerschlagen, in: NZZ Online und ZEIT Online 11.7.2011.

36 | Handelsblatt 8.7.2011.

37 | Europäisches Parlament: »Strengere Regeln für Ratingagenturen«, in: Pressemitteilung 8.6.2011.

te das oberste Kriterium sein, unabhängig davon, wie die Kredite zustande kamen und welche sozialen, wirtschaftlichen und politischen Folgen die erzwungene Rückzahlung hat.

Wenn wir die bisherigen Bedingungen einbeziehen, die die EU zum Rating bereits geschaffen beziehungsweise nicht geschaffen hat, kann bei dem europäischen »Gegengewicht« bestenfalls eine bescheidene Imitation des großen Bruders herauskommen.

Nicht viel anders sieht es bei den Banken aus. Schon 1991 wollten deutsche Banken und Konzerne unter Führung der Deutschen Bank eine Europäische Rating-Agentur gründen. Die Monopolstellung insbesondere der beiden größten Agenturen ärgerte sie. Sie gründeten die Projektgesellschaft für Europäisches Rating GmbH.[38] Europäische Banker moserten immer wieder an der US-Dominanz herum.[39] Doch daraus entstand keine Alternative, man unterwarf sich ganz dem kritisierten US-System.

Seit 2010 bastelt die Unternehmensberatung Roland Berger an einer privat finanzierten, europäischen Rating-Agentur. 300 Millionen Euro will Berger dafür bei 25 Investoren einsammeln, auch bei mittelständischen Unternehmen. Der zuständige EU-Kommissar Michel Barnier hat Zustimmung signalisiert, ebenso Steven Maijoor, Chef der EU-Finanzaufsicht ESMA.[40] Die von Deutsche Bank-Chef Ackermann geführte globale Finanzlobby IIF (Institute of International Finance) und auch der Deutsche Bankenverband sind allerdings »skeptisch«, sie sind mit den bisherigen drei Agenturen hochzufrieden, ihre früheren Pläne haben sie vergessen.[41] So wird also auch aus diesem Vorhaben wohl nichts werden.

Wenn EU-Parlament, Europäischer Rat und die europäischen Finanzminister es ernst meinen würden, dann bestünde der erste Schritt darin, die Großen Drei aus dem Regelwerk der Europäischen Zentralbank (EZB), des Europäischen Rettungsschirms ESFS und ESM und aus allen weiteren einschlägigen Regelwerken hinauszuwerfen. Doch da tut sich nichts. Die EU hat lediglich die Absicht bekundet, die Ratings dann nicht zu beachten,

38 | Ebenroth/Daum: Die rechtlichen Aspekte des Ratings von Emittenten und Emissionen, WM Sonderbeilage 5/1992, S. 2.

39 | Credit Rating Agencies: On watch, in: The Economist 13.5.1999.

40 | Frankfurt plant eigene Ratingagentur, in: Financial Times Deutschland 27.6.2011.

41 | Luftschloss aus Brüssel, in: Der Spiegel 28/2011, S. 72.

wenn aus EU-Töpfen wie im Falle Griechenland, Portugal und Irland bereits öffentliche Hilfen gezahlt werden.[42]

CHINA UND ASIEN

Weltweit gibt es neben den »Big Three« mindestens 150 Rating-Agenturen.[43] Sie können die Dreier-Herrschaft bisher nicht antasten. Sie haben sich oft beschwert, die Regierungen, Banken und Unternehmen haben die Beschwerden immer wieder gehört, aber das hat nichts genutzt.

Das ist so wie bei den Wirtschaftsprüfern, wo die US-dominierten »Big Four« (Ernst & Young, Price Waterhouse Coopers, KPMG, Deloitte) seit Jahrzehnten, ebenfalls trotz aller wiederholten Skandale, unverändert die Bilanzen der großen Banken und Konzerne, auch der Rating-Agenturen, testieren.[44] Auch hier sehen wir: Die militantesten Prediger der Marktwirtschaft halten nichts von ihr, wenn es um ihr eigenes Verhalten geht.

Die chinesische Agentur Dagong

Die chinesische Agentur Dagong (»Große Arbeit«) entwickelt sich zu einem gleichrangigen Mitspieler auf dem globalen Parkett. Sie wurde 1994 auf Initiative der chinesischen Zentralbank gegründet und untersteht ihrer Aufsicht, ist aber ein Privatunternehmen nach chinesischem Recht. Sie hat 28 Niederlassungen in China. Gründer und Chef bis heute ist Guan Jiazhong, Mitglied der kommunistischen Partei. Er hat sowohl aus der Geschichte des chinesischen Sozialismus wie des westlichen Kapitalismus seine Konsequenzen gezogen.

Zuletzt, so der nach eigener Beurteilung ideologiefreie Ökonom, haben S&P, Moody's und Fitch wegen der von ihnen mitverschuldeten Finanzkrise 2007 endgültig das Recht verloren, »die Welt zu bewerten«. Diese

---

42 | EU-Kommission will Rating für gestützte Euro-Staaten verbieten, in: Frankfurter Allgemeine Zeitung 12.7.2011; EU will Ratingverbot weltweit durchsetzen, in: Financial Times Deutschland 21.10.2011.

43 | Financial Policy Forum: Credit Rating Agencies. Special Report 6, Washington, 4/2003, S, 2.

44 | Werner Rügemer: Die Berater. Ihr Wirken in Staat und Gesellschaft. Bielefeld 2004, S. 33ff.

Aufgabe komme nun Dagong und anderen zu, das Rating brauche einen neuen globalen Ansatz. »Wir wollen realistische und faire Bewertungen und markieren hiermit einen Neubeginn und die Reform des bisherigen irrationalen internationalen Bewertungssystems«.[45] Entsprechend ehrgeizig ist der Wahlspruch: »Value Nothing But Truth, Credit and Impartiality« (Die Bewertung soll nur die reine Wahrheit, Kreditwürdigkeit und Unvoreingenommenheit ausdrücken).[46]

Dagong begann mit der Bewertung von Unternehmen und staatlichen Einheiten in China, inzwischen bewertet die Agentur mehrere Dutzend Staaten, vor allem in Asien, mit denen China in wirtschaftlichen Beziehungen steht. Mit etwa 500 Beschäftigten ist Dagong noch wesentlich kleiner als die große Konkurrenz, aber die größte von insgesamt fünf chinesischen Agenturen.

Die globale Alternative baut Dagong auch in einem asiatischen Netzwerk mit auf. 2001 begründete sie mit Agenturen anderer Staaten die Vereinigung der Rating-Agenturen in Asien (Association of Credit Rating Agencies in Asia, ACRAA). Neben den fünf chinesischen Agenturen sind vier Agenturen aus Indien und Südkorea Mitglied, drei aus Bangladesh, insgesamt 28 Agenturen aus 14 Ländern. Auch die größte japanische ist dabei: Japan Credit Rating Agency.

Viele kleinere asiatische Agenturen waren im Laufe der letzten beiden Jahrzehnte von den »Big Three« aufgekauft und zu einheimischen Niederlassungen umgewandelt worden. Die drei Westagenturen sind auch an mehreren asiatischen Agenturen beteiligt, sodass es sich bei der ACRAA keineswegs um eine lupenreine Alternative handelt.

Die Notensymbole, die Dagong verwendet, unterscheiden sich nicht von den US-Vorbildern. AAA bedeutet höchste Bonität, D bedeutet Zahlungsausfall, jedes Buchstabensymbol kann mit dem Plus- und Minuszeichen differenziert werden. Auch Dagong bietet neben dem Rating Beratungsdienste an, die Kunden zahlen (issuer pays) und ein Verhaltenskodex soll Interessenkonflikte und unsaubere Praktiken vermeiden helfen: Agenturmitarbeiter und Agenturmiteigentümer dürfen nicht im Anleihe- und

---

45 | CNN 3.8.2011.

46 | www.dagongcredit.com/dagongweb/english, gelesen 30.10.2011.

Aktienmarkt tätig sein: Das ist eine Verpflichtung, die in den Ethik-Kodexen der westlichen Agenturen fehlt. [47]

Dagong war die erste Agentur, die es wagte, die Bonität des westlichen Leitstaates USA um mehrere Stufen auf A+ abzusenken. Das war zwar spät genug, im November 2010, aber trotzdem ein dreiviertel Jahr bevor eine westliche Agentur, S&P, das bisher Undenkbare vollzog und im August 2011 die sozusagen ewige AAA-Bewertung des US-Staates zumindest um eine Stufe absenkte. Das Vorgehen von Dagong ist durchaus riskant, denn China hat mit 1,2 Billionen US-Dollar den höchsten Bestand an US-Staatsanleihen, und die Herabstufung könnte deren Wert mindern. Aber die schwindende Wirtschaftskraft der Vereinigten Staaten, die ganze Produktionsbranchen wie die Hightech-Branche nach China ausgelagert haben, gab den Ausschlag.

Dagong legt grundsätzliche Schwächen des gegenwärtigen westlichen Kapitalismus offen: Die westlichen Staaten seien hoffnungslos überschuldet, allen voran würden auch die USA ihre Altschulden gegenüber dem Ausland niemals zurückzahlen können. Die drei großen Westagenturen »interessieren sich nicht für die Einkommenssituation eines Landes, sondern (nur) für die Fähigkeit, Gelder zu beschaffen«. [48] Die westlichen Finanzakteure haben, so Guan, »immer wieder neue Kreditprodukte zusammengeschustert« und den Unternehmen und Staaten verkauft. Deshalb besage eine gute Bewertung durch die Westagenturen überhaupt nichts über die Fähigkeit, die Schulden tatsächlich zu tilgen.

Entsprechend wenig hält Guan von einer Europäischen Rating-Agentur. Es sei verständlich, dass die EU-Regierungen darunter leiden, dass ihre Staaten herabgestuft werden. Aber objektiv gesehen seien auch die europäischen Banken, Konzerne und Staaten überschuldet. »Wenn Schuldner sich selbst bewerten – wer soll dann das Resultat ernst nehmen?« [49]

Wie die Westagenturen den von Hedgefonds dominierten Westkapitalismus repräsentieren, so ist auch Dagong Repräsentant eines Systems, und zwar des von (s)einer kommunistischen Partei gelenkten Staatskapitalismus. Dieser stellt in wichtiger Hinsicht eine Variante des Kapitalismus dar. Nicht jeder Kapitalismus ist wie der andere, das wissen wir aus der

---

47 | Ideologie ist kein Maßstab, Interview mit Guan Jianzhong, in: die tageszeitung 25.7.2011.
48 | Ebd.
49 | Ebd.

Geschichte: Der brutale Manchester-Kapitalismus war etwas anderes als der Reform-Kapitalismus, der 1933 mit dem New Deal in den USA begann und in den kapitalistischen Hauptländern nach dem Zweiten Weltkrieg fortgesetzt wurde, bevor er vom neoliberal orientierten Kapitalismus abgelöst wurde. Der Ostküsten-Kapitalismus in den USA war etwas anderes als der gewerkschaftsfreie Niedriglohn-Kapitalismus in Kalifornien und im Silicon Valley.[50]

Der gegenwärtige Kapitalismus Chinas hat zumindest ein leitendes Kriterium, das eine andere Qualität besitzt: Reale Wirtschaftsentwicklung, die der Bevölkerungsmehrheit zugutekommt, jedenfalls kommen soll. So rät Guan den US-Akteuren: »Sie sollten an die langfristigen Interessen ihres Landes denken [...] Es ist sehr teuer, Weltpolizist zu sein und gleichzeitig mehrere Kriege zu führen. Wenn diese hegemoniale Strategie verändert wird, werden sich auch die Ausgaben reduzieren. Am Ende wird das einfache Volk in Amerika den Nutzen davon haben. Wenn man ständig Geld borgen muss, um seine Hegemonie zu finanzieren, ist das langfristig nicht tragbar.«[51]

Betrug beim China-Rating

Die drei Westagenturen unterhalten seit 2005 in Peking und Hongkong Niederlassungen. Auch ihre Ratings für China zeigen, dass sie keineswegs neutral oder »objektiv« sind.

Für den Aufbau von Produktionskapazitäten US-amerikanischer und europäischer Konzerne in China wollten westliche Banken Anleihen an den chinesischen Staat, an chinesische Regionalregierungen, Kommunen und Unternehmen loswerden. Die Anti-Betrugsorganisation GlobalSecuritiesWatch, die von Profis der Wertpapierbranche betrieben wird, hat das Verhalten der drei Westagenturen in China seit 1988 beobachtet.[52]

---

50 | Zum kalifornischen Kapitalismus vgl. Werner Rügemer: Neue Technik – alte Gesellschaft. Silicon Valley. Köln 1985.

51 | Ideologie ist kein Maßstab, Interview mit Guan Jianzhong, in: die tageszeitung 25.7.2011.

52 | Upgrade History of China's Sovereign Credit Rating by S&P, Moody's and Fitch Ratings 2009, www.globalsecuritieswatch.org, gelesen 7.11.2011; daraus wird im Folgenden zitiert.

Bis 1988 hatte sich China geweigert, den Westagenturen einen Rating-Auftrag zu erteilen. Doch als China Westkredite brauchte, schaltete die Regierung um: S&P bekam den Auftrag, die Kredite begannen zu fließen. Danach haben die Großen Drei den chinesischen Staat seit 1988 schrittweise von anfänglich BBB bis 2008 auf A+ gleichmäßig hochgestuft (Moody's entsprechend auf A1).[53] Begonnen hat S&P, dann folgte Moody's und zuletzt schloss sich Fitch an.

Die Börsenaufsicht SEC stellte schon frühzeitig fest: Diese Ratings beruhen darauf, dass sie die tatsächliche Gesamtverschuldung Chinas gezielt verheimlicht (intentionally concealed) haben. Es ging um Kundenfang: Diese fragwürdige Methode, wonach das Rating eines Staates auch ausschlaggebend ist für die Einstufung der Unternehmen, die in diesem Staat ihren Sitz haben, führte dazu, dass auch verschuldeten chinesischen Regionalregierungen und Unternehmen eine gute Bonität zugesprochen wurde.

Damit verschafften sich die Westagenturen sowohl selbst zahlreiche Rating-Aufträge wie auch für westliche Finanzakteure neue Möglichkeiten der Kreditvergabe. So warb etwa Moody's bei chinesischen Unternehmen damit: Wenn ihr euch für eine Million US-Dollar ein günstiges Rating holt, dann könnt ihr üppige Kredite bekommen. CNN kommentierte:»Moody's stufte China und Hongkong herauf, um Investoren zu ermuntern, sich die angekündigte Milliarden-Anleihe Chinas zu schnappen.«[54]

Selbstverständlich nutzen die Agenturen die von ihnen mitverursachte Verschuldung, sobald sie weit genug vorangetrieben wurde, auch hier aus. So drohte Fitch im September 2011 in einem diesmal auftragslosen Rating, den Staat China herunterzustufen, wenn die Regionalregierungen, Kommunen und Unternehmen ihre in den letzten Jahren aufgenommenen Kredite nicht sicher zurückzahlen können.[55]

---

53 | Bis Anfang 2011 steigerten die Agenturen Chinas Bonität weiter auf AA-.

54 | www.cnn.com/2003/Business/10/16/moodys.hkchina/index.html, gelesen 7.11.2011.

55 | www.fitchratings.com 8.9.2011, gelesen 15.9.2011.

WIKIRATING

Die beiden Schweizer Finanzmathematiker Dorian Credé und Erwan Sa-
lambier haben sich über das Versagen der Rating-Agenturen im Falle Lehman Brothers und Island geärgert, ebenfalls darüber, dass die Europäische
Union trotz großer Ankündigungen keine Alternative geschaffen hat. So
haben sie sich im Frühjahr 2010 an die Arbeit gemacht und nach dem
Vorbild von Wikipedia, Wikileaks und Guttenplag-Wiki die »erste freie,
transparente und unabhängige Plattform für Credit-Rankings« erarbeitet.
Die Plattform als Open-Source-Projekt heißt Wikirating und startete im
Oktober 2011.[56]

Wikirating hat wie Dagong die Bewertungssymbole der Großen Drei
– von der Bestnote AAA bis herunter zu D (zahlungsunfähig) – übernommen und arbeitet mit zwei Methoden. Bei der ersten Methode können
alle, die sich im Internet daran beteiligen, ein Land ihrer Wahl bewerten.
Dabei brauchen sie sich nicht auszuweisen und können nach Kriterien
abstimmen, die sie nicht nennen oder begründen müssen. Nach der Wiki-
pedia-Methode können sie sich jedoch registrieren lassen und in der Ra-
ting-Community mitdiskutieren.

Die zweite Methode heißt Sovereign Wikirating Index (SWI) und Corporation Wikirating Index (CWI). Das ist ein Rechenmodell, das sich auf
Staaten und Unternehmen bezieht und in das die Gründer der Plattform
eine Reihe von Faktoren eingebaut haben: »Gesamtverschuldung, Zah-
lungsbilanz zwischen Import und Export, Wirtschaftswachstum, Inflation
und Arbeitslosenquote, also Daten, die jeder abrufen kann.« Die Perspektive, die Mathematiker Credé dabei einnimmt, benennt er selbst so: »Ich
habe mir vorgestellt, ich bin eine Bank und habe ein paar Milliarden: Wie
würde ich jetzt ein Land bewerten?«[57]

Was mag bei dieser Art Transparenz herauskommen? Bei der ersten
Methode gibt eine nicht definierbare Menge von Menschen, deren Moti-
ve, Kenntnisse und Perspektive im Unklaren bleiben, ihre Meinung kund.
Welche Entscheidung kann man darauf stützen? Keine.

Die zweite Methode sieht anspruchsvoller aus. Doch stellt sich die Frage, ob die verwendeten Daten, »die jeder abrufen kann«, zutreffend sind.
Gerade die heutigen Staaten und Unternehmen, vor allem die ganz gro-

---

56 | www.wikirating.com, gelesen 3.1.2012.
57 | AAAstreine Idee, in: Financial Times Deutschland 3.1.2012.

ßen, manipulieren ihre Statistiken bei so zentralen Themen wie Verschuldung, Inflation, Zahl der Arbeitslosen und Wirtschaftswachstum hemmungslos und mithilfe zahlreicher Profis. Wer hier die veröffentlichten Daten zugrunde legt, hat schon verloren.[58]

Auch diese gut gemeinte Alternative nimmt die Perspektive des Kreditgebers ein: »Was würde ich tun, wenn ich eine Bank wäre und dem Staat ein paar Milliarden leihen könnte?«, antworten die Gründer der Financial Times.[59] Da müsste aber erst einmal geklärt werden, um was für eine Bank es sich handelt: Ist es eine Bank nach dem gegenwärtig vorherrschenden Typ? Oder ist es eine Bank nach dem demokratischen Typ, die keine Zinsen, sondern nur eine Verwaltungsgebühr erhebt und die sozial- und umweltverträgliche Verwendung des Kredits zur Bedingung macht? Solche Fragen werden leider nicht beantwortet.

Offensichtlich üben sich die Wikirating-Gründer in aller Unschuld und auf basisdemokratische Weise in die Perspektive ein, die auch die etablierten Rating-Agenturen haben: einseitig im Interesse der Kreditgeber. Das muss natürlich nicht bedeuten, dass sie die Praktiken der Großen Drei übernehmen, – stellt aber auch keine Alternative zu den bisherigen Rating-Agenturen dar.

Als Alternative zu den bisherigen Rating-Agenturen benötigen wir keine nettere, transparentere oder basisdemokratische Variante des alten Typs, sondern einen grundlegenden Perspektivenwechsel: Auf das Gemeinwohl.

---

58 | Vgl. Gerd Bosbach/Jens Jürgen Korff: Lügen mit Zahlen. Wie wir mit Zahlen manipuliert werden. München 2011.

59 | AAAstreine Idee, in: Financial Times Deutschland 3.1.2012.

XIV. Alternative: Die große Entschuldung

»Die Zeit ist gekommen: Löscht die Schulden und verteilt das Land neu«
(antike Weisheit)[1]

Wir haben gesehen, dass die Rating-Agenturen keine selbstständigen und »objektiven« Bewerter sind, sondern ausführendes Organ ihrer Eigentümer im Besonderen und der westlichen Kapitalmacht im Allgemeinen. Zudem sind sie verankert in staatlichen Regularien. Deshalb darf sich die Alternative nicht nur auf die Agenturen beziehen, sondern muss das gesamte Finanzsystem, Wirtschaftssystem und das politische System umfassen.

ENTFERNUNG AUS ALLEN STAATLICHEN REGELWERKEN

Die Rating-Agenturen sind zunächst als das zu behandeln, was sie sind: Privatunternehmen, die sich als Lobbyisten und Agenten ihrer privaten Eigentümer betätigen. Es hat keinen Zweck, sie durch neue Agenturen nach dem gleichen Strickmuster zu ersetzen, zu ergänzen oder zwischen ihnen »mehr Wettbewerb« zu ermöglichen. Eine Zivilisation, die ihren Zusammenhalt und ihre Würde behalten will, fördert auch nicht »mehr Wettbewerb« zwischen Dieben und Hehlern oder ersetzt sie durch kleinere, nettere Diebe und Hehler, sondern beendet ihr Handwerk.

Deshalb müssen wir die Rating-Agenturen, die nach dem hier untersuchten Strickmuster arbeiten, zuerst aus allen staatlichen und finanzaufsichtlichen Regularien ersatzlos entfernen: Aus den nationalen und internationalen Regelwerken und Gesetzen, aus dem IWF und der Bank

---

1 | Vgl. Michael Hudson: Was sind Schulden?, in: Frankfurter Allgemeine Zeitung 2.12.2011.

for International Settlements, aus der Security and Exchange Commission (SEC), aus der Deutschen Bundesbank und der Finanzaufsicht (BaFin), aus der Europäischen Zentralbank usw.

Die Finanzakteure würden allerdings versuchen, ihre bisherige Praxis trotzdem fortzusetzen, auch ohne den staatlichen Schutz. Die schwierige Arbeit liegt dann noch vor uns: Die Praxis der gegenwärtigen Kreditvergabe, in der die Kriterien der Agenturen tief verwurzelt sind (denn daher kommen sie ja), muss selbst verändert werden. Das erfordert einen Eingriff in die Eingeweide der Finanzakteure. Das wird ihnen nicht gefallen, wie ihnen schon jetzt kleinere (geplante) Eingriffe wie etwa die Transaktionssteuer nicht gefallen – wir betrachten das als Betriebsgeräusch der Branche.

PRINZIPIEN DER KREDITVERGABE

Die Kriterien der Kreditvergabe dürfen, das ist das weitere Ergebnis unserer Erkundung, nicht einseitig am Interesse der Kreditgeber ausgerichtet sein. Deswegen dürfen wir den Kreditgebern, ihren Agenten und Lobbyisten nicht die Hoheit über die Definition der Kriterien überlassen.

Wenn Kredite einen einzel- und volkswirtschaftlichen, sozialen und moralischen Sinn haben sollen, dann müssen die Kriterien auch an der Wirkung ausgerichtet sein, die der Kredit auf »Dritte« hat, also auf alle Mitglieder des jeweiligen Unternehmens, des Staates, der Region und der Stadt. Was bewirken die Durchführung des kreditierten Projekts und die Modalitäten der Kreditvergabe gegenüber Beschäftigten und Unbeschäftigten? Welche Produkte und Dienstleistungen sollen ermöglicht werden, für wen sollen sie nützlich und brauchbar sein? Was ist die Wirkung des Produzierens und des Produkts auf die Naturressourcen? Welche Wirkung wird auf die Regionalwirtschaft und Volkswirtschaft ausgeübt? Dürfen Kredite für Enteignungs- und Eroberungskriege und für weltweite militärische Präsenzen auf fremden Territorien vergeben beziehungsweise als gut bewertet werden? Kurz gefragt: Sind die Kredite langfristig gut und auch rückzahlbar für die Kreditnehmer und zugleich langfristig gut für die Gemeinschaft?[2]

»Unabhängige« Zentralbanken sind bisher die Garanten der von den privaten Finanzakteuren selbst bestimmten Geldschöpfung. Eine für die

---

2 | Vgl. Christian Felber: Gemeinwohl-Ökonomie. Wien 2010.

Gesellschaft förderliche Kreditvergabe ist aber nur möglich, wenn sich der demokratisch legitimierte Staat die Hoheit über die Geldschöpfung verschafft. Wenn aufgrund ihrer Geschichte und Strukturen etwa IWF, Weltbank, Fed, EZB, BIS, Deutsche Bundesbank und ähnliche nicht in diesem Sinne reformiert werden können, dann sind sie abzuschaffen und, wenn nötig, durch andere und bessere Institutionen zu ersetzen.

DER ARBEIT WÜRDE UND RECHT VERSCHAFFEN

Die Alternative für die Prinzipien der Kreditvergabe wird besonders deutlich darin, welchen Stellenwert die Beschäftigten des öffentlichen Dienstes und privater Unternehmen sowie Rentner und Empfänger staatlicher Transfers haben. Ihr Einkommen und Vermögen und ihre erworbenen Ansprüche gelten den Rating-Agenturen als nächstliegende Quelle für Zins und Tilgung. Die Rating-Agenturen nehmen bekanntlich keine Rücksicht darauf, ob diese Menschen ihre Arbeit verlieren, massenweise verarmen oder ob Kinder verhungern.

Die Agenturen und ihre Auftraggeber kennen sogar in ihren Ethik-Kodizes und vor allem in ihrem praktischen Verhalten keine Arbeits-, Sozial- und Menschenrechte. Deshalb besteht die große Entschuldung auch darin, der Arbeit und dem menschlichen Leben überhaupt Würde und Rechte zu verschaffen, die ihnen nach demokratischen Verfassungen wie dem Grundgesetz der Bundesrepublik Deutschland ohnehin zustehen. Zu den auch in der Bundesrepublik Deutschland und in fast allen UNO-Mitgliedsstaaten unmittelbar geltenden Allgemeinen Menschenrechten gehören angemessene Löhne und Gehälter und ein gesetzlicher Status, der der unveräußerlichen menschlichen Würde entspricht. Dazu gehört es, Kinderarbeit und Niedriglöhnerei zu verbieten, dazu gehören Krankheitsbehandlung, Lebenssicherheit, eine angemessene Wohnung und freie Grundbildung, ebenso gehört dazu, dass Arbeitslose nicht gedemütigt und in die Armut abgedrängt werden.[3] Konkrete Vorschläge für die Umsetzung dieser Rechte liegen seit Langem auf dem Tisch.[4]

---

3 | Vgl. Werner Rügemer: ArbeitsUnrecht. Münster 2009.

4 | Vgl. Heinz Bontrup/Mohssen Massarat: Manifest zur Überwindung der Massenarbeitslosigkeit. Arbeitszeitverkürzung und Ausbau der öffentlichen Beschäftigung jetzt!, in: Ossietzky, Sonderdruck Mai 2011.

Würde und Recht für die Arbeitenden, Rentner und Transferempfänger bringt dem Staat zum einen mehr Steuern, zum anderen wird die Gegenmacht gegenüber der Kapitalmacht gestärkt und kann den unmittelbar politisch Verantwortlichen eine Stütze sein, um bei den Profiteuren der Kapitalmacht angemessene Steuern einzutreiben, ihre Macht einzuschränken und schließlich zu brechen.

»Charaktermasken« oder persönliche Verantwortung

Die kreditgebenden und kreditschaffenden Finanzakteure haben die Kultur beziehungsweise Unkultur der Verantwortungs- und Haftungslosigkeit zum handlungsleitenden Prinzip in Wirtschaft und Politik werden lassen. Die Rating-Agenturen sind, wie wir gesehen haben, dessen exzessivste Vertreter.

Jeder Mensch muss für die Folgen seines Tuns gegenüber Dritten als Person haften, wozu auch sein Vermögen gehört, das ist eine elementare zivilisatorische Errungenschaft. Ich folge hier allerdings nicht Karl Marx, der die kapitalistischen Privateigentümer als »Charaktermasken« und als »personifiziertes Kapital« bezeichnete. Es ist andersherum: Die Privateigentümer sind, wenn wir in diesem Sprachgebrauch bleiben, kapitalisierte Personen. Um diesen Zustand zu verändern, müssen wir das für alle anderen Bereiche der Gesellschaft zumindest theoretisch und gesetzlich geltende Prinzip der persönlichen Verantwortung zur Geltung bringen.

Deshalb müssen etwa auch für die Entschuldung von Unternehmen und Staaten Kreditgeber und Rating-Agenturen zur Verantwortung gezogen werden. Sie dürfen nicht mehr Richter sein, sondern müssen selbst vor Gericht. Geschädigte, wie der in der Einleitung des Buches genannte Rentner Jürgen Hillebrand, sollten die Rating-Agenturen vor die Gerichte zerren, Anwälte und Ökonomen sollten sich wie in Spanien und Griechenland zusammentun und auch rechtliche Wege gehen, die bisher noch nie beschritten wurden (vgl. Seite 9 Fußnote 6). Dabei ist nicht nur der Erfolg wichtig, sondern auch die öffentliche Auseinandersetzung um die notwendige Reform der Justiz und des Rechts im Bereich der Finanzen.

Wir müssen Unternehmen und Banken, die sich verkalkuliert und überschuldet haben, als insolvent behandeln, gerade dann, wenn sie als »systemrelevant« (too big to fail) gelten. Sie müssen die Verantwortung tragen für die Risiken, die sie in machtgestützter Wahl eingegangen sind.

Der Staat darf Bankrotteure nicht gegen alle ökonomischen Gesetze »retten«, nicht zuletzt, weil das, so begonnen, nie eine endgültige Rettung darstellt. Wer rettet am Ende den Retter, der übrig bleibt? Das gilt nicht nur im Kapitalismus, sondern auch in jedem anderen ökonomischen System, auch in einem Sozialismus, der erfolgreich bleiben will. Freilich darf die Insolvenz nicht unter der Eigenregie der Betroffenen stattfinden, sondern muss unter demokratischer Kontrolle stehen, unter Abwägung aller legitimen Interessen.

In einem Rechtsstaat dürfen illegitime Schulden nicht zurückgezahlt werden. Bei einem Kredit sind immer zwei Parteien beteiligt. Nicht nur der Kreditnehmer hat eine Verantwortung. Auch der Kreditgeber ist verantwortlich: Hat er den Kredit vergeben, obwohl er wissen musste, dass dieser nicht zurückgezahlt werden kann? Hat sich der Kreditgeber auf ein gekauftes Gefälligkeits-Rating gestützt? Notwendig ist also eine Schuldenstreichung, deren Höhe nach öffentlicher Erörterung vor einer unabhängigen Instanz festgelegt wird. Die Prinzipien und Verfahren dafür sind im Verhältnis von Banken und sogenannten Entwicklungsländern längst ausgearbeitet worden.[5]

Alle Rating-Agenturen, Wirtschaftsprüfer, Beratungsfirmen, Banken, Unternehmen und Tochterunternehmen, die in Finanzoasen wie Delaware, Cayman Islands, Liechtenstein, Luxemburg und Schweiz ihren rechtlichen Sitz haben, wollen sich auch mithilfe dieser rechtlichen Schattenwelt ihrer Verantwortung entziehen. Deshalb müssen sie in den Staaten, in denen ihre Eigentümer ihren wirklichen Sitz haben und ihr Hauptgeschäft läuft, als nicht geschäftsfähig behandelt werden.

Ebenso sind alle Wertpapiere, die in solchen juristischen Konstrukten wie SIV, SPE, SPV und ähnlichen außerbilanziell versteckt werden, als nicht existent zu betrachten. Solche Maßnahmen würden auch die drei großen Rating-Agenturen und ihre Eigentümer im Kern treffen.

Auch ein Teil der Bevölkerung hat sich vielfach in die anonyme Verantwortungslosigkeit abdrängen lassen, hat sich in verschiedene, scheinbar befreite, privatisierte Territorien geflüchtet. Wir selbst treten aus unserer Verantwortungslosigkeit nur heraus, wenn wir gegen unsere Degradierung Widerstand leisten und uns dazu mit anderen verbindlich zusammentun. Wer gegen seine Schädiger keinen Widerstand leistet, bleibt gegenüber

---

5 | Lis Füglister/Stefan Howald: Illegitime Schulden, Verschuldung, Menschenrechte. Basel 2005; Max Mader u.a.: How to Challenge Illegitimate Debt. Zürich 2009.

sich selbst und gegenüber anderen fremd, anonym und verantwortungs-
los. Nur gemeinsamer Widerstand entfaltet die innewohnenden Kräfte der
Individuen und ermöglicht Identität und Verantwortung.

DEMOKRATISIERUNG

Die Kriterien und Arbeitsweisen der westlichen Rating-Agenturen beför-
dern autokratische und antidemokratische Politikmuster.

Die in Kollaboration mit den Verschuldungsakteuren zerschlissenen
Parteien, Medien, Institutionen und Organisationen sind nicht fähig, ein
Finanz- und Wirtschaftssystem nach demokratischen Prinzipien zu beför-
dern.

Eine einfache und schon oft vorgeschlagene Maßnahme besteht zunächst darin, Spenden von Banken, Versicherungen und sonstigen Unternehmen an politische Parteien und Politiker zu verbieten, vor allem jahr-
zehntelange Dauerspenden wie beispielsweise die der Deutschen Bank an
CDU, CSU und FDP, ebenso das ganze weitere Instrumentarium, das Sie
auch kennen: Beraterverträge, Aufsichtsrats- und Beiratsmandate, Partei-
tags-, Medien- und Eventsponsoring, Lustreisen, Leihmanager in Ministe-
rien und öffentlicher Verwaltung usw.[6]

Wir müssen das elementare Rechtsempfinden entwickeln, wonach
Diebstahl, Betrug, Erpressung, Lüge – auch in ihren gegenwärtigen Formen – geächtet, verhindert und bestraft werden müssen. Dieses Rechtsempfinden haben die Meister der systemischen Überschuldung abgetötet,
auch mithilfe eines noch nie da gewesenen Dickichts an nationalen und
internationalen Gesetzen, Verordnungen, Richtlinien, auf denen auch die
Macht der Rating-Agenturen gründet: Es stellt, an demokratischen Standards gemessen, verrechtlichtes Unrecht dar. Gerade die neoliberalen Agi-
tatoren gegen »die Bürokratie« haben ein neues, ihr privates bürokrati-
sches Supermonster gemästet. Von ihm müssen wir uns befreien.

Demokratie und freies Wirtschaften sind nicht möglich, wenn Finanzakteure die tatsächlich geltenden Gesetze diktieren. Deshalb bedeutet die
große Entschuldung auch: Das ausweglose »Sparen« im Bereich von Löhnen, Gehältern und Sozialleistungen ist zu beenden, sie führen, wie erwie-

---

6 | Vgl. die Aktivitäten von Transparency International, LobbyControl, Abgeordne-
tenwatch und ähnliche.

sen, nicht zur Entschuldung. Deshalb muss sich der Staat strukturell neue (an sich altbekannte) Mittel verschaffen. Private Gewinne, Transaktionen, Erbschaften und Einkommen sind entsprechend der Gewinnhöhe, der Infrastrukturnutzung und der Belastung Dritter und der Mitwelt zu besteuern, und zwar in ihrer tatsächlichen Höhe. Auch einmalige Abgaben zur Kompensation angerichteter Schäden sind demokratische Instrumente.

WENDEPUNKT?

Wir sind an einem Wendepunkt angelangt, eigentlich. Die Rating-Agenturen, ihre Herren und Diener, ihre Taten und Wirkungen sind entblättert und diskreditiert, wieder einmal. Aber in Wirklichkeit sind wir von einem Wendepunkt weit entfernt. Die Rating-Agenturen, ihre Herren und Diener, sind noch mächtiger als vor der Finanzkrise, die sie mitverursacht haben. Und die von den Regierungen bisher mühsam beschlossenen »Reformen« sind keine, die diesen Namen verdienen. Und den Diskreditierten ist die Diskreditierung mehr oder weniger gleichgültig. Sie haben historische Erfahrungen, wie man mit Krisen, Katastrophen und Aufständen umgeht.

Und es ist keineswegs so, dass »wir« die 99 Prozent sind und die Mächtigen nur das eine Prozent, wie gegenwärtig einige Protestierer meinen. Zum einen Prozent dazuzurechnen, in unterschiedlicher Weise und Intensität, sind nicht nur die 3500 Analysten der drei großen Rating-Agenturen, sondern auch zahlreiche Mitgewinner und Wendehälse, Kleinaktionäre und Manager, Politiker des bisher dominierenden Nachkriegszyklus, Funktionäre von Kirchen und Sekten, Experten, Wissenschaftler, Berater, Medien- und Lügenproduzenten und noch so manche Schläfer der Kapitalmacht, die im Konfliktfall scheinbar wie aus dem Nichts plötzlich auftauchen.

Was logisch zu Ende ist, muss historisch nicht sofort zu Ende gehen oder schnell zu Ende gebracht werden können. Wir müssen unseren Fragen, Erfahrungen und Kenntnissen zunächst einen sicheren Ort geben.

Schlussbemerkung: Wer sich dauerhaft und bewusst außerhalb von Demokratie und Menschenrechten stellt, hat das Recht verwirkt, darüber mitzubestimmen, wie wir – die nicht 99 Prozent sind – mit ihm umgehen.

XV. Ausgewählte Literatur

Alam, Quamrul u.a.: Securitization and Subprime Crisis: A Critical Analysis of the Role of Credit Rating Agencies, Monash University, Working Paper 1/2010, Februar 2010.

Arezki, Rabah u.a.: Sovereign Rating News and Financial Markets Spillovers. Evidence from the European Debt Crisis. IMF Working Paper WP/11/68, Washington März 2011.

Backes, Ernest/Denis Robert: Das Schweigen des Geldes. Die Clearstream-Affäre. Zürich 2003,

Bank for International Settlements (BIS): Credit Ratings and Complementary Sources of Credit Quality Information. Basel 8/2000.

Batra, Ravi: Greenspans Betrug. München 2006.

Becker, Jo/Gretchen Morgenson: Geithner, Member and Overseer of Finance Club, in: The New York Times 27.4.2009.

Benmelech, Efraim/Jennifer Dlugosz: The Alchemy of CDO Credit Ratings, in: Journal of Monetary Economics 7/2009, S. 617ff.

Black, William: The Best Way to Rob a Bank is to Own one. How Corporate Executives and Politicians Looted the S&L Industry. University of Texas Press 2005.

Blackrock: Annual Report 2010, o.O. 2011.

Blaurock, Uwe: Verantwortlichkeit von Ratingagenturen – Steuerung durch Privat- und Aufsichtsrecht?, in: Zeitschrift für Unternehmens- und Gesellschaftsrecht 3/2007, S. 603-653.

Bosbach, Gerd/Jens Jürgen Korff: Lügen mit Zahlen. Wie wir mit Zahlen manipuliert werden. München 2011.

Butterwegge, Christoph: Armut in einem reichen Land. Frankfurt a.M./New York 2011.

Cayman Islands Monetary Authority: Growth of the Global Hedge Fund Industry and Due Diligence of Offshore Hedge Funds. Georgetown 2001.

Chomsky, Noam: Hybris. Die endgültige Sicherung der globalen Vormachtstellung der USA. Hamburg 2003.

Ders.: Media Control. München 2006.

Cornaggia, Jess u.a.: Credit Ratings across Asset Classes: A = A? Rice University, in: Social Science Research Network 30.10.2011.

Däubler, Wolfgang: Unternehmensrating als Rechtsproblem, in: Winfried Huck (Hg.): China und Deutschland. Hamburg 2008, S. 107.

Ders.: Rechtskontrolle von Rating-Agenturen?, in: Kritische Justiz 1/2012.

Dieter, Heribert: Die Asienkrise. Ursachen, Konsequenzen und die Rolle des IWF. Marburg 1998.

Ders.: Ostasien nach der Krise: Interne Reformen, neue Finanzarchitektur und monetärer Regionalismus, in: Aus Politik und Zeitgeschichte 37-38/2000.

Dowd, Kevin: Too Big to Fail? Long Term Capital Management and the Federal Reserve. Cato Institute. Washington 1999.

Elkoury, Marvan: Credit Agencies and their Potential Impact on Developing Countries, United Nations Conference on Trade and Development: Credit Rating Agencies and their Potential Impact on Developing Countries, in: Discussion Papers Nr. 186. New York Januar 2002.

Ferguson, Niall: Der Bankier Siegmund Warburg. Sein Leben und seine Zeit. München 2011.

Ferri, Giovanni u.a.: The Role of Rating Agency Assessments in less Developed Countries: Impact of the Proposed Basel Guidelines, The World Bank/University of Bari April 2000.

Fimalac: Groupe Internationale de Services financiers – Présentation Générale (=FitchGroup), www.fimalac.com/axes-strategiques.html, gelesen 29.7.2010.

Financial Policy Forum: Credit Rating Agencies. Special Policy Report 6. Washington April 2003.

Financial Stability Board (FSB): Shadow Banking: Scoping the Issues. Basel, Bank for International Settlements 12.4.2011.

Fitch Ratings: Deutschland Special Report. Deutsche Kommunen – wichtige Rolle im Föderalen System 19.2.2009.

Fuchs, Christian u.a.: Capitalist Crisis, Communication & Culture, in: tripleC 2/2010, S. 193-204.

Füglister, Lis/Stefan Howald: Illegitime Schulden, Verschuldung, Menschenrechte. Basel 2005.

Gärtner, Manfred u.a.: PIGS or lambs? The European Sovereign Debt Crisis and the Role of Rating Agencies, in: International Advances in Economic Research 3/2011, www.spingerlink.com/content/p7102pv44172k117/, gelesen 3.9.2011.

Galbraith, James K.: The Predator State. How Conservatives Abandoned the Free Market and why Liberals Should too. New York 2008.

Galbraith, John K.: Der große Crash 1929. München 2005.

Goldman Sachs, Hedge Fund Strategies Securities Division: State of The Markets. Long and Short Risks Strategies 16.8.2011.

Gras, Isabelle: The Power to Rate. Eine Untersuchung zur Rolle der Ratingagenturen auf den internationalen Finanzmärkten, REGEM Analysis 6, Trier University Mai 2003.

Hall, Kevin: How Moody's Sold its Ratings – And Sold Out Investors, in: McClatchy Newspapers 18.10.2009.

Harvey, David: A Brief History of Neoliberalism. New York 2005.

Hayek, Friedrich A.: Der Weg zur Knechtschaft. Mit einem Vorwort von Otto Graf Lambsdorff. München 1991 (Erstauflage 1944, englisch).

Hedge Funds, Leverage, and the Lessons of Long-Term Capital Management, Report of The President's Working Group on Financial Markets, Washington April 1999.

Hetzer, Wolfgang: Finanzmafia. Wie Banker und Banditen unsere Demokratie gefährden. Frankfurt a.M. 2011.

Hillebrand, Ernst: Schlüsselstellung im globalisierten Kapitalismus. Der Einfluss privater Rating-Agenturen auf Finanzmärkte und Politik, in: Tanja Brühl u.a.: Die Privatisierung der Weltpolitik. Bonn 2001, S. 150-173.

Hudson, Michael: Was sind Schulden?, in: Frankfurter Allgemeine Zeitung 2.12.2011.

International Labour Organization: World of Work Report 2011. Genf 2011.

Johnson, Simon/James Kwak: 13 Bankers. The Wall Street Takeover and the Next Financial Meltdown. New York 2010.

Klein, Naomi: Die Schockstrategie. Der Aufstieg des Katastrophen-Kapitalismus. Frankfurt a.M. 2007.

Krysmanski, Hans-Jürgen: Hirten & Wölfe. Wie Geld- und Machteliten sich die Welt aneignen. Münster 2009.

Levitt, Arthur: Take on the Street. What Wall Street and Corporate America Don't Want You to Know. New York 2002.

Lewis, Michael: The Big Short. Frankfurt a.M./New York 2010.

Lippmann, Walter: Public Opinion. New York 1922.

Ders.: The Good Society. New York 1937.

Lowenstein, Roger: Triple-A-Failure, in: The New York Times Magazine 27.4.2008.

Mader, Max u.a.: How to Challenge Illegitimate Debt. Theory and Legal Case Studies. Zürich 2009.

Manzerolle, Vincent: The Virtual Debt Factory. Towards an Analysis of Debt and Abstraction in the American Credit Crisis, in: tripleC 2/2010, S. 221-236.

Möllers, Thomas: Regulating Credit Rating Agencies: The New US and EU Law – Important Steps or Much Ado About Nothing?, in: Capital Markets Law Journal 21.8.2009.

Moody's Investors Services: Annual Reports 2000-2010.

Müller, Albrecht: Meinungsmache. München 2009.

National Commission on the Causes of the Financial and Economic Crisis in the United States: The Financial Crisis Inquiry Report. New York 2011.

Nitzan, Jonathan/Shimshon Bichler: New Imperialism or New Capitalism?, in: Review 1/2006, S. 1-86.

Dies.: The Global Political Economy of Israel. London 2002.

Partnoy, Frank: F.I.A.S.C.O. Blut an den weißen Westen der Wall Street Broker. Wien 1998.

Perkins, John: Bekenntnisse eines Economic Hit Man. München 2007.

Piazolo, Marc: Why have Official Rating Agencies Failed in the Past, and Will they in the Future?, University of Applied Sciences Kaiserslautern 2007.

Rieger, Elmar/Brigitte Fuchs: Hedge-Fonds, in: Fernand Kreff u.a. (Hg.): Lexikon der Globalisierung. Bielefeld 2011, S. 139f.

Roubini, Nouriel/Stephen Mihm: Das Ende der Weltwirtschaft und ihre Zukunft. Frankfurt a.M./New York 2010.

Rügemer, Werner: Philosophische Anthropologie und Epochenkrise. Köln 1979.

Ders.: Strukturveränderungen in der Lebens- und Arbeitssituation abhängig Beschäftigter in den USA, in: WSI-Mitteilungen 6/1986, S. 394-399.

Ders.: Der kranke Weltpolizist. Köln 1986.

Ders.: Wirtschaften ohne Korruption? Frankfurt a.M. 1996.

Ders.: arm und reich. Bielefeld 2003.

Ders.: Die Berater. Ihr Wirken in Staat und Gesellschaft. Bielefeld 2004.

Ders.: Cross Border Leasing. Lehrstück zur globalen Enteignung der Städte. Münster 2005.

Ders.: Bankster vor Gericht. Kollektive Unschuld und systemische Kriminalität, in: Blätter für deutsche und internationale Politik 8/2010.

Ders.: »Heuschrecken« im öffentlichen Raum. Public Private Partnership – Anatomie eines globalen Finanzinstruments. Bielefeld 2011.

Schulz, Viktor: Die internationale Finanzmarktkrise und die Ratingagenturen. Hamburg 2009.

Setty, Gautam/Randal Scott: Credit Rating Agencies: Their Impact on Capital Flows to Developing Countries. Financial Policy Forum, Special Policy Report, Washington April 2004.

Siekmann, Helmut: Die Finanzmarktaufsicht in der Krise. Institute for Monetary and Financial Stability, in: Working Papers Nr. 41, Frankfurt a.M. 2010.

Sinn, Hans-Werner: Kasinokapitalismus. Berlin 2010.

Smith, Robert Michael: From Blackjacks to Briefcases. A History of Commercial Strikebreaking and Unionbusting in the U.S., Athens 2003.

Standard & Poor's, Sovereigns Rating Group: Supranationals. Special Edition 2011, 23.9.2011.

Stöckl, Eva: Die Rolle der Rating-Agenturen auf den internationalen Finanzmärkten. München 2006.

Stowell, David: An Introduction to Investment Banks, Hedge Funds and Private Equity: The New Paradigma. Amsterdam/Boston 2010.

The McGraw Hill Companies: Annual Report 2006-2009.

Trepp, Gian: Bankgeschäfte mit dem Feind. Von Hitlers Europabank zum Instrument des Marshallplans. Zürich 1993.

U.S. Securities and Exchange Commission, Office of Inspector General, Office of Audits: The SEC's Role Regarding and Oversight of Nationally Recognized Statistical Rating Organizations (NRSRO), Public Version, Report Nr. 458, Washington August 27, 2010 (In dem Bericht sind zahlreiche Stellen geschwärzt).

Dies.: Roundtable To Examine Oversight of Credit Rating Agencies, Hearing 15.4.2009, S. 103.

U.S. Senate Permanent Subcommittee on Investigations, Hearing »Wall Street and the Financial Crisis: The Role of Credit Rating Agencies«, Washington 23.4.2010.

Vitali, S. u.a.: The Network of Global Corporate Control, ETH Zürich 19.9.2011.

Weltwirtschaft, Ökologie & Entwicklung (WEED e.V.): Ratingagenturen und Entwicklungsländer. Bonn 2011.

Wildmoser, Gerhard u.a.: Haftung von Ratingagenturen gegenüber Anlegern?, in: Recht der Internationalen Wirtschaft 10/2009, S. 657-668.

Zimmermann, Heinz/Wolfgang Hafner: Trotz Kritik kein Verzicht auf Rating-Agenturen, in: Neue Zürcher Zeitung 19.8.2010.

X-Texte zu Kultur und Gesellschaft

PETER GROSS
Jenseits der Erlösung
Die Wiederkehr der Religion und die Zukunft
des Christentums
(2. Auflage)

2008, 198 Seiten, kart., 20,80 €,
ISBN 978-3-89942-902-2

FELIX HASLER
Neuromythologie
Eine Streitschrift gegen die Deutungsmacht
der Hirnforschung

Juni 2012, ca. 200 Seiten, kart., ca. 22,80 €,
ISBN 978-3-8376-1580-7

MATTHIAS KAMANN
Todeskämpfe
Die Politik des Jenseits und der Streit
um Sterbehilfe

2009, 158 Seiten, kart., 17,80 €,
ISBN 978-3-8376-1265-3

Leseproben, weitere Informationen und Bestellmöglichkeiten
finden Sie unter www.transcript-verlag.de

X-Texte zu Kultur und Gesellschaft

STEPHAN LESSENICH
Die Neuerfindung des Sozialen
Der Sozialstaat im flexiblen Kapitalismus
(2., unveränderte Auflage 2009)

2008, 172 Seiten, kart., 18,80 €,
ISBN 978-3-89942-746-2

WERNER SCHIFFAUER
Parallelgesellschaften
Wie viel Wertekonsens braucht
unsere Gesellschaft?
Für eine kluge Politik der Differenz
(2., unveränderte Auflage 2011)

2008, 152 Seiten, kart., 16,80 €,
ISBN 978-3-89942-643-4

FRANZ WALTER
Gelb oder Grün?
Kleine Parteiengeschichte
der besserverdienenden Mitte
in Deutschland

2010, 148 Seiten, kart., 14,80 €,
ISBN 978-3-8376-1505-0

**Leseproben, weitere Informationen und Bestellmöglichkeiten
finden Sie unter www.transcript-verlag.de**

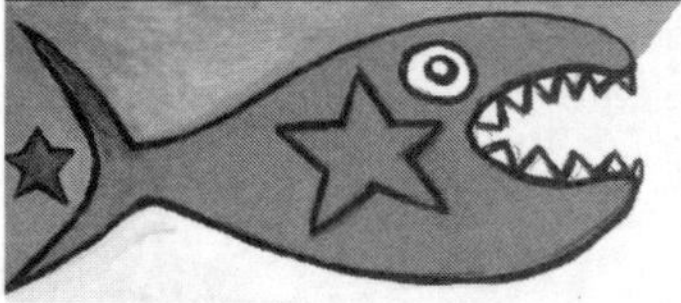